O Jeito Yanomami de Pendurar Redes

Coleção Estudos
Dirigida por J. Guinsburg
(*in memoriam*)

Coordenação de texto Luiz Henrique Soares e Elen Durando
Preparação Fernanda Silva e Sousa
Revisão Letícia Nakamura
Capa Sergio Kon
Produção Ricardo W. Neves e Sergio Kon.

Thiago Benucci

**O JEITO YANOMAMI
DE PENDURAR REDES**

CIP-Brasil. Catalogação-na-Fonte
Sindicato Nacional dos Editores de Livros, RJ

B421j
Benucci, Thiago
  O jeito yanomami de pendurar redes / Thiago Benucci ; apresentação Maurício Iximawëteri Yanomami ; prefácio Pedro Cesarino ; posfácio Wellington Cançado. - 1. ed. - São Paulo : Perspectiva, 2025.
  288 p. : il. ; 23 cm. (Estudos ; 388)

  Inclui bibliografia
  ISBN 978-65-5505-240-4

  1. Índios Yanomami - Usos e costumes. 2. Arquitetura de habitação. 3. Arquitetura indígena. I. Yanomami, Maurício Iximawëteri. II. Cesarino, Pedro. III. Cançado, Wellington. IV. Título. V. Série.

25-96615
CDD: 981.00498
CDU: 728:94(=87)(81)

Meri Gleice Rodrigues de Souza - Bibliotecária - CRB-7/6439
25/02/2025   28/02/2025

1ª edição
Direitos reservados em língua portuguesa à
EDITORA PERSPECTIVA LTDA.

Praça Dom José Gaspar, 134, cj. 111
01047-912 São Paulo SP Brasil
Tel.: (11) 3885-8388
www.editoraperspectiva.com.br
2025

Sumário

Apresentação – *Maurício Iximawëteri Yanomami* IX

Prefácio – *Pedro Cesarino* XI

Mapa da Terra Indígena Yanomami 2

Mapa da região do rio Marauiá 4

Introdução 7

PARTE I

   1. Sangue da Lua 25

   2. Terra-Floresta 53

PARTE II

   3. Tapiri 71

   4. Casa-Aldeia 97

PARTE III

5. Viver Junto 153

6. Casa-Montanha 183

EPÍLOGO

Assim É...................................... 223

Posfácio: Forma-Floresta – *Wellington Cançado* 229

Referências 255

Notas 261

Agradecimentos 270

Apresentação

A *urihi* ("terra-floresta") é a nossa mãe e nós somos os filhos da floresta. Ela fica feliz quando moramos perto das serras e tudo o que comemos é ela que nos dá, por isso amamos ela e ela nos ama. Mas quando fazemos mal para ela, ela também faz mal para nós. Por isso nós respeitamos e conversamos com a *urihi*. Quando algum de nós falece por doença ou por ataques de espíritos, a *urihi* fica furiosa, os galhos das árvores não se mexem, os pássaros não cantam e tudo fica triste e silencioso. Depois de um tempo a alegria da *urihi* volta, os galhos tornam a balançar e os pássaros movimentam a floresta com seus cantos. É assim que vivemos na natureza.

Assim como os animais e os espíritos, temos um jeito de construir as nossas casas bem diferente das construções dos *napë* ("não indígenas"). As casas dos pássaros são ninhos. Quando os animais deitam no chão da floresta, eles estão deitados dentro das suas casas. As casas dos espíritos ficam no peito do pajé, nas serras, nos rios e em outros lugares. Onde eles moram, também existem suas roças. E quando um pajé vai visitar outro lugar ou outra aldeia, ele deve fazer cerimônia e dialogar com os espíritos bravos. Os pajés precisam pedir a autorização dos espíritos para poderem construir uma casa para morar juntos. Sem diálogo, os espíritos ficam furiosos e podem pegar a alma da pessoa para matá-la.

Nós, Yanomami, quando queremos sair de *wayumɨ*, ou seja, para acampar no mato, nos reunimos, discutimos e decidimos juntos. Depois da decisão, preparamos as bananas, a farinha e outros alimentos que podemos levar. Fazemos os tapiris, que chamamos de *yãno*, amarramos tudo com cipó e cobrimos com folhas. Os *yãno* ficam todos espalhados na mata e, depois que os deixamos, em alguns meses viram floresta de novo.

Quando abrimos um novo *xapono* ("casa-aldeia"), limpamos um grande terreiro, para também plantarmos nas roças ao redor os pés de banana, macaxeira, taioba e outras plantas. O trabalho é coletivo, todo mundo limpa, planta e constrói. Enquanto isso, alguns vão atrás de madeira, palha e cipó para levantar as casas. E quando tudo estiver preparado, a liderança marca com passos os espaços onde as famílias podem construir suas casas. Casa pessoa pode, então, escolher o tipo de casa que quer construir, com telhado de uma ou duas águas. Depois das construções prontas, tiramos os troncos das grandes árvores do pátio do *xapono*, deixando-o bem limpo para realizarmos nossos rituais, danças e pajelanças.

No *xapono* não dividimos terrenos, não precisamos de casas com pisos de cerâmica, paredes com cimento ou quartos separados. Moramos na coletividade, onde as discussões, as decisões e os planejamentos são coletivos. Assim é a nossa sociedade yanomami na terra-floresta.

Maurício Iximawëteri Yanomami

Prefácio

O Jeito Yanomami de Pendurar Redes é um dos raros e fundamentais estudos etnográficos sobre a concepção arquitetônica de povos indígenas da Amazônia. Falar de arquitetura dos Yanomami implica em redefinir a própria noção de espaço, de materialidade e de habitação que define tal expressão tão diretamente associada aos pressupostos civilizatórios ocidentais. Não por acaso, a ausência de edifícios e de monumentos de pedra construídos por povos indígenas foi uma das razões que levaram os europeus a considerá-los primitivos e, portanto, passíveis de terem suas vidas e terras violadas pelos invasores. Mesmo nos dias atuais persiste o embate em torno dos direitos de povos originários sobre seus territórios e formas de ocupação, muitas vezes negados em função de critérios econômicos que não levam em consideração modos de existência radicalmente opostos à exploração da terra pelo desenvolvimento capitalista. O que ocorre, afinal, é uma profunda incompreensão sobre as ideias e práticas indígenas do viver, caracterizadas por sua versatilidade e baixo impacto tecnológico incompatíveis com a alteração profunda do planeta causada pela civilização industrial que, cada vez mais, o destina ao colapso.

A expressão *yãatamotima*, traduzida por Thiago Benucci e seus parceiros de pesquisa como "o jeito de pendurar redes", é bastante reveladora desse descompasso entre mundos, essencial para que possamos entender não apenas as próprias noções yanomami de arquitetura, mas também o modo pelo qual conduzimos e pensamos as nossas próprias formas de habitação derivadas de uma economia global do desperdício, da segregação, do luxo, da miséria e das intervenções deletérias no espaço natural. Antes de construir uma casa na qual corpos possam ser abrigados, "pendurar redes" implica em produzir um nexo social, em criar pessoas por meio de relações de afeto e de parentesco, em transmitir conhecimentos por meio do encontro, da festa e da visita.

A casa deve ser, portanto, um envoltório para tais práticas vitais pensadas *a partir* das relações sociais e não *a despeito* delas. A produção material envolvida na construção arquitetônica não substitui pessoas ou as discrimina em função da propriedade ou do *status*, mas sim as produz como uma consequência do viver junto. Isso não quer dizer que as pessoas Yanomami vivam em alguma espécie de comunismo primitivo edênico (que só existe no imaginário dos invasores), mas que a posse do espaço habitado se constrói por intermédio de vínculos derivados do encontro, da aliança e da produção de parentesco.

Há que se levar em conta a extensão de tais vínculos, que não se limitam ao que os modernos concebem como humano: também os *hekura*, entidades magníficas que costumamos traduzir por espíritos, vivem em casas, penduram suas redes, estabelecem relações de aliança e de parentesco não apenas entre si, mas também com os humanos que com eles se relacionam por meio de processos de iniciação. Tudo se passa como se a concepção da sociabilidade aqui nesta terra fosse uma maneira de se aproximar daquela dos espíritos, que são caracterizados por sua magnificência, luminosidade, intensidade e imortalidade. A arquitetura yanomami, assim, não produz monumentos comemorativos do poder e da permanência antropocêntrica, mas antes aponta para a dispersão do humano em uma miríade de conexões que o ultrapassam e o definem.

A imagem da corporalidade dos pajés não poderia ser mais significativa: trata-se antes de um espaço virtual abrigado ou instaurado no peito, que passa a ser reconhecido pelos espíritos como uma casa com seu pátio de dança no qual eles vêm se apresentar. Mais um indício de que o que aí se concebe como casa é algo muito diverso do abrigo de subjetividades autocentradas garantido pela distinção entre público e privado, um estojo do homem burguês, como dizia Walter Benjamin. Afinal, o corpo do pajé – antídoto da materialidade solipsista moderna – é ubíquo. O peito dos pajés nos quais os espíritos vêm dançar não coincide consigo mesmo, isto é, não se compreende como uma interioridade fechada, como uma subjetividade capaz de delimitar alguma espécie de individualidade. A posição de dança dos espíritos incide ali, naquele corpo-casa, mas ele, a rigor, replica outras tantas casas de pessoas espalhadas pela "terra-floresta" (*urihi*). A mediação xamânica consiste, justamente, em estabelecer trânsitos, visitas e negociações entre as múltiplas pessoas e suas habitações que não são acessíveis aos olhares comuns.

Adriano Pukimapɨwëteri, um dos interlocutores yanomami de Thiago Benucci, dizia que os não indígenas morrem por não saberem que destroem casas de espíritos ao devastarem as florestas:

as montanhas são casas de pajés perigosos. Se continuarem destruindo tudo, os pajés vão ficar muito bravos e vão cortar o céu. Eles sabem onde estão os buracos, eles sabem cortar o céu, e se isso acontecer, esse céu vai cair, assim como esse aqui que já caiu antigamente[1].

A versatilidade e o baixo impacto que caracterizam as arquiteturas indígenas como as dos Yanomami são, no final das contas, pensadas por meio do vínculo vital com um mundo instável que demanda cuidado e conhecimento. Nada mais pertinente para os tempos atuais, marcados pelos desafios de um sistema planetário progressivamente incontrolável com o qual não sabemos mais nos relacionar.

Pedro Cesarino
Pesquisador e professor de antropologia
da Faculdade de Filosofia, Letras e Ciências Humanas da USP.
É autor, entre outros, de *Oniska: Poética do Xamanismo na Amazônia*
(Perspectiva, 2011), prêmio Jabuti de Ciências Humanas.

TERRA INDÍGENA YANOMAMI

Mapa geral do território yanomami (entre Brasil e Venezuela), com a Terra Indígena Yanomami indicada em linhas tracejadas (no lado brasileiro) e, de forma aproximada, pontos que correspondem à distribuição dos grupos locais pelo território. Elaborado pelo autor, a partir de adaptação do mapa binacional executado pelo Instituto Socioambiental em 2014.

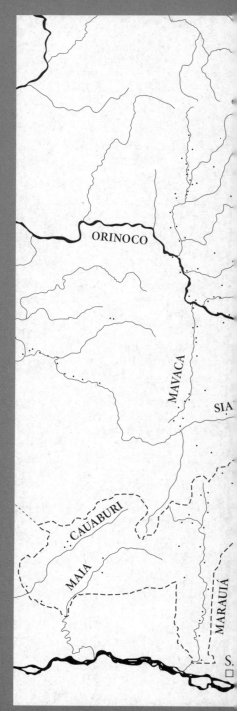

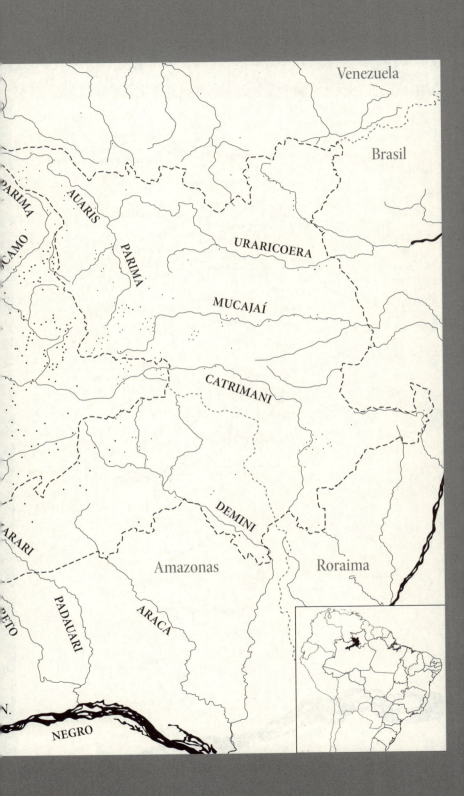

REGIÃO DO MARAUIÁ

Mapa com a configuração espacial dos xapono na região do rio Marauiá em 2023. Elaborado pelo autor.

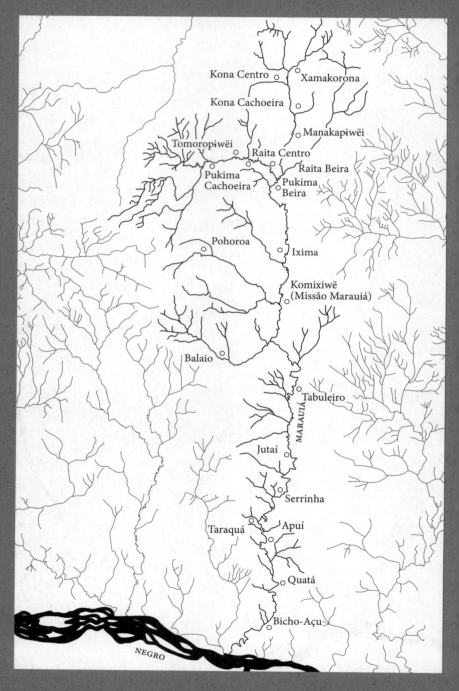

Introdução

Este livro é um estudo etnográfico sobre a arquitetura yanomami. Por arquitetura, refiro-me às concepções em torno das casas e dos espaços construídos e habitados pelos Yanomami: os acampamentos temporários na floresta, as casas-aldeia nas clareiras domésticas, as casas-montanha habitadas pelos espíritos e também as casas de espíritos construídas no peito dos pajés durante as iniciações xamânicas. Em outros termos, assim como pensado conjuntamente com um interlocutor do rio Marauiá, o conceito de arquitetura poderia ser traduzido (e com isso inventado) na língua yanomamɨ por *yãatamotima*, com o sentido de (se retraduzido ao português) "como fazer as casas" ou "o jeito de pendurar redes". A pergunta de fundo que guia, então, este estudo é a seguinte: como os yanomami fazem suas casas e penduram as suas redes? Por esse caminho, a etnografia se desdobra como um experimento de diálogo com o pensamento yanomami e com os modos de habitar a terra-floresta (*urihi*) por meio do encontro de dois regimes intelectuais, poéticos e arquitetônicos.

Esse diálogo foi tecido por uma relação de aliança com os yanomamɨ do rio Marauiá (Amazonas, Brasil), onde esta etnografia se situa, com quem convivo, colaboro e aprendo desde 2016. Tendo em vista as proximidades, mas também as diferenças significativas entre os grupos yanomami e suas arquiteturas, o estudo não se limita exclusivamente a esse contexto etnográfico e traça também conexões pontuais com outras regiões do território yanomami, assim como com outros contextos, povos, autores e autoras. Estas, no entanto, são colocadas em diálogo com as reflexões que partiram da minha própria experiência no Marauiá. Apesar das conexões, este não é um trabalho comparativo sistemático da arquitetura dos diferentes subgrupos ou das diferentes regiões do território yanomami, pois certamente me faltam conhecimento, experiência e dados para uma análise como essa.

Dentre os estudos yanomami, esta etnografia se soma aos trabalhos de Bruce Albert e William Milliken[1], Graziano Gasparini e Luise Margolies[2] e, especialmente, de Alejandro Reig[3] que, de diferentes maneiras, se põem a pensar sobre as noções de espaço e as formas de construir e habitar dos Yanomami. O trabalho também estabelece um diálogo com a coletânea *Habitações Indígenas*, organizada por Sylvia Caiuby Novaes[4] em 1983, que reflete sobre as concepções e as formas de produção do espaço habitado em distintos povos indígenas no Brasil. Do ponto de vista teórico, esta pesquisa se relaciona aos estudos associados ao campo da antropologia da arquitetura, conforme proposto e estimulado por Janet Carsten e Stephen Hugh-Jones[5] em 1995. O ponto central de tais estudos é voltar a atenção para os potenciais significados da arquitetura muitas vezes negligenciados pela análise antropológica e pensar os espaços construídos e as casas, especialmente, de forma holística, pela relação entre as construções, as pessoas e as ideias que engendram aqueles espaços.

As casas, como sugerem Carsten e Hugh-Jones, tratando de contextos indígenas das terras baixas da América do Sul e do Sudeste Asiático, são "lugares nos quais o ir e vir da vida revela-se e é construído, modificado, movido ou abandonado de acordo com as mutáveis circunstâncias dos seus habitantes, e essas características dinâmicas e processuais das casas são encapsuladas na palavra 'habitação' [*dwelling*]"[6]. Nesse sentido, habitar (*to dwell*), como propõe Giorgio Agamben a partir da releitura da análise linguística de Émile Benveniste, "significa criar, conservar e intensificar hábitos e costumes, isto é, modos de ser" e, assim, é como se significasse "ter certo modo de ser", de modo que "a habitação [*dwelling*] se torna uma categoria ontológica"[7].

INTRODUÇÃO

FIG. 1: *Pukima Cachoeira, 2020. Foto do autor.*

Seguindo a proposição de uma "perspectiva do habitar" (*dwelling perspective*) de Tim Ingold[8], o lugar de habitar, para além da habitação em si, deve ser pensado de forma que conceba a produção dos espaços como frutos de uma relação intrínseca entre humanos e não humanos, assim como entre o habitar e o construir, e contrária à dicotomia entre sociedade e natureza. Tal perspectiva, contudo, não deve ser pensada de forma supostamente harmônica, mas, pelo contrário, no âmbito de uma "política do habitar" (*politics of dwelling*)[9] que agencia múltiplos e contínuos processos de agregação e desagregação, alianças e conflitos, habitação e mudança, construção e destruição, estabilização e movimento. É a partir dessas perspectivas, então, que desenvolvo este estudo etnográfico das formas e concepções em torno da casa e do habitar entre os yanomami e, mais especificamente, do "jeito yanomami de pendurar redes".

A tradução do conceito de arquitetura que originou a ideia "o jeito de pendurar redes", título e fio condutor deste livro, teve origem em uma longa assembleia que reuniu lideranças, professores, mulheres e pajés de todo o alto rio Marauiá na comunidade Pukima Beira em janeiro de 2019. O objetivo daquele encontro era elaborarmos coletivamente o projeto arquitetônico das escolas nas aldeias, de acordo com as reivindicações dos Yanomami̵ da região – aliança política e arquitetônica que, até o presente momento, resultou na construção de duas escolas: Escola Omawë (no *xapono* Pukima Cachoeira, 2020) e Suhirina (no Raita Centro, 2023). No primeiro dia, Daniel Jabra[10] e eu, enquanto arquitetos e aliados nesse processo, achamos por bem introduzir a disciplina e contamos um pouco sobre esse exótico ofício. A ideia do desenho como algo que antecede a construção, por exemplo, causou reações adversas e irônicas: "Mas os brancos precisam de desenho para fazerem as casas deles? Eu não!" E alguém complementou, orgulhoso: "Eu também não!" Concordamos, no entanto, que o desenho é um tipo de documento e os "brancos" (*napë*, "não indígenas") realmente precisavam disso, afinal, "eles gostam de papel".

Em uma das tardes da assembleia, sugeri ao Maurício Iximawëteri, hábil tradutor yanomami̵, que pensasse na reinvenção da palavra "arquitetura". Passados alguns minutos, o estimado tradutor virou para o meu lado da carteira e disse, de modo certeiro, como quem resolve uma charada: "*yãatamotima*". "*Yãatamotima* quer dizer como fazer as casas", explicou-me Maurício, num breve intervalo da complicada tradução simultânea que ele fazia, sentado entre nós, ao pé do nosso ouvido. Longe da aldeia e dessa vez retomando o esforço tradutório em seu sentido inverso, penso que o conceito de *yãatamotima* poderia ser retraduzido por "o jeito de pendurar redes". A retradução reinventa com alguma liberdade e criatividade poética a análise mais literal dos morfemas que compõem a palavra criada por Maurício. Em todo caso, procura, assim, desvelar as implicações de ordem conceitual àquilo que nós, não indígenas, chamamos de arquitetura ou, nesse caso, de arquitetura yanomami.

A estrutura morfológica da palavra *yãatamotima* (*yãa-ta-mo-tima* / morar-fazer-INTR-NMLZ) reflete a habilidade e a criatividade do tradutor, mas também a liberdade e a flexibilidade que a língua yanomami̵ tem para criar novas palavras. Esta, em particular, conforme análise em colaboração com o linguista Helder Perri Ferreira, tem sua etimologia composta pela raiz verbal *yã-*, um verbo intransitivo, do tipo posicional, com o sentido de "estar pendurado por uma corda", cujo exemplo prototípico seria a rede. Como um derivado deste, o verbo transitivo *yãai̵* significa "pendurar algo por uma corda" e, da mesma forma prototípica,

FIG. 2: *Rede no interior de uma casa do Raita Centro, 2023. Foto do autor.*

mas não exclusiva, "pendurar a rede". Já o verbo de estado e intransitivo *yãa*, que compõe a raiz da tradução de *yãatamotima*, é uma segunda derivação a partir do verbo transitivo *yãai*, com o sentido de "ter a rede atada em um lugar", mas também de "morar", "residir", "viver" e "habitar"[11]. Nesse caso, então, o verbo de estado *yãa* forma uma expressão com o verbo transitivo *tai* ("fazer", "construir", "realizar", da raiz verbal *ta-*), *yãa tai*, com o sentido aproximado de "fazer morada para viver" – um tipo de construção que aparece com outros verbos de estado com sentido similar, como *ohi tai*, "procurar/trabalhar pela comida" e literalmente "fazer sentir fome". Seguindo com a análise, o morfema intransitivizador *-mo-*, geralmente associado a verbos que implicam repetição ou hábito[12], torna a expressão reflexiva, de modo que *yãa tamou* passa a significar "fazer morada para si mesmo" – assim como pode ser observado em outros casos dessa expressão verbal, como *ohi tamou*, "procurar/trabalhar por comida para si mesmo". Ao fim, o nominalizador *-tima* torna a expressão verbal reflexiva em um nome. *Yãatamotima* e, assim, poderia ser literalmente traduzida como "o fazer morada para si mesmo". Ao que parece, *yãatamotima* é um neologismo, mas como apontou Ferreira (em comunicação pessoal), trata-se de uma formação que segue um padrão recorrente

FIG. 3: *Rio Marauiá, no estado do Amazonas, 2019. Foto do autor.*

na língua, assim como a tradução de "economia", que ele certa vez notou na língua yanomam, por *ohithamotima* (ohi-tha-mo-tima / fome-fazer-INTR-NMLZ).

Minha retradução por "o jeito de pendurar redes", entretanto, combina com alguma liberdade a análise morfológica ("o fazer morada para si mesmo") à explicação do próprio tradutor do termo *yãatamotima* por "como fazer as casas". Segundo Maurício, *yãa* indica a "casa", de modo que, se compreendermos o verbo de estado "morar" nominalizado em uma forma particular, temos aí a "casa" – síntese dessa arquitetura do morar yanomami. Assim como a raiz verbal *përi-*, que também significa "morar" e tem sua etimologia relacionada ao sentido de "deitar na rede", conjugando a lógica da tradução de Maurício e o campo semântico da raiz verbal *yã-*, poderíamos pensar a ação de "pendurar a rede" como o ato de "habitar" e, com isso, compreender a "casa" como "o lugar onde penduro a rede". De forma análoga, por exemplo, o termo *hato nahi* pode significar tanto a "casa" quanto o "poste onde se ata a rede". Desse modo, "pendurar a rede" corresponderia tanto à raiz quanto ao elemento mínimo, no sentido de uma noção fundamental, da inventiva tradução de arquitetura. O "como fazer" da explicação de Maurício, por sua vez, me parece se relacionar com a expressão formada com o verbo transitivo *tai* ("fazer") e também com o nominalizador *-tima* enquanto algo que possui uma forma própria de ser feita, "o jeito", e que se apresenta, portanto, como um hábito, tal como aponta o morfema *-mo-*. "O jeito de pendurar redes".

Maurício, não por acaso, é uma pessoa dedicada à manutenção, documentação e conhecimento da língua, da cultura e do pensamento yanomami, além de ser agente indígena de saúde, o que lhe permite, pelo conhecimento adquirido sobre e com o mundo dos *napë*, realizar traduções provocantes como essa de arquitetura (*yãatamotima*). Provocante, quero dizer, no sentido de sua capacidade de "fazer com que os conceitos alheios deformem e subvertam o dispositivo conceitual do tradutor [...] e assim transformar a língua de destino"[13]. Arquitetura era, realmente, um problema novo por ali e sua tradução e invenção por *yãatamotima* e, para além de transformar a língua de destino (yanomami), acaba por subverter a língua de origem (português). De forma análoga, a reflexão que construo em torno da

INTRODUÇÃO 15

retradução "o jeito de pendurar redes" procura, no limite, tensionar as nossas próprias noções de arquitetura, agora em contato com essa potencial arquitetura yanomami.

Esse procedimento tradutório, todavia, não pretende transpor problemas próprios de nosso pensamento para o dos outros, nem perseguir critérios filosóficos ocidentais e tampouco tratar dos modos de habitar yanomami a partir de nossas próprias categorias como forma de validar as práticas alheias. Como Neide Pukimapïwëteri, da comunidade Pukima Cachoeira, me disse certa vez em uma elegante síntese: "Nosso pensamento. Outro pensamento". Por outros caminhos, a arquitetura é entendida aqui como perspectiva, como ponto de vista e como ponto de partida explicitamente situado em nosso pensamento, mas que aponta para outro *puhi*, isto é, para outra "morada do pensamento"[14].

Dessa forma, o objetivo do exercício tradutório que guia este estudo é propor uma experiência de reflexão em que os problemas internos do pensamento yanomami sejam colocados em diálogo com os nossos. Esse diálogo se dá por meio de uma reinvenção de nossa imaginação conceitual a partir dos termos da imaginação conceitual yanomami (ela própria hábil na tradução entre mundos), tal como traduzida por mim. Afinal, como diria Eduardo Viveiros de Castro, não temos outros termos de onde partir, "mas, e aqui está o ponto, isso deve ser feito de um modo capaz (se tudo 'der certo') de forçar nossa imaginação, e seus termos, a emitir significações completamente outras e inauditas"[15]. Outros pensamentos. Outras arquiteturas.

"Palavras existem em complexas relações umas com as outras", mas para que estas tenham efeito, como sugere Marilyn Strathern, é necessário aprender "como fazer relações" e "como fazer palavras"[16], de modo que as complexidades de tais inter-relações nasçam desse acordo. Assim, para que as relações de diálogo, aliança, invenção e tradução sejam devidamente feitas, mantidas e manejadas, atento-me especialmente para os jeitos de fazer, os "jeitos de pendurar redes" na terra-floresta, do tapiri à casa-aldeia, da casa-aldeia à casa montanha. Este é o começo da história. E no caminho que daqui se desdobra, a pergunta: como os Yanomami penduram as suas redes?

Em torno dessa questão, este livro consiste em um conjunto de três partes, cada qual com dois capítulos, somado a esta apresentação e a um epílogo ao final ("Assim é"), que procuram pensar com as complexidades e as multiplicidades implícitas à ideia de "o jeito de pendurar redes". Na parte I, de cunho introdutório, o capítulo "Sangue da Lua" organiza uma síntese do processo histórico de ocupação territorial do rio Marauiá – onde este trabalho se situa e de lá parte – a partir de distintos referenciais. O marco inicial dessa história, bem como desse capítulo, foi a narrativa mítica sobre a origem dos Yanomami a partir do sangue da Lua (Periporiwë), contado por Adriano Pukimapiwëteri. Ao longo da descrição dos muitos movimentos, conflitos, cisões e fundações de novos *xapono* ("grupo local", "casa-aldeia") se configura, então, o campo sobre e com o qual este trabalho foi desenvolvido. No capítulo seguinte, desdobro os múltiplos sentidos do conceito yanomami de *urihi* ("Terra-floresta"), promovendo um encontro do pensamento de Davi Kopenawa com o de Adriano. Nesse mesmo capítulo, apresento também outros conceitos-base que permeiam o trabalho, como a noção de "imagem" (*no uhutipi*) e de "ser-imagem" ou "espírito" (*hekura*). Na parte II, em "Tapiri", discorro sobre as caminhadas e os acampamentos temporários (*yãno*) no mato, em diferentes contextos, apresentando as formas e também as variações de suas soluções construtivas. Na sequência, no capítulo "Casa-aldeia", penso com os distintos sentidos e perspectivas da ideia e da construção do *xapono*. Variando entre formas mais ou menos temporárias, o movimento de agregação e desagregação – problema que permeia a etnografia como um todo – se configura em diferentes formas de habitar o *xapono* que, em suma, se transformam continuamente. Na parte III, em "Viver junto", reflito sobre a dimensão da palavra na construção e na manutenção da vida coletiva (*yaiprou*, "viver junto") do *xapono* a partir dos diálogos *kãwãamou*. E no capítulo final, "Casa-montanha", penso as distintas configurações do habitar pela oposição entre o perecível e o imperecível e apresento, assim, as ideias e as narrativas em torno da construção da "casa de espíritos" (*hekura pë yahi pi*) no peito dos pajés, processo que decorre de forma ubíqua, recursiva e simultânea à iniciação xamânica (*taamayõu*).

De diferentes maneiras, como se irá notar, em todas as partes dessa etnografia procuro articular as especulações míticas e xamânicas aos elementos concretos da arquitetura yanomami com a intenção de abrir um caminho (parcial e incompleto,

INTRODUÇÃO

evidentemente) rumo "às possibilidades inerentes à sua estrutura, suas virtualidades latentes"[17], nos termos de Claude Lévi-Strauss. Assim, seguindo a lógica do pensamento mítico-xamânico, sugiro que, para aprender sobre as formas yanomami de habitar e construir, é fundamental deter-se também sobre seus processos de formação e montagens de mundo, como Lévi-Strauss, num contexto diferente, mas com o objetivo análogo de traçar possíveis conexões entre arquitetura e cosmologia, pois "para entender o que esse tipo de estrutura [arquitetônica]" ou esse modo de habitar, nesse caso, pode significar para os próprios yanomami, "devemos deixar que seus textos antigos [entenda-se narrativas míticas e xamânicas] falem"[18].

Ailton Krenak, à sua maneira, compartilha de ideia análoga que, fundamentalmente, inspira essa etnografia. Para ele, uma das diferenças essenciais entre as narrativas antigas ameríndias e as ocidentais é o fato de que as primeiras não são datadas; ao contrário, sua marca temporal "é quando foi criado o fogo, é quando foi criada a Lua, quando nasceram as estrelas, quando nasceram as montanhas, quando nasceram os rios"[19]. E isso não quer dizer que nada existia antes do fogo ou da Lua: "Antes, antes, já existia uma memória puxando o sentido das coisas, relacionando o sentido dessa fundação do mundo com a vida, com o comportamento nosso, com aquilo que pode ser entendido como o jeito de viver."[20] Seguindo o pensamento de Krenak, são as histórias dos antigos que puxam "o sentido das coisas", de modo que cada vez que são recontadas, estas se atualizam e conectam a construção do mundo com o jeito de viver junto na terra-floresta, ambos em constante transformação. E, enfim, o que me parece essencial para essa experiência de pensamento: "Esse jeito de viver [é] que informa a nossa arquitetura, nossa medicina, a nossa arte, as nossas músicas, nossos cantos."[21] Assim, poderíamos pensar que são as narrativas antigas que informam o jeito de viver e, simultaneamente, são estas que sustentam "o jeito de pendurar redes".

Ao fim, complementando essa apresentação ao texto, valem algumas breves notas sobre a língua e os subgrupos yanomami, bem como sobre as traduções e as imagens que aqui apresento. No texto, como já deve ter sido notado, me refiro aos Yanomami, enquanto povo, de duas maneiras. A primeira é Yanomami, que é o nome pelo qual todo o conjunto de subgrupos linguísticos e culturais é conhecido aqui e internacionalmente e, além disso, como estes se autodeterminam, em especial no campo da política interétnica, como um único povo. Essa forma é mobilizada nos casos em que me refiro aos Yanomami de uma perspectiva mais geral e consciente dos limites desse tipo de formulação, dadas as muitas diferenças entre os grupos e mesmo no interior de cada um destes. A segunda é Yanomamɨ, com "ɨ", que corresponde a um dentre os seis subgrupos linguísticos (com dezesseis dialetos falados no território brasileiro, todos relacionados à família linguística isolada yanomami)[22] e que é a língua falada no Marauiá (dialeto Xamatari ou Yanomamɨ do Oeste), onde os grupos que lá habitam também se reconhecem assim, isto é, como o subgrupo Yanomamɨ, diferenciando-se dos demais subgrupos linguísticos e culturais (yanomam, ninam, sanöma, ỹaroamë, ninam e yãnoma). No Brasil, os Yanomamɨ (também conhecidos por Yanomami ocidentais) ocupam o lado oeste da Terra Indígena Yanomami (homologada em 1992 e compartilhada ao norte com o povo Ye'kwana), tanto no extremo oeste, na região do estado do Amazonas, quanto nas terras altas da Serra Parima, nas fronteiras entre Venezuela e Brasil, no estado de Roraima. E no todo da população estimado entre 36 mil pessoas nos dois países, esse subgrupo corresponde a cerca de 60% da população, sendo que a maioria está no lado venezuelano do território.

O etnônimo Yanomamɨ, entretanto, é aqui mobilizado ao me referir ao povo (ou especificamente à língua) Yanomamɨ do rio Marauiá, ponto de partida das reflexões que compõem essa etnografia, de modo a especificar e situar o texto que aqui apresento. Nos casos em que me refiro a grupos yanomamɨ de outras regiões ou a grupos yanomami de outros subgrupos linguísticos, a partir da extensa literatura yanomami, estes serão devidamente indicados e, quando for o caso, apresentarei a tradução alternativa do termo em questão. Um caso que merece destaque de antemão são as referências às palavras e ao pensamento do pajé Davi Kopenawa em colaboração com o tradutor-antropólogo Bruce Albert, em especial, a partir do livro *A Queda do Céu*. Kopenawa é falante da língua yanomam que, dentre as seis línguas da família linguística, é aquela que apresenta maior proximidade ao yanomamɨ. Além da proximidade linguística, há também relações estreitas no que diz respeito ao pensamento conceitual, xamânico

INTRODUÇÃO 19

e metafísico entre os dois grupos. Pontualmente, as diferenças marcantes serão apontadas e, em outros momentos, as relações de proximidade serão expostas, seja como forma de complementar ou de corroborar o meu argumento.

Diferente dos Yanomamɨ e, principalmente, dos professores e professoras, lideranças, agentes de saúde, jovens, estudantes e todos aqueles com maiores contatos com a cidade ou com possibilidades de estudo da língua portuguesa (os homens em maior proporção), não tenho ainda um domínio suficientemente razoável da língua yanomamɨ para sustentar uma conversa cotidiana de modo fluido. Nossa relação, então, foi construída em torno da língua portuguesa e do paulatino aprendizado da língua yanomamɨ, em paralelo ao constante esforço tradutório de ambas as partes, o que se reflete também nos muitos limites e lacunas dessa etnografia. Os Yanomamɨ, assim como os povos indígenas no geral, como se sabe, possuem um declarado interesse por línguas estrangeiras e são habilidosos tradutores. Logo, para aprender com as traduções feitas pelos indígenas, como sugere Beatriz Perrone-Moisés[23], há de se atentar seriamente ao "português dos índios" e aos potenciais e desejosos ajustes de nosso vocabulário analítico-descritivo quando do encontro com essas outras traduções.

As traduções das narrativas gravadas e que apresento de forma fragmentada nessa etnografia (especificamente no capítulo "Casa-montanha") foram feitas a partir de dois relatos de Cândido, pai de Adriano Pukimapɨwëteri, que é um reconhecido pajé e foi um grande guerreiro e antigo *përiomɨ* ("liderança") do *xapono* Pukima Cachoeira. Com a sua generosidade em transmitir seus conhecimentos e permitir que estes fossem gravados – além da sua paciência, confiança e cuidado, mediado por seus espíritos-auxiliares –, pude posteriormente traduzi-los em conjunto com outros interlocutores e tradutores yanomamɨ do Pukima Cachoeira: o primeiro, registrado em 2018 com Francisco, jovem pajé, filho mais novo de Cândido e Agente Indígena de Saúde, e o segundo, de 2019, com Mauro, professor na escola diferenciada da aldeia. Nas transcrições e traduções diretas realizadas com os interlocutores yanomamɨ, ouvíamos os áudios, pausando quando necessário, dependendo do estilo de cada tradutor e da dificuldade de cada fala, sempre até o ponto em que sua capacidade mnemônica permitia, e eu tomava nota. Esse tempo variava de alguns segundos – nas narrativas traduzidas mais minuciosamente e nas transcrições mais dificultosas – até alguns minutos – no caso das traduções livres e diretas de frases ou trechos inteiros dos relatos. Ao longo do livro, elas serão indicadas por meio de seus respectivos tradutores no capítulo em questão.

Os Yanomami têm uma memória excepcional e conseguem fazer essas extensas traduções livres e diretas nos dois sentidos (português-yanomami e yanomami-português) e com muita qualidade, inclusive de modo simultâneo ou após longas falas, como em assembleias ou reuniões interétnicas. Essa capacidade mnemônica é fruto da tradição de transmitir o conhecimento de forma oral por meio da reprodução de histórias antigas, narrativas míticas, infindáveis cantos associados aos pajés e espíritos *hekura*, de um vasto repertório de cantos entoados durante as festas funerárias *reahu*, além de histórias do contato com os brancos e suas formas de fazer política e com os serviços de saúde e de educação. Isso ficou evidente, sobretudo, nas longas horas que passei escutando e aprendendo com Adriano, atual *përiomi* do Pukima Cachoeira, enquanto ele atravessava os diversos gêneros dessas narrativas orais, às vezes numa só história. Foi especialmente com ele, então, que entendi como o modo propriamente yanomami de narrar uma história pode ser transposto e reinventado na língua portuguesa de uma maneira excepcional, incluindo as citações diretas, o paralelismo, as interjeições, o ritmo e os gestos. Mais do que isso, com ele senti que estava sendo sistematicamente ensinado sobre o pensamento yanomami no seu devido tempo e nos devidos espaços. E foi assim que aprendi um pouco sobre esse modo de pensar e de falar.

Nossos diálogos, no entanto, não teriam sido possíveis se mediados por um gravador de som, já que decorriam de situações cotidianas em momentos e lugares diversos: na beira do rio, no meio do mato, na soleira da casa ou ao redor do fogo, por exemplo. Com Adriano, portanto, aprendi e exercitei um pouco desse modo de apreensão, memorização e reprodução, só que por meio da escrita, replicando com citações diretas as falas e vozes de cada pessoa, do narrador ou de alguém citado, como nas práticas e nas artes verbais ameríndias. Às vezes o intervalo entre uma dada conversa e o momento em que conseguia tomar nota em meu caderno chegava a passar de um dia e, sendo assim, os relatos que aqui apresento nem sempre estão embasados em uma precisão absoluta, mas sim em uma criatividade atenta e responsável. Essas conversas com Adriano correspondem à grande parte das fontes que estruturam minha argumentação e, mesmo que não citadas na íntegra, foi com esses conhecimentos, transmitidos dessa maneira, que construí este texto, reorganizando-os e complementando-os com outras fontes. Portanto, tento transformar e transportar para a escrita, num contexto acadêmico, algo desse estilo de retórica, de pensamento e de diálogo, pensando esse texto, então, como um experimento de escrita ou, como instiga Donna Haraway, como uma pequena história capaz de sustentar "presentes espessos" sobre um mundo de "detalhes minuciosos de como viver e morrer jun-txs" e sobre um modo "de viver densamente uns com os outrxs"[24] – mundo esse que tive a alegria de partilhar.

Sobre as fotografias que apresento, ressalto que estas partem de acordos com os Yanomami sobre a possibilidade de captura e reprodução. A partir de um acordo com Adriano, em respeito aos amigos e interlocutores do Marauiá, não apresento neste livro nenhuma imagem em que corpos e rostos de pessoas são reconhecíveis em função da impossibilidade de controlar a circulação e o acesso futuro às cópias deste livro impresso após a eventual morte de alguma pessoa fotografada. Quando as imagens não são devidamente destruídas junto com o corpo e os pertences da pessoa durante os procedimentos funerários, se constituem como marcas que podem trazer à tona a memória e a saudade das pessoas que deixaram essa terra rumo à aldeia dos mortos, causando sofrimento e dor entre os familiares, além de constituir um perigo sociocósmico que só pode ser manejado pelos pajés.

Ao fim, frente às tantas ameaças que assombram o povo Yano-mami – marcadamente a invasão garimpeira e a destruição da terra-floresta (uma realidade ainda um pouco distante do rio Marauiá, felizmente), mas também a crise sanitária e a ineficiência do Estado na garantia dos direitos básicos e na proteção da Terra Indígena Yanomami –, cujas "cenas de horror que circulam hoje, seguramente, dizem mais sobre quem são os *napë* do que sobre os yanomamis"[25], este livro é também um apelo para que não percamos de vista a beleza da filosofia, da arte e da arquitetura desse povo. Um apelo para que os Yanomami possam viver e morrer em paz.

PARTE 1

1.
Sangue da Lua

Mil anos de guerras, mil anos de festas!
É o que desejo para os Yanomami.

PIERRE CLASTRES, *Arqueologia da Violência.*

As viagens dos *napë* (os "brancos", "não yanomami") para além dos confins do céu são um tema que com frequência surge nos diálogos com os Yanomamɨ. Certo dia, já de tardinha, no *xapono* Pukima Beira do Alto Rio Marauiá, conversávamos sobre os astros e o céu, e eu contava a um casal atento algumas histórias das viagens dos *napë* à Lua, conhecida por *peripo* pelos Yanomamɨ. André, genro do *përiomɨ* (a "liderança" do *xapono*, isto é, da "casa-aldeia"), me escutava curioso e rindo e, nos melhores momentos, traduzia para sua esposa, Fabíola, as notícias lunares que eu trazia. "Mas pisou mesmo?", ele me perguntava. Eu, que não sou nem de longe um especialista em astronomia, podia apenas afirmar que sim, tentando explicar a tara dos *napë* pelo espaço, pelo cosmos e pelos supostos seres extraterrestres. As imagens da missão Apollo 11 de 1969 me vinham à mente e eu tentava descrever a cena para eles: pisaram mesmo, com roupas estranhas, colocaram uma bandeira, caminharam, mas a gravidade é outra. E eu me esforçava para imitar o caminhar dos astronautas. A conclusão, dada por André, foi precisa: "É, eu acredito mesmo, do jeito que os brancos são curiosos." E ainda complementou: "os pajés também pensam assim, eles vão até lá e depois contam para nós".

Em outra ocasião, o antropólogo estadunidense Roy Wagner passou por situação semelhante. Em um encontro com o pajé yanomam Davi Kopenawa, descrito em uma entrevista de 2011, este o questionou, sem meias palavras: "Você conhece a Lua de perto?" O que estava em jogo, entretanto, não eram os eventuais conhecimentos astronômicos ou cosmológicos do conhecido antropólogo, nativo da terra da missão Apollo 11 e que evidentemente nunca havia ido até a Lua, mas formas distintas de conhecer. E Kopenawa continuou, com uma gentil orientação: "Olha, quando você chegar lá, quando você for à Lua, vai ventar muito forte e você vai ter que se segurar."[1] Anos atrás, na época em que os estadunidenses colocaram os pés no solo lunar, o padre Luís Cocco, que trabalhou muitos anos com os Yanomami do rio Ocamo, na Venezuela, conta que, após dar a inédita notícia, foi pego por uma inesperada falta de surpresa: "Os *napë* na Lua? [...] Nós, pajés yanomami, vamos a ela com muita frequência."[2]

Periporiwë, o ser-imagem da Lua, "é o tataravô dos Yanomami"[3]. Uma vez flechado, em tempos antigos, seu sangue jorrou para todas as direções do território e ao cair, como chuva, transformava-se em Yanomami, os "filhos do sangue da Lua". O sufixo -*riwë* denomina em yanomami uma classe de seres-imagem e antepassados míticos atualizados enquanto espíritos ou pajés *hekura*, isto é, seres hiper-humanos e imortais transformados a partir dos antepassados humano-animais ou humano-vegetais, humano-corpos celestes, humano-fenômenos naturais e humano-objetos dos tempos primeiros. Os *hekura* (*hekura pë,* no plural) são também tomados como espíritos auxiliares dos pajés – sendo estes também considerados como *hekura* – e por eles chamados para cantar, dançar e dialogar durante o *hekuramou,* o "fazer *hekura*" ou, como dizem alguns yanomami, o "fazer xamanismo". O sufixo -*mou* transforma o substantivo em verbo e, nesse caso, o morfema -*mo-*, de desinência verbal, é gramaticalizado com um vocábulo que se refere a "atividades essenciais para o sujeito e a ação afeta os objetos que são considerados como extensões da pessoa"[4]. Assim, ao "fazer hekura" (*hekuramou*), como bem traduzem os Yanomami, o pajé se "espiritiza"[5], efetuando um processo de tornar-se outro por intermédio da transformação do corpo e da ativação de características hiper ou extra-humanas, em diálogo com a rede de parentesco e de aliança sociocósmica dos espíritos auxiliares.

1. SANGUE DA LUA

Periporiwë refere-se, assim, a um ser dos tempos primeiros, de importância fundamental na mitologia yanomami, e também ao *hekura* potencialmente perigoso e habitante do céu, em seu *xapono* celeste, assim como Motokariwë (Sol) e Omayariwë (Arco-íris). Embora sua origem remonte a tempos ancestrais, sua existência e sua narrativa são constantemente atualizadas, afinal, Periporiwë "ainda vive lá, no mesmo lugar onde foi flechado. Não morreu"[6]. Numa das vezes em que escutei a história de Periporiwë, dias depois de eu ter pedido a Adriano que contasse a história da ocupação do Marauiá – eixo central deste capítulo, não sem algumas derivações –, sobre a qual afirmava saber "toda", o *përïomï* do *xapono* Pukima Cachoeira inesperadamente chegou em nossa casa, sentou na rede e perguntou, como de praxe, sobre os *napë* e suas viagens pelo espaço sideral. Conversamos um pouco, contei novamente sobre a estranha missão Apollo 11 e, nas horas seguintes, escutamos a história das migrações desde o tempo de Periporiwë até tempos mais recentes, quando os últimos grupos Konapïmateri e Momohiteri migraram da Venezuela para a região do Marauiá. Nesta manhã, foi notável como Adriano operou a mediação entre um período de tempo remoto – o tempo dos ancestrais *no patapï*, este que chamaríamos de "mítico" – e um período mais recente, situando o contexto das migrações dos Yanomamï ao rio Marauiá por meio de sua respectiva "cosmo--história"[7], desvelando, dessa maneira, como o tempo do "mito" e o tempo da "história" se interpenetram, coexistem e estão em continuidade no pensamento yanomami.

Assim contou o *përïomï*:

No início, Periporiwë morava em um *xapono* como o nosso. Periporiwë devorava as crianças, os filhos e as filhas dos parentes. Certa vez, tristes e com raiva de Periporiwë, os moradores do *xapono* saíram para o mato, saíram de *wayumi* [expedição de caça e coleta coletiva]. Em determinado momento, um deles voltou correndo, pois havia esquecido algo em sua casa e, ao entrar, encontrou Periporiwë fuçando as cinzas no meio do *xapono*, catando e comendo os restos de carne e os ossos da criança que havia sido cremada. "Ũũũũũ", ele gemia e roncava enquanto comia tudo aquilo. O jovem, desesperado, voltou correndo para avisar o pai da criança, Suhirina [Escorpião, em outras fontes descrito como Suhirinariwë], que era pajé grande. "Ele está comendo as cinzas do meu filho?", perguntou, chorando. Suhirina voltou correndo ao *xapono* com seu irmão mais novo e outros jovens. Uhutimari [ou Uhutimatawë, antepassado mítico que também se refere a uma espécie de escorpião] flechava, flechava, flechava, mas não acertava Periporiwë. "Tai, tai, tai, tai". Flechava em vão, e Periporiwë, desde o meio do *xapono*, começou a subir em direção ao céu, ficando cada vez mais alto. Subia, subia, repetindo, "Peeeriporiwëëë, Peeeriporiwëëë, Peeeriporiwëëë". Subia em direção à sua casa, sua rede estava escondida lá em cima. E quando já estava bem alto, pronto para entrar na sua casa, Suhirina foi atrás dele. Subiu quase até o céu, pegou seu arco, preparou sua flecha, puxou, puxou tão forte que quase estourou a corda, mirou bem e "taaai!" Acertou bem no peito. Ele não errou, não, Suhirina acertou com uma só flecha, lá no alto. No lugar que a flecha acertou, o sangue começou a esguichar para todos os lados como uma torneira. O sangue caía se transformando em gente. Onde caíram gotas mais grossas surgiram os Yanomami mais guerreiros e, onde caíram poucas gotas, surgiram os menos guerreiros. Aqui caiu pouco sangue. Foi assim que surgiram nossos antepassados. Todos são filhos do sangue de Periporiwë. Todos são filhos do sangue da Lua.

"Na nossa terra, derramou pouco sangue. É por isso que não somos tão valentes como os Yanomami̵ de lá, na terra que derramou muito sangue"[8], dizia em outros tempos um velho pajé do rio Marauiá, ecoando a fala do *përiomi̵* do Pukima Cachoeira: "Lá para os lados da Venezuela, lá caiu sangue mesmo!" A marcação da diferença em relação a um outro "de lá" corresponde a uma generalização das relações intercomunitárias classificadas por diferentes graus de alteridade e diferentes regimes de aliança ou hostilidade. São essas distintas formas de relação que fazem desse mito, tal como narrado por Adriano, um "mito da história"[9], ao contrário de uma resposta, no sentido de um argumento histórico, à minha pergunta sobre a história da ocupação do Marauiá. Essa história aponta, assim, que a atual configuração socioespacial do Marauiá é apenas um dos pontos de uma linha contínua e inconclusa de transformações que perpassa e também produz múltiplas gerações de parentes e afins, desde a formação primeira dos diferentes graus de alteridade e dos diferentes regimes de relações intercomunitárias. Segundo Bruce Albert, essas relações intercomunitárias podem ser classificadas em cinco categorias principais que configuram as bases da filosofia política e social yanomami: corresidentes, grupos locais aliados, pessoas hostis/inimigos atuais, inimigos virtuais/antigos, inimigos potenciais desconhecidos[10]. Essas categorias são ainda projetadas virtualmente em uma cartografia de espaços

FIG. 4: *Escola Suhirina, Raita Centro, 2023. Foto do autor.*

sociopolíticos representados, esquematicamente, por círculos concêntricos. Dessa forma, à medida que as relações entre grupos se distanciam – partindo de um centro de corresidentes e dirigindo-se aos círculos exteriores até os inimigos desconhecidos – alteram-se os graus das relações de afinidade potencial, bem como a forma ou intensidade das relações hostis reais ou virtuais, convergindo possivelmente na troca de agressões físicas ou xamânicas.

No caso da cartografia mítica e prototípica estabelecida pelo sangue de Periporiwë, o grau estabelecido varia desde os co-residentes e os grupos locais aliados – cuja valentia, como diz o pajé do Marauiá, pode ser útil para somar forças para um eventual conflito com os demais grupos – até os outros que, segundo o pensamento mítico e a filosofia política yanomami, configuram os afins potencialmente inimigos. A história de Periporiwë, portanto, não trata apenas da origem da Lua e da origem dos Yanomami, mas, assim como nos mitos pan-ameríndios associados ao tema da Lua, serve a uma "mitologia da ambiguidade"[11]. Nesse caso, instaura uma oposição entre vida e morte[12] e também uma oposição relacional entre os "mais guerreiros" (mais distantes) e os "menos guerreiros" (mais próximos), com o respectivo estabelecimento dos contínuos conflitos e ataques guerreiros, pois, como retratam outras versões do mito: "O sangue caía se transformando logo em gente [...] que imediatamente flechava. [...] O sangue desceu flechando e não se esgotou. Os Yanomami, formados a partir do sangue da lua, mataram os habitantes do *xapono* do flecheiro de Lua [Periporiwë]."[13]

As flechas que atingem Periporiwë e fazem com que seu sangue caia, "se transformando logo em gente" ressoam com outro mito sobre o surgimento da Lua, nesse caso uma narrativa do povo Marubo, da Amazônia ocidental[14]. Nessa narrativa, o desfecho do ser Temĩ Txoki, antes de sua transformação final em Lua, implica também um ato de hostilidade e agressão. Em vez de uma saraivada de flechas, Temĩ Txoki é esquartejado após certa desobediência dos critérios próprios de um povo outro com o qual se relacionava. As partes cortadas de seu corpo originam as sucuris e, num procedimento comum à mitologia marubo, desencadeiam surgimentos diversos, seja a partir do sangue – de forma análoga ao sangue de Periporiwë –, das partes do corpo ou dos duplos que desprendem do invólucro corporal[15]. Como indica Pedro Cesarino, é num "sentido etiológico peculiar" que essa "violência decorrente da relação entre pessoas de distintas posições [...] dá origem às características do cosmos atual, cujas qualidades e elementos derivam, mais uma vez, do corpo como matéria de transformação privilegiada pelo pensamento mítico"[16]. Esse sentido é, portanto, partilhado de alguma forma pela narrativa de Periporiwë, cuja mitologia da ambiguidade resulta, justamente, dessa violência etiológica, onde "o sangue caía se transformando em gente" e, como dizia Adriano, "onde caíram gotas mais grossas surgiram os Yanomami mais guerreiros e onde caíram poucas gotas surgiram os menos guerreiros".

1. SANGUE DA LUA

A oposição entre "mais guerreiros" e "menos guerreiros", em outros contextos, pode também ser indicada pelo par *waika/xamatari*. Em síntese, trata-se de uma oposição sociológica e geográfica que indica os outros, os "mais guerreiros", de modo que normalmente não corresponde a grupos locais específicos, tampouco a uma autodesignação, já que *waika/xamatari* são sempre os "de lá". De modo aproximado, *waika* indica os Yanomami ao norte e ao leste do grupo de referência, enquanto *xamatari* indica os que se encontram ao sul e a oeste. No Marauiá, por exemplo, o termo *waika* abrange desde os grupos yanomami de Roraima, ao norte e ao leste, até alguns grupos distantes, do outro lado da serra, da Venezuela, ao norte. No sentido contrário, de Roraima para o Amazonas ou para a Venezuela, por exemplo, o termo genérico utilizado para se referir aos Yanomami da região é *xamatari*. Outra narrativa em torno da criação dos primeiros Yanomami pelo sangue da Lua, coletada por Hans Becher e publicada em 1974, oferece um raciocínio interessante para essa dualidade, sintetizando o par *waika/xamatari* e situando-o no território (brasileiro, pelo menos): "exatamente como na lua e no primeiro céu havia uma metade oriental e uma ocidental, aqui foi dividido pelo rio Padauairi"[17].

Xamatari pode ter, no entanto, um significado distinto ao se referir a um subgrupo linguístico ou dialeto específico e aos Xamatari "de verdade", isto é, a um grupo ou a um conjunto de grupos ancestrais, como é o caso entre os Yanomami do Marauiá, que se incluem nas duas categorias. Os Xamatari "de verdade" estão associados ao antigo e grande *xapono* dos Aramamisiteri, localizado aproximadamente nas cabeceiras do rio Rahuawä e Xukumöna (ou Matapiri e conhecido oficialmente como rio Siapa, afluente do Canal Casiquiare), na região montanhosa da Serra de Unturan, entre as cabeceiras dos rios Orinoco e Mavaca, na Venezuela. Conta-se que essa denominação surgiu no antigo grupo que habitava ao norte do Orinoco, onde seu líder era chamado de Xamatari, dada sua corpulência, comparável à de uma anta, *xama*. Assim, quando essa comunidade se dividiu, no final do século XIX, teria sido essa liderança que conduziu o grupo, atravessando o Orinoco até as cabeceiras do rio Siapa, dando origem aos Aramamisiteri e, provavelmente, difundindo a acepção do termo Xamatari para todos aqueles que migram ao sul do Orinoco[18]. A partir dos relatos dos Yanomami e também de autores como Luis Cocco e Helena Valero, pode-se concluir que o grupo dos Aramamisiteri se dividiu depois em pelo menos três grandes grupos: os Xamatari, os Kohoroxitari e os Karawëtari, sendo que os últimos são os que se estabeleceram no rio Marauiá.

Estima-se que foi no início do século XIX que grupos yanomami vindos da Serra Parima desceram pelo seu lado meridional até as cabeceiras do rio Orinoco, atravessando-as e ocupando as terras entre o Orinoco, o Mavaca e o Siapa[19]. A região da Serra Parima, situada no interflúvio entre o Alto Rio Orinoco e o Alto Rio Parima, na fronteira do Brasil com a Venezuela e nas terras altas da região do Escudo das Guianas, é compreendida como local de origem dos Yanomami (e ainda densamente ocupada), segundo não só a tradição oral yanomami registrada por diversos autores, mas também de acordo com registros de fontes antigas (a partir do século XVIII) e de análises linguísticas históricas[20]. Esse período entre os séculos XVIII e XIX, em particular, foi marcado por intenso movimento, com grandes migrações e ampla expansão do território e da população yanomami para todas as direções do território. Os movimentos que caracterizam esse período foram realizados em menor e maior escala de distância, desde mudanças e fissões de grupos abrindo roças e clareiras em regiões não tão distantes das anteriores até grandes ou constantes mudanças em função de conflitos guerreiros entre grupos yanomami. Nessas regiões, os Yanomami ocupavam territórios de outros grupos desestabilizados pelas frentes de expansão colonial ou também em migrações constantes (como os Caribe, que migravam ao norte), ou as conquistavam por meio do contato e do conflito com povos Aruaque (Arawak), ao sul e a oeste, e povos Caribe (Karib, Carib), ao norte e ao leste. As hipóteses geográficas, como essas, assim como as econômicas e tecnológicas, relacionadas à introdução de objetos metálicos e do cultivo da banana-prata, para o exponencial aumento demográfico nesse período não são, afinal, nada mais do que hipóteses sustentadas por parcos dados concretos, como relembra Albert[21], tampouco são objeto de atenção deste livro. Concentro-me aqui nos deslocamentos entre os grupos Xamatari e, especificamente, dos Karawëtari, que por volta da década de 1920 atravessaram a fronteira entre Brasil e Venezuela[22], passando a ocupar as cabeceiras do rio Marauiá,

1. SANGUE DA LUA

afluente do Médio Rio Negro com cerca de 180 km de extensão, conhecido tradicionalmente por Komixipɨwëi u.

Os antigos Karawëtari são os antepassados da maior parte dos grupos que atualmente habitam a região do rio Marauiá. Além deles, há também os grupos dos Konapɨmateri (que migraram por volta dos anos 1980) e os Momohiteri (de migração mais recente) no afluente do Alto Marauiá, conhecido como rio do Kona e tradicionalmente como Hetumɨsiri, que significa algo como rio do "povo do céu". Os Konapɨmateri e os Momohiteri compartilham com os Karawëtari a região de origem e a descendência dos antigos Xamatari: "são parentes", aliados no presente e inimigos no passado. No entanto, apesar de os Konapɨmateri e os Momohiteri possuírem relações de aliança com os grupos do Marauiá, eles têm vínculos de parentesco mais estreitos com os grupos que habitam a região do Alto Rio Padauari, no rio Marari, e com grupos do lado de lá da fronteira, ambos de origem Xamatari. Mesmo assim, os atuais vinte grupos que habitam a bacia do rio Marauiá (até abril de 2023, quando reviso esses dados sempre em movimento), assim como um grupo da mesma origem, mas que vive no rio Preto, afluente do Padauari, são representados politicamente pela Associação Kurikama (fundada em 2013). Os grupos do Marari são, por sua vez, historicamente aliados dos grupos do Marauiá e ainda hoje empreendem visitas mútuas, seja para estabelecer trocas ou comparecer às festas funerárias *reahu*, sobretudo no caso dos Konapɨmateri e dos Momohiteri. Conforme relatos das antigas incursões guerreiras contra os ditos Kohoroxitari – "os excrementos de minhocas", autodenominados atualmente por Masiripɨwëteri, sendo que o primeiro é um termo pejorativo dado pelos Karawëtari e assim consolidado na bibliografia antiga – da região do rio Maturacá, Cauaburi e Maia, afluentes do Alto Rio Negro, estas eram com frequência feitas em conjunto com os grupos do Marari. O último conflito guerreiro entre os Masiripɨwëteri e os Karawëtari do Marauiá ocorreu por volta dos anos 1960[23].

Karawëtari e Kohoroxitari partilham a mesma filiação Xamatari e a mesma região de origem, nas terras altas entre o Alto Rio Mavaca e o Orinoco, na Serra de Unturan. Os Kohoroxitari foram os primeiros a migrar para a bacia do rio Negro, atravessando a Serra do Tapirapecó e a fronteira entre Brasil e Venezuela, por volta de 1920. Era um período de muitos conflitos e também de intensa mobilidade e de grandes migrações. Segundo Adriano, *përiomɨ* do *xapono* Pukima Cachoeira, os Karawëtari e Kohoroxitari habitavam uma mesma região e, possivelmente, um mesmo *xapono*, "*xapono* grande mesmo". Os Kohoroxitari, segundo ele, foram os primeiros a se dividir, fugindo dos conflitos com os demais grupos Xamatari e com os próprios Karawëtari. Atravessaram o rio Siapa e, provavelmente, seguindo o curso do igarapé Castaño em direção às cabeceiras, atravessaram a Serra do Tapirapecó, atingindo as cabeceiras do rio Padauari, no alto curso do afluente Marari. Do Alto Marari, seguiram para a região do Alto Marauiá, atravessando o rio do Kona e o rio Pukima ("mutuca", espécie não identificada), ambos afluentes do alto curso do Marauiá. Atravessaram a Serra do Imeri, onde se encontra o Pico da Neblina, conhecido por *yaripo*, "montanha do vento", e seguiram rumo ao rio Maiá, no alto Cauaburi, e ao Maturacá, região que habitam desde então.

Os Karawëtari seguiram os caminhos abertos pelos Kohoroxitari rumo ao lado da serra em território brasileiro. Segundo o *përiomɨ* do Pukima Cachoeira, seus avôs e tataravós iam guerreando, se apossando, ocupando e morando nos acampamentos que os ditos Kohoroxitari deixavam para trás em fuga. Os Kohoroxitari faziam novas roças e eram novamente espantados pelos Karawëtari. De acordo com o relato de Adriano, tal como registrado por Tamara Miranda, os Kohoroxitari "faziam *xapono* e os Karawëtari já faziam guerra e os espantavam, depois mudavam-se para seu *xapono* e comiam a comida deles"[24]. O conflito entre os dois grupos persistiu, portanto, durante a longa migração. Na verdade, os processos são concomitantes e, à medida que os Karawëtari se aproximavam, fugindo de outros conflitos com os Xamatari, empurravam cada vez mais os Kohoroxitari, assim ampliando exponencialmente a distância percorrida nessa longa caminhada. Atrás desses grupos, os Xamatari também migraram ao sul, habitando a região do Alto Mavaca, e um dos grupos, os Abruwëteri, atravessaram também a fronteira e se estabeleceram no Marari, na mesma época[25]. Uma vez estabelecidos e separados dos Kohoroxitari pela Serra do Imeri, os Karawëtari se estabeleceram aos poucos na região do Marauiá, passando uma série de moradas mais efêmeras em função dos constantes

FIG. 5: *Pico (pei makɨ) Tëpë Waiterimopë, na serra do Tapirapecó, fronteira com a Venezuela, visto do xapono Raita Centro, 2023. Foto do autor.*

conflitos com grupos próximos, como os Posikomimateri, e habitando sucessivos acampamentos na floresta, em locais conhecidos como Xekerei (próximo às cabeceiras do Marari), Apiapihiwëi (próximo do atual Kona), Hõriapɨwëi, Yãimoropɨwëi e Xitipapɨwëi (voltando às cabeceiras do Marauiá e do Pukima). Passado algum tempo de muitas andanças e acampamentos e buscando refúgio dos conflitos com os Posikomimateri, eles abriram o grande *xapono* Hayanae na região do rio Kapirota, próximo das cabeceiras do igarapé Rapi Rapi, atualmente conhecido por rio do Pohoroa (cacaueiro, *Theobroma cacao*), nas cabeceiras do rio Marauiá. Como resume Adriano: "Primeiro os Karawëtari moravam num *xapono* que era dos Kohoroxitari, chamado Xitipapɨwei, e, quando viram que os inimigos já estavam longe, subindo e descendo, subindo e descendo a serra, resolveram fazer um *xapono* deles mesmos e fizeram o Hayanae. Assim que foi."

Nessa época, de data incerta (entre a década de 1920 e 1950), o Hayanae era o único *xapono* do Marauiá e concentrava os antepassados dos grupos que depois se dividiram até a configuração atual, e ainda dinâmica, das comunidades que lá habitam. Segundo se conta, o *xapono* era "grande, grande mesmo", de modo que a escala do *xapono* destoa dos padrões demográficos dos antigos grupos locais e, nos relatos dos próprios Yanomamɨ, esta adquire um curioso aspecto mítico. Como relata Tamara Miranda, certa vez um jovem do *xapono* Bicho-Açu lhe descreveu o Hayanae da seguinte maneira: "era muito grande, se você sair hoje, não chega não [do outro lado], tem que dormir no caminho"[26]. Conta ela também uma descrição semelhante sobre o antigo *xapono* dos Aramamisiteri que, segundo seu interlocutor Konapɨmateri, eram os verdadeiros Peripoiyëteri, ou seja, os que realmente nasceram do sangue da Lua: "lá onde tinha o *xapono* dos Aramamisiteri, os antepassados dos Konapɨmateri, Momohiteri, Toxamoxiteri, Xamatari, Apruwëteri, Kepropëteri, Karawëtari e Kohoroxitari viviam todos juntos" e, assim como Hayanae, por lá "não chega rápido do outro lado quando passeia [caminhando ao redor do círculo de casas do *xapono*]"[27].

Segundo Maurício Iximawëteri, é o ser-imagem da Jiboia, por meio de seu canto, que diz aos pajés o nome que devem dar aos locais que habitam os Yanomamɨ[28]. O nome Karawëtari faz referência à serra Karawë, próximo de um igarapé de mesmo nome, nas cabeceiras do rio Siapa e, provavelmente, próximo também do *xapono* Aramamiseteri, onde habitavam os antigos. Locais de moradia anteriores ao Aramamisiteri não são nomeados atualmente e, segundo alguns interlocutores Yanomamɨ, teria sido ali mesmo que surgiram, conectando suas origens não mais com o

1. SANGUE DA LUA

mito de origem da Lua, como no relato acima, mas com outro importante mito de origem, conhecido pelo mito do "homem da panturrilha grávida" ou das "primeiras mulheres"[29]: "Meus antigos surgiram na Venezuela, são os Karawëtari. Onde tem a serra Karawë, foi lá que eles surgiram primeiro, antes disso havia só o povo que nasceu da perna daquele homem."[30]

Ao que parece, o grupo Karawëtari continha em si uma subdivisão em quatro grupos menores, todos compartilhando nominações a partir de elementos da paisagem da região situada nas cabeceiras do rio Siapa: Warapawëteri, Amianateri, Maneiwëteri e Heweriwëteri[31]. O nome Karawëtari, convencionalizado como referente histórico e identitário desse período, atualmente é utilizado apenas para se referir às histórias antigas. Na esfera local este não é mais usado como forma de se definir, mas ainda pode ser o nome pelo qual os grupos do rio Marauiá são reconhecidos por outros Yanomami de outras regiões. Conta Miranda que os Konapɨmateri muitas vezes se referem aos outros Yanomamɨ do Marauiá como "os Karawëtari"[32]. Além disso, em contextos de assembleias onde se reúnem grupos Yanomami de diversas regiões do Brasil e da Venezuela, as designações mais antigas ainda são eficazes:

Adriano [*përɨomɨ* do *xapono* Pukima Cachoeira] esteve em Puerto Ayacucho, na Venezuela, participando de um evento [o seminário "Direitos Indígenas y Políticas Nacionales: Analizando el Caso de los Yanomami de Venezuela y Brasil" em 2013] e relata que, ao se apresentar para os outros Yanomami, identificou-se como Karawëtari, nome usado por seus antepassados. Assim o fez porque aqueles grupos de regiões distantes e com os quais não mantém contato conhecem apenas essa denominação mais antiga, do tempo anterior ao que os Karawëtari cruzaram a fronteira da Venezuela.[33]

O único registro contemporâneo a esse período de intensos conflitos e mudanças encontra-se no famoso relato de Helena Valero, a *napëyoma* ("mulher branca") que viveu mais de duas décadas com os Yanomamɨ. Em 1933, os ditos Kohoroxitari se depararam com a canoa da família de Helena Valero nas cabeceiras do rio Demiti (Dimití), afluente do Alto Rio Negro, e atacaram com flechas, interessados sobretudo nos facões, machados e outros bens que ali estavam. A família de Helena Valero, embora ferida, conseguiu fugir, e a jovem garota de quatorze anos de idade ficou para trás. A jovem foi capturada pelos Kohoroxitari e levada ao acampamento nas imediações do conflito, no extremo oeste do seu território. Segundo o relato, permaneceu alguns dias no acampamento e com os Kohoroxitari empreendeu uma longa viagem de volta às cabeceiras do Cauaburi, onde tinham seu *xapono*. Após um conflito com um grupo Xamatari do Alto Orinoco, os Matakïwëteri, o grupo Kohoroxitari se mudou para outra localidade, construiu um novo *xapono* e foi atacado pelos Karawëtari. Junto de outras mulheres, Helena Valero foi capturada pelos Karawëtari e se mudou, caminhando para lá da Serra do Imeri, na região do Alto Marauiá.

Helena Valero viveu apenas uma semana com os Karawëtari, por volta de 1933 ou 1934. Conta ela que no caminho passaram no antigo acampamento Huriãpïwei dos Karawëtari, "assim chamado porque, ao pé da colina *huria* [e do igarapé, de mesmo nome], havia muitos pés de *huria* [*huriã anahi, Clarisia ilicifolia,* um pequeno fruto comestível]"[34], consoante com os relatos dos antigos locais de acampamento, tal como relatado acima. Foi nesse mesmo local que os Karawëtari acamparam na viagem de ida, quando iam ao encontro com os Kohoroxitari, e nos mesmos tapiris passaram a noite após refazerem as coberturas dessas estruturas conhecidas em yanomamï por *yãno*: "As mulheres trouxeram folhas de *miyõma* e começaram a reformar os telhados. Essas folhas são usadas e, em seguida, carregadas até o lugar seguinte, se não houver certeza de encontrar novas, como desta vez. A folha de *miyõma* [*miyõma henakï, Geonoma* sp.] é dura e resistente, e não se encontra onde há savana"[35]. Durante a primeira noite com os Karawëtari, relata ela, os *përiomï* discutiam as tarefas do dia seguinte e, logo ao amanhecer, se puseram a limpar o antigo *xapono* e a buscar palha para cobrir a antiga casa: "O dia todo carregando folhas. Era grande essa maloca, porque era grande a tribo dos Karawëtari. Depois de três dias de trabalho nós entramos [saindo do acampamento e voltando ao *xapono* reformado e retomado]. Estava bonito, limpo."[36] Em outra fonte, Helena Valero conta ainda que "o *xapono* era muito grande; maior até do que o dos Kohoroxitari [...]. Os Karawëtari eram muito mais numerosos que os Kohoroxitari. Eram mais de cem e tinham muitas mulheres e crianças"[37].

Dias depois chegaram visitantes ao encontro dos Karawëtari, que foram convidados pelos Xekereiteri para um *reahu*, uma festa funerária, em seu *xapono* no Matapiri, afluente do Alto Rio Siapa,

1. SANGUE DA LUA

e a garota seguiu com eles[38]. Como estavam sob constante alerta de vingança dos Kohoroxitari e tinham acabado de fazer uma grande viagem, apenas parte do *xapono* aceitou comparecer e Helena os acompanhou. Conta ela que foram subindo pela serra Huriãpɨwei e após dias andando pela região da Serra do Tapirapecó chegaram ao antigo acampamento Xitipapɨwei, cheio de palmeiras (pupunheiras, provavelmente) e de cacau, onde havia um *xapono* abandonado no pé da montanha de mesmo nome. Diz ela que este era um acampamento antigo dos Kohoroxitari e, de acordo com os relatos dos antigos acampamentos dos Karawëtari, também um antigo *xapono* tomado por estes e, nesse momento, reativado como acampamento durante a longa viagem. A partir daí, sua história vai longe e, curiosamente, refaz o caminho das migrações históricas do período de expansão demográfica e territorial, mas pelo sentido inverso, indo de sul à norte, saindo das imediações do rio Negro até o Orinoco.

A estada de Helena Valero entre os Karawëtari aconteceu, provavelmente, pouco antes de o grupo se estabilizar e fundar o *xapono* Hayanae. Nos relatos que os Yanomamɨ fazem sobre esse período, a história da ocupação e dos *xapono* do Marauiá costuma partir do Hayanae, possivelmente em função desse caráter de maior estabilidade e também de maior escala, ao que parece, juntando os grupos que estavam dispersos em acampamentos pela mata. Dizem que algumas pessoas nascidas nesse *xapono,* ou em acampamentos contemporâneos a ele, ainda estão vivas e estima-se que sua cisão ocorreu em meados da década de 1950. Nesse momento, o *xapono* que era o único a ocupar a região do Marauiá se dividiu em quatro grupos, provavelmente os mesmos quatro grupos familiares com nomes relacionados às cabeceiras do rio Siapa, como mencionado acima. Liderados por quatro "grandes chefes", *përiomɨ,* esses grupos familiares já mantinham certa autonomia uns em relação aos outros e, conforme relatam, costumavam se movimentar de modo separado pela floresta nas épocas de conflitos guerreiros ou de expedições de caça e coleta coletiva, *wayumɨ*[39]. Com a mudança, os nomes dos grupos e dos *xapono* também foram atualizados em função dos novos territórios que passavam a ocupar, entre sopés de serras e rios e igarapés, surgindo, então, os Ironasiteri, Xamatawëteri, Pohoroawëteri e Pukimawëteri.

As construções dos novos *xapono,* no entanto, não foram imediatas. Foi o caso dos Pukimawëteri, grupo que serve de ponto de partida para essa etnografia. Entre a cisão do Hayanae e o assentamento no *xapono* Pukima, esse grupo habitou moradas temporárias e acampamentos em diferentes regiões, dentre elas as conhecidas por Purimapɨwëi, Masiripɨwëi e Pukimapɨwëi. Os nomes desses lugares correspondem aos nomes dos igarapés (nas cabeceiras do rio Pukima) e das serras em cujos sopés se situavam os acampamentos. Segundo contam os antigos, nascidos em sua maioria em algum desses acampamentos, nesse mesmo período (provavelmente entre as décadas de 1960 e 1970) foram atingidos por uma epidemia de sarampo, transmitido quando de uma visita a uma parte do grupo dos Xamatawëteri que migrou para a região do rio Padauari e estabeleceu contato com as populações locais de extratores de piaçava. De volta à região do Marauiá, partes do grupo Pukima se separaram, saindo de *wayumɨ* como que de quarentena, evitando o contágio generalizado até que estivessem curados, o que explica a grande variedade de locais de morada provisória no mato. Não apenas por isso, mantinham-se ainda movimentos intensos, com muitas expedições guerreiras e saídas de *wayumɨ* para caça e coleta de frutos. Por essa razão, isto é, por conta dessa instabilidade em se estabelecer em um mesmo local, com o grupo coeso e saudável, ao se referirem aos locais que habitaram no passado antes do estabelecimento do *xapono* Pukima, os associam a uma profusão de acampamentos temporários, com círculos de *yãno* numa clareira improvisada em meio à mata, e não exatamente a aldeias, com os terreiros limpos e círculos de casas (*yahi*), menos temporárias e mais duráveis, conformando um *xapono*. Dessa forma, ao relatarem o passado ou o *xapono* de origem dos Pukimawëteri, a principal referência é o *xapono* Pukima, de forma análoga à menção ao Hayanae em se tratando dos Karawëtari.

Com a cisão do Hayanae, deu-se continuidade ao processo de expansão do território yanomami, que se alongava desde o século XVIII e, nesse período, apesar de ocorrer em outra escala, acabam por se definir os limites do território posteriormente demarcado (no lado brasileiro). Nesse momento, conta-se que os Ironasiteri teriam avistado estranhos, uma gente outra, no baixo curso do rio, durante uma expedição de caça e retornaram ao *xapono* para alertar todos. Soube-se depois que os que foram vistos pelos Ironasiteri eram grupos remanescentes de povos de língua aruaque (*arawak*) conhecidos por Yabahana e que trabalhavam na região extraindo seringa, misturados com caboclos da região. A história do conflito subsequente é famosa e me foi contada por um velho do *xapono* Bicho-Açu, atual morada das famílias de origem Ironasiteri, situado no baixo curso do rio, onde literalmente se tropeça em cacos de cerâmica e achados arqueológicos dos grupos yabahana que lá habitavam. O resumo da trama é o saldo de cinco Yabahana flechados e mortos, dois Ironasiteri também mortos e a fuga dos Yabahana e da população que lá morava, abrindo os caminhos para a continuidade da expansão territorial yanomami quase até a foz do Marauiá com o rio Negro. A data do conflito é incerta, mas sabe-se que foi somente após o ocorrido, e já nessa configuração socioespacial em expansão, digamos, que o padre e missionário Antônio Goes encontrou os grupos da região do Marauiá e estabeleceu os primeiros contatos no ano de 1958[40].

Antes disso, em 1954, o padre havia fundado a primeira missão salesiana entre os Yanomami, a Missão Nossa Senhora de Lourdes, na região habitada pelos Kohoroxitari, temidos na região em função de conflitos com as populações locais e com quem o padre travou os primeiros contatos em 1952[41]. Os Kohoroxitari, aos poucos e provavelmente à medida que o padre começava a lhes entender, revelaram a Antônio Goes a presença de outros grupos yanomami em uma região próxima, do outro lado da Serra do Imeri e do Pico da Neblina, os velhos inimigos Karawëtari. Em 1962 o padre funda a Missão Sagrada Família no rio Marauiá, na margem oposta e na mesma altura do afluente Rapi Rapi, conhecido atualmente como rio do Pohoroa e onde já habitava o grupo de mesmo nome[42].

Na região do Marauiá, Antônio Goes fez contato primeiramente com o pequeno grupo Ironasiteri que havia descido ao baixo curso do rio, chegando até o rio Negro e, em seguida, com os Xamatawëteri[43], junto aos quais se estabeleceu em 1962. Conta-se que, subindo o Marauiá até a boca do Rapi Rapi, aproximadamente no médio curso do rio, o padre seguiu a trilha que o conduziu até o sopé da Serra Xamata (*xama* significa "anta", *Tapirus terrestris*), na margem oposta da Serra do Imeri, e encontrou o grupo Xamatawëteri. Segundo Luís Laudato, padre que assumiu a missão junto de seu irmão Francisco anos após a morte repentina do Padre Goes em Manaus, a "técnica" usada pelo seu antecessor era de "logo distribuir as ferramentas indispensáveis para iniciar o cultivo de produtos agrícolas", supostamente para resolver as "crises periódicas de falta de alimentos pelas secas imprevistas que, às vezes, assolam as matas amazônicas"[44]. E, dito isso, Laudato explica: "O padre já conhecia a língua e, com certeza, foi mais fácil o encontro e mais rápido convencer os Karawëtari a descerem para as beiras do Marauiá, para derrubarem um bom pedaço de mato, para ajudá-lo a construir a sua casa e, ao mesmo tempo, o novo *xapono*, para tornar mais prático o escoamento dos produtos agrícolas que iriam produzir, no futuro."[45]

Assim, na base da troca de ferramentas por serviços, sob a pretensa ideia de produção agrícola do padre civilizador, os Xamatawëteri aproximaram-se das margens do Marauiá e deram início a um movimento que se estendeu até a primeira década dos anos 2000 com a mudança do último *xapono* "no mato" para próximo do rio, o dos Pukimapiwëteri.

Conta-se que os padres presentearam os *xapono* distantes da missão ou da beira do rio com canoas, uma para o Pohoroa, outra para o Ironasi e outra para o Pukima. A proposta, conforme me foi relatada por Adriano, era "pensar sobre" a ideia de se aproximar das margens do Marauiá para facilitar o acesso dos serviços de saúde e educação fornecidos ou mediados pelos salesianos. Ainda a remo, as canoas abriram um novo eixo de circulação no território do Marauiá e também um eixo de acesso à cidade e à missão. Na subida, a montante, deixava-se a canoa atracada na missão e o restante do caminho era feito a pé, no caso do Pukima, em dois ou três dias de caminhada, acampando no mato, construindo e habitando os tapiris (*yãno*).

Nessa época, o *përiomi* do *xapono* dos Pukimapiwëteri era Cândido, o pai de Adriano, atual liderança do *xapono* Pukima Cachoeira. Seu pai foi um grande guerreiro e é um dos grandes pajés do Marauiá, respeitado rio acima e rio abaixo. Segundo conta Adriano, seu pai tinha uma boa relação com o Padre Goes, mas sempre com certa reserva, mantendo a distância e recusando os "convites" do padre para que se mudassem para uma localidade mais próxima da beira do Marauiá ou mais próximo da Missão, para facilitar o contato e as trocas e para que seu filho mais velho, Adriano, pudesse estudar a língua portuguesa na escola da Missão. Em vez de se mudarem, o antigo chefe teve uma ideia melhor e enviou o filho para estudar, "para aprender português para lutar melhor", conta Adriano. A noção de estudar, é evidente, não era partilhada exatamente nos mesmos termos entre o padre e o *përiomi*, pois se para um a educação era uma forma de estimular a autonomia dos indígenas no trato e no papo com os brancos e, ao mesmo tempo, uma via para a catequização, como relata Adriano, para o outro a tal educação era e é uma via de gerar autonomia no trato e nas trocas, mas com um propósito e uma finalidade divergente, isto é, para resistir, reagir, recusar e mover-se contra a catequização, contra as políticas discriminatórias e contra as medidas espoliadoras do Estado e dos *napë*, como bem faz Adriano desde que foi expulso da escola salesiana, ainda jovem, "por arrumar muita confusão".

Além do Padre Goes, o antigo *përiomi* manteve também boas relações com os irmãos Laudato, que assumiram a missão em 1978, com as mesmas ressalvas, reservas e técnicas de recusa. As trocas de bens e serviços com ambas as gerações de padres eram mútuas, embora também equívocas, como no caso das espingardas fornecidas por Antônio Goes para a caça e não para a guerra contra os Kohoroxitari. Em diferentes momentos, no entanto, todos os *xapono* do Marauiá se aproximaram das beiras do rio, facilitando o acesso não apenas dos salesianos, mas também dos serviços de saúde (de Funai, Funasa e Sesai, por parte do Estado, e da Secoya, organização não governamental, em diferentes períodos) e de educação (pelos salesianos, pela Secoya e pelo Estado, além de oficinas providas por Anne Ballester).

Foi por meio dessas relações de contato, iniciadas com a missão salesiana, mas intensificadas e consolidadas com a implantação do sistema de saúde a partir da década de 1990 que várias mudanças, cisões e movimentações conformaram, no entanto, a atual forma de ocupação das margens do Marauiá. Ou seja, o interesse de aproximação e atendimento por parte dos indígenas, simultâneo aos pedidos de aproximação por parte do Estado – preocupado com a logística e a viabilidade do empreendimento público de atendimento –, gerou transformações nos modos de ocupação da terra-floresta (*urihi*), tanto de ordem territorial quanto, digamos, arquitetônica, como veremos no decorrer do texto. Com isso, os efeitos dessa aproximação às margens dos rios e a consolidação do Marauiá (assim como dos afluentes rios Pukima, Kona e Pohoroa) como fluida via de acesso (embora ainda complicada por conta das cachoeiras e corredeiras que dificultam a viagem) geram ainda hoje ressalvas e acenos ao "tempo que a gente morava na serra", como o próprio Adriano costuma dizer com certa nostalgia.

Nesse processo de contato, é também notável como as relações com os *napë* fazem com que estes transitem entre as categorias que configuram as bases da filosofia política yanomami. Antigamente, como relata Adriano, esses estranhos forasteiros eram conhecidos como os Poowëteri, "povo do machado" (*poo*, "machado de pedra"). A categoria ainda é utilizada por Adriano, o que me parece uma ressignificação da categoria dos antigos para denominar esse tal "povo da mercadoria", como diria Kopenawa[46]. A passagem de Poowëteri – "povo do machado" – para *napë pë* (no plural, *pë*) – categoria das relações intercomunitárias yanomami – aponta a passagem de um povo estranho e desconhecido para um povo agora conhecido e potencialmente aliado. Se *napë pë,* antes do contato, indicava os inimigos atuais e as pessoas hostis, com a regularidade e estabilização da relação com os Poowëteri passa, assim, a indicar os potenciais aliados, parceiros, amigos e, com alguma frequência, ainda inimigos. Trata-se de um processo relacional em que essas categorias são negociadas e se atualizam de uma forma ou de outra – como aliado ou como inimigo, portanto. No Marauiá, inclusive, uma nova categoria foi criada, num esforço de traduzir e diferenciar os *napë* "comuns" daqueles "que mandam". São estes os *napë patamorewë,* indicando algo como os "representantes do Estado", "o governo" ou aqueles "que têm poder e dinheiro".

É por meio desse caráter dinâmico e relacional que se constitui o atual espaço sociopolítico yanomami, em particular, na região do rio Marauiá. Como sugere José A. Kelly Luciani, as transformações do "espaço convencional Yanomami" – no sentido das relações intercomunitárias tradicionais ou "convencionais" e de suas respectivas categorias sociopolíticas – apresentam "uma constante dialética entre convenção e inovação"[47]. Por essa dialética, as relações sociopolíticas são constantemente atualizadas a partir das crescentes relações com os *napë* e com os *napë patamorewë* ("o governo") – o que o autor nomeia como "eixo de transformação em branco" –, produzindo "novos conjuntos de relações convencionais"[48] e, sem que um deixe de existir em função do outro, convenção e inovação coexistem e variam em função do contexto da relação.

No começo da década de 1990, já no contexto da regularidade dos contatos com os *napë* e da crescente implantação dos serviços de saúde, o grupo que atualmente habita o *xapono* Raita foi o primeiro a derivar do grande Pukima, conhecido atualmente como Pukima Centro, onde todos os Pukimapɨwëteri moravam juntos. Os motivos da mudança aparentemente transcenderam a presença missionária e foram decorrentes de um grave conflito familiar. À medida que um conflito entre famílias, por exemplo, chega a seu limite, isto é, num ponto a partir do qual poderia resultar em atos violentos e agressivos, desestabilizando a coesão e o bem-estar do *xapono*, um dos grupos decide sair, fundando o seu próprio *xapono* em outra localidade. Esse movimento pode ser súbito, mas normalmente é antecedido pela definição de um novo terreno, a abertura de novas roças e a construção de abrigos temporários ou casas mais provisórias. No caso do Raita, eles se mudaram para um local onde já haviam aberto roças e havia muitas batatas nativas conhecidas por *raɨ*. Com a mudança, o grupo do Raita se aproximou um pouco mais do curso do Marauiá, embora a real implantação do *xapono* nas margens do rio, separado por um caminho de algumas centenas de metros, só viesse a acontecer numa segunda mudança, do chamado Raita Centro, *hetu hamɨ*, ao Raita Beira, *koro ahamɨ*.

Hetu hamɨ indica tudo aquilo que está "acima", como os *xapono* "na serra" ou "no mato", como costumam dizer em português. O termo, entretanto, possui um sentido complementar, uma vez que *hetu* indica também a claridade do céu, visto de uma clareira, seja a de um *xapono*, de uma roça ou em um rio. Diferente da noção de *hetu misi*, que se refere à camada celeste acima do patamar terreno, ou ao que chamamos de abóbada celeste ou céu num sentido mais geral, *hetu* refere-se então ao céu entrecortado pela mata ao redor, à clareira não no sentido terreno, mas celeste. Assim, *hetu hamɨ* quer dizer algo como ir "ao céu", ir "até o céu" ou, simplesmente, "subir", no sentido de "subir em direção ao céu"[49]. *Koro hamɨ*, por sua vez, indica o que está "rio abaixo", como os *xapono* "de baixo" ou "da beira". *Koro* também compõe um dos polos da oposição binária e eixo de orientação espacial, *koro/ora*, algo como "rio abaixo"/"rio acima", embora seu uso vá além dos caminhos fluviais e inclua também os caminhos na mata (*peiyo*), de modo que o *koro* indica normalmente a porção do caminho que parte do *xapono* e *ora* a parte contrária[50].

Essa oposição entre acima e abaixo, ou montante e jusante, é também uma diferenciação relevante nas atuais categorias sociopolíticas da região que claramente divide os grupos do Alto Marauiá e do Baixo Marauiá. A cisão decorre das sucessivas mudanças dos quatro grupos derivados do Hayanae, cada um definindo novas regiões a serem habitadas e a implantação da missão, no médio curso do Marauiá. Assim, esquematicamente, os grupos "de baixo" se referem àqueles que se aliaram mais aos salesianos e que habitam da missão à foz (incluindo os afluentes situados nesse intervalo), e os "do alto indicam aqueles que se aliaram menos, recusando de modo deliberado a proximidade com o "povo de Deus" (*Deusteri*, como dizem), e que habitam as cabeceiras do Marauiá.

Tratando-se então dos grupos do Alto Marauiá, pouco tempo após a cisão do Raita o *xapono* Pukima foi parcialmente abandonado e os grupos que lá habitam desceram o rio, aproximando-se das margens do Marauiá. Segundo contam os atuais *përiomi,* o movimento decorreu após muita discussão entre os moradores do *xapono* e destinava-se a atender o pedido de aproximação dos órgãos de saúde. Contam eles que os enfermeiros e técnicos de enfermagem estavam fartos de caminhar por horas mata adentro, carregando nas costas as pesadas bagagens com equipamentos e medicamentos e, assim, com a aproximação às margens, seria permitido ampliar o acesso ao sistema de saúde e ainda agilizar a remoção de pacientes. Foi com esse movimento em direção à beira do Marauiá, motivado pela questão da saúde, que o *xapono* Pukima passou a ser chamado de Pukima Centro e o novo *xapono* de Pukima Beira.

Nota-se que por meio desse movimento rio abaixo – e à medida que foi se ampliando o acesso aos serviços de saúde e educação, atualmente estadualizados – a onomástica dos grupos e a toponímia dos lugares que estes habitam também passaram por modificações. Além da oposição e dos termos "centro" e "beira", os nomes foram reduzidos, como a passagem do local Pukimapiwëi para Pukima para adequar-se ao léxico limitado da burocracia estatal. Além do mais, a própria mudança dos nomes dos grupos locais e das aldeias que, como vimos, era frequente e decorrente da mudança da localidade habitada, tomando para si o nome dado a cada porção da terra-floresta (*urihi*), tornou-se um empecilho, já que complica a gestão dos postos de saúde e seus respectivos cadastros, fichas, relatórios e coisas do gênero. O empecilho não é um impeditivo à mudança, de modo que, atualmente, se necessário, mantêm-se os nomes e se fazem acertos com a secretaria de saúde Sesai, mas o *xapono* se muda, largando postos de saúde e escolas para trás.

Segundo Hipólito, o atual *përiomɨ* do Pukima Beira foi seu pai, que se convenceu da importância de uma aproximação do atendimento de saúde durante uma visita ao *xapono* Bicho-Açu, no Baixo Marauiá, e a partir do diálogo com uma antiga liderança e parente daquele grupo dos antigos Ironasiteri. Ao retornar para o Pukima Centro, explicou para toda a comunidade e decidiram, ao fim, pela mudança. Como aponta Luciani, tais deslocamentos são frequentemente vistos de maneira equívoca, de maneira que aquilo que os yanomami veem como estratégia de resistência e perspectiva de um futuro melhor, aos olhos dos *napë* surge como degeneração e perda da cultura[51]. Após essa mudança, manteve-se uma série de idas e vindas entre o Pukima Centro e o Pukima Beira até que, em 2008, após um conflito entre famílias, parte do grupo se separou e voltaram para o afluente Pukima, a montante do Marauiá.

O desentendimento deu-se na esteira de uma forte epidemia de malária que assolou o grupo Pukimapɨwëteri nessa nova localidade. Muitos morreram com esse impacto, apesar do posto de saúde recém-instalado, e a epidemia foi ali compreendida como efeito direto da aproximação da margem do Marauiá, pois, como disse Hipólito, "no tempo que a gente morava na serra não tinha esse mosquito". Parte do grupo resistiu, então, em manter-se ali, onde tantos já haviam morrido, marcando negativamente o espaço do *xapono,* e optaram por voltar às cabeceiras. Como diz Guimarães Rosa, no conto "Sarapalha", de *Sagarana*, a malária ficou e "quem foi s'embora foram os moradores"[52]. Mas, diferentemente do conto, a outra parte do grupo também ficou e somente em 2016 mudou de local, migrando um pouco rio acima. O grupo que saiu e voltou ao Pukima Centro, tempos depois, decidiu abrir um segundo *xapono*, o Pukima Cachoeira, bem na cabeceira do rio Pukima, onde uma grande cachoeira define o ponto final da passagem dos barcos a motor e, assim, mantiveram-se ainda um tanto afastados das margens do Marauiá (como fez o Raita Centro), mas ainda possibilitando o acesso de barcos e transformando a antiga caminhada de cinco horas em uma de poucos minutos. Em 2014, entretanto, o Pukima Cachoeira se mudou novamente, descendo o rio e, dessa vez, implantando o *xapono* mais próximo das margens. Em 2016 ele separou também um pequeno grupo, abrindo outra clareira entre o Pukima Cachoeira e o Raita e fundando um outro *xapono*, o Tomoropɨwë. Recentemente, em 2022, o *xapono* Raita se dividiu em dois, o Raita Beira, numa nova clareira alguns minutos rio abaixo, e o novo Raita Centro, que permaneceu no mesmo local.

Os demais grupos passaram por processos de mudança e cisão análogos[53], de modo que dos Xamatawëteri se originaram os atuais Ixima, Komixiwë (no mesmo local que a Missão Marauiá) e Água Viva (no rio Preto, afluente do Padauari); do Pohoroawëteri passou-se ao Pohoroa (equivalente ao "beira", em oposição ao antigo "centro") e, a jusante, Jutaí, Balaio, Serrinha e, mais recentemente, Taraquá e Quatá; do Ironasiteri, passando por distintos lugares, resultou-se no Bicho-Açu e, recentemente, no Apuí; e os Konapɨmateri que, à diferença dos demais grupos, não derivaram do Hayanae, dividiram-se recentemente entre Kona Centro e Kona Cachoeira e somaram-se a outros dois grupos Momohiteri, aparentados e recém-migrantes da Venezuela, Manakapɨwëi e Xamakorona. Atualmente, a população que vive nas margens e afluentes do Marauiá, segundo o censo do Distrito de Saúde Estadual Indígena Yanomami (DSEI-Y) de 2018, consiste em cerca de 2.478 pessoas, representando uma expressiva multiplicação populacional em um século de mudanças e andanças, especialmente partindo de um único *xapono*, o mítico Hayanae.

Conforme as definições de Albert, o atual conjunto dos vinte *xapono* da região do rio Marauiá poderia ser configurado como um extenso "conjunto multicomunitário [*ensemble multi-communautaire*]"[54] de grupos próximos (mas não tão próximos em seus extremos e sim a dias de distância, mesmo que de barco), que habitam uma área geográfica comum (a bacia do rio Marauiá) e são provenientes, em sua maioria, de uma mesma comunidade de origem (do Hayanae), além de alguns grupos de origem histórica um pouco distinta, mas que atualmente habitam a mesma área e mantêm relações de vizinhança e aliança (os Konapɨmateri e Momohiteri). Esse extenso "conjunto multicomunitário" é composto de parentes consanguíneos e afins conectados por alianças políticas, redes de trocas e casamentos, encontros e diálogos entre os pajés e convites mútuos para festas funerárias.

Ao mesmo tempo, as relações no interior do extenso conjunto são tensionadas pela distância – ressignificada também

FIG. 6: *Raita Centro, com vista ao pico Tëpë waiterimopë, 2023. Foto do autor.*

pela possibilidade de deslocar-se de barco pelo rio –, pelas novas formas de fazer política da Associação Kurikama, por exemplo, e pelas diferentes formas de relação com o Estado ou os salesianos ou organizações diversas, evidenciadas na divisão maior entre Alto e Baixo Marauiá. Nesse contexto de extensão da ideia de "conjunto multicomunitário", onde as relações de vizinhança e aliança são complexificadas e expandidas, o que se nota é uma

FIG. 7: Xapono *Taraquá recém-construído às margens do baixo rio Marauiá, 2021. Foto do autor.

maior relação de trocas, visitas e casamentos mútuos no interior de cada grupo de origem derivado do Hayanae (Ironasiteri, Xamatawëteri, Pohoroawëteri e Pukimawëteri) e entre os grupos menores que posteriormente migraram para o Marauiá (Konapɨmateri e Momohiteri), muito embora nas festas *reahu* e, sobretudo, no contexto interétnico da Associação Kurikama, essa forma seja expandida e atualizada. Cada um desses grupos, como os Pukimawëteri (divididos atualmente entre os grupos do Raita Centro, Raita Beira, Pukima Beira, Pukima Cachoeira e Tomoropɨwëi), conforma então um *yahiterimi,* um grupo residencial com privilegiadas relações de afinidade e consanguinidade[55].

Os grupos residenciais *yahiterimi* consistem em um conjunto de grupos locais, cada um em uma mesma unidade residencial, os *xapono*. Cada um dos *xapono* é econômica e politicamente autônomo e, em termos ideais, visto como unidade endogâmica. No entanto, é comum que haja casamentos exogâmicos e, no caso do Marauiá, inclusive entre diferentes grupos residenciais. Com isso, instaura-se uma grande dinâmica na composição dos grupos locais e é notável o fluxo de rapazes entre os *xapono*, mudando-se à medida que se casam, se separam e se casam de novo, seguindo os rumos matrilocais da presente noiva. Como tudo, entretanto, a matrilocalidade não configura uma regra estanque e exceções

FIG. 8: *Pukima Beira recém-ocupado e em construção. Foto de Daniel Jabra, 2016.*

ao modelo são comuns, seja por razões atuais, como a vinculação do rapaz, que pode ser um professor na escola do seu *xapono* de origem, o que impede ou complica sua mudança, seja por razões de conflitos diversos no interior de uma família, não exatamente afetadas pela presença do Estado ou algo do tipo. Os casamentos exogâmicos são comuns entre os *xapono* que foram outrora um mesmo *xapono*, uma mesma comunidade, como alguém do Pukima Beira se casar com alguém do Pukima Cachoeira. Assim, costuma-se casar perto, muito embora haja também casamentos fora, ou seja, em aldeias das quais há certa distância física ou de parentesco, mas, como todos são descendentes do Hayanae, sempre há algum parente em comum.

Dessa maneira, embora os *xapono* sejam autônomos, cada um com seus respectivos *përiomi*, o Marauiá consiste em uma intrincada malha sociopolítica que extrapola inclusive a bacia do rio e alcança o *xapono* Água Viva no rio Preto, afluente do Padauari, representada atualmente pela Associação Kurikama. Essa malha, além disso, eventualmente se sobrepõe a outras malhas sociopolíticas, como do Marari ou do Maturacá, se conecta via radiofonia, se cruza com uma série de outras redes políticas ou de serviços por meio dos *napë* e de suas instituições, configurando então um regime complexo de redes de aliança e intercâmbio intercomunitários que, como sintetiza Albert, "liga a totalidade das unidades locais Yanomami de um extremo ao outro de seu território"[56].

Esse extenso processo de fissões e de mudanças expande as redes de aliança e a malha sociopolítica yanomami desde os tempos de Periporiwë, passando pelas grandes migrações do século XVIII e, no caso do Marauiá, com intensas e ininterruptas movimentações desde o começo do século XX. Assim como os conflitos que as originam e as novas alianças que resultam, as diferentes formas de mobilidade não cessam, mas se transformam e continuam, numa incessante reinvenção das "estratégias de mobilidade"[57], como modo de ocupar e habitar a terra-floresta *urihi*. As transformações no território compartilham com as transformações míticas essa espécie de conjugação em um pretérito imperfeito. Os movimentos partem, assim, do tempo de Periporiwë, ainda em aberto e inconcluso, atravessam gerações, se atualizam, se transformam e continuam. Como diria um pajé Parahiteri, "onde aconteceu essa história, outra segue"[58].

2.
Terra-Floresta

A floresta respira, mas os brancos não percebem.

DAVI KOPENAWA, *A Queda do Céu.*

Numa tarde destas, trabalhando na roça de Adriano, *përiomɨ* do Pukima Cachoeira, e ajudando uma de suas filhas, Neide (uma dedicada professora na aldeia), a queimar o mato que havíamos cortado, fizemos uma pausa e sentamos sobre um tronco tombado, com tabaco brotando debaixo de sua sombra e de suas cinzas. Como de costume, papeávamos sobre nossos lugares de origem e suas radicais diferenças. Já que eu era parte do "povo de São Paulo", perguntei a ela como ela se identificaria e ela afirmou, misturando o português com o yanomami: "Eu sou Neide *urihiteriyoma*", o que poderia ser traduzido por "eu sou Neide mulher (*-yoma*) do povo (*-teri-*) da terra-floresta (*urihi*)". A resposta me pareceu um tanto peculiar, pois antes de se identificar com seu respectivo grupo local, optou por evidenciar o contraste com os brancos e sua "terra-cidade" (*napë pë urihi pɨ*), marcando seu vínculo cognático e residencial. "Mulher do povo da terra-floresta", *urihiteriyoma*.

O sufixo *-teri* indica uma comunidade, um grupo local ou também um membro destes, ou seja, um morador de determinado lugar[1]. Ao se referirem a nós, por exemplo, no cotidiano da aldeia, é comum escutarmos algum chamado pelo "povo de São Paulo". Os grupos locais são assim constituídos por uma parentela onde o "nós" cognático é idealmente identificado ao "nós" residencial e assim as pessoas são identificadas pelo seu local de residência atual e, em alguns casos, pelos seus locais de origem. Adriano, por exemplo, se identifica como "Adriano Pukimapiwëteri Yanomami". O primeiro nome é de explícita função pragmática, destinado a se relacionar com os modos de operação do Estado e seus tantos papéis, registros, listas, fichas, certidões e documentos – substituindo, eficazmente, o nome originário yanomami, que não pode ser dito. O segundo, então, indica o grupo local ao qual pertence, dos Pukimapiwëteri, "o povo do Pukima", seguindo a mesma lógica e os mesmos termos da tradução feita por eles. E o terceiro, "Yanomami", é parte do idioma de Estado e forma de identificar os indígenas, vinculando-os ao seu respectivo povo de origem. Não se trata, no entanto, de subserviência. O idioma do Estado é também canibalizado pelos indígenas e convertido em parte do idioma do movimento indígena, sendo um eficaz procedimento de autodeterminação enquanto um povo específico e organizado.

É nesse contexto de intensificação da relação com os *napë* e, especialmente, com formas outras de fazer política, que se evidencia a passagem "de um discurso cosmológico sobre a alteridade a um discurso político sobre a etnicidade"[2], notável na passagem de *urihiteri pë*, "povo da terra-floresta", à identificação como "índios Yanomami", num ambiente político mais amplo ou associado ao movimento indígena. Na floresta, o contraste necessário é outro, como vimos com a breve parábola da roça. Aqui, entretanto, pretendo desdobrar algumas linhas não sobre a questão da etnicidade, mas sobre as noções em torno da ideia de *urihi* e sua respectiva tradução por "terra-floresta", proposta inicialmente por Davi Kopenawa e Bruce Albert, mas atualmente consolidada inclusive no discurso político das associações yanomami no trato com os *napë* (os "brancos", "não indígenas"). Adoto aqui justamente essa tradução, pois ela me parece resolver melhor a abrangência do campo semântico, conceitual e cosmológico da noção de *urihi*.

Comecemos então falando da terra-floresta, pois é aqui, essencialmente, que os Yanomami penduram suas redes. Para isso, me pautarei pela profícua colaboração e conexão cosmopolítica, intelectual e estética entre Kopenawa e Albert, mas adicionando mais

2. TERRA-FLORESTA

FIG. 9: *Roça próxima ao Pukima Cachoeira, 2020. Foto do autor.*

uma camada e relacionando-a com diálogos meus com Adriano, especialmente aqueles ocorridos durante caminhadas floresta adentro. Tais caminhadas são sempre prazerosas e cansativas, mas, sobretudo, importantes espaços e momentos de aprendizagem. Nelas, Adriano se compraz em nos conduzir pelas trilhas na mata, comentando sobre as antigas rotas e os antigos locais de moradia, sobre espécies diversas da fauna e flora e sobre elementos de sua história vinculada à resistência e a relação com os *napë*. As histórias são sempre situadas no território, com relatos que conectam cada igarapé, cada serra e cada caminho a alguma passagem de seu passado recente ou de seus antepassados, sobrepondo camadas históricas às folhas e aos seixos da mata e conferindo uma densidade outra a afirmações como "a nossa floresta", *kamiyë yama kɨ urihi pë*, ou "a minha terra", *ipa urihi a*.

É por intermédio dessa imbricada malha de rios e caminhos, conectando uma verdadeira galáxia de pontos[3] – casas, casas vizinhas, roças ativas, roças abandonadas, locais de acampamento, rotas de caça, locais de coleta e cidades –, que podemos aprender sobre a noção de "nossa floresta" e "minha terra". Nas traduções para o português é comum essa variação entre "terra" como categoria jurídica e "floresta" como formação vegetal. Tais soluções operam drásticas contrações semânticas ao mesmo tempo que sabiamente se ajustam aos termos da comunicação interétnica. "Minha terra" ou "nossa floresta", no entanto, não se refere apenas a um local estático ou burocrático como uma categoria jurídica, mas ao espaço habitado ao longo da história de vida de um determinado grupo ou pessoa. Como sugere Albert, a partir do momento em que escutamos os habitantes do chamado "território yanomami" (entre o Brasil e a Venezuela, no interflúvio Oricono-Amazonas) ou, no lado brasileiro, da Terra Indígena Yanomami, o aparente espaço achatado da cartografia estatal adquire outras dimensões, desvelando-se, na verdade, uma sociocosmologia com complexas coordenadas onde as relações espaciais são intrinsecamente conectadas às relações temporais, como um macrocronótopo[4].

Adriano, numa dessas conversas, por exemplo, me contava sobre sua ida a uma manifestação do movimento indígena em Manaus, anos atrás, e da fala que fez dirigida aos deputados e ao então vice-governador, junto de outros indígenas "parentes" do Amazonas: "Vocês, governantes, vocês não são meu pai. Meu pai

2. TERRA-FLORESTA

está aqui [no *xapono*, na *urihi*], meu pai está aqui. Ele é diferente de vocês. Ele mora na floresta. Essa floresta é nossa, nós somos os donos, aqui que eu nasci, aqui que meu pai nasceu." Nesse fragmento, enunciado originalmente em português, podemos notar a variação do sentido de floresta (*urihi*) para designar a mata e o ambiente ("Ele mora na floresta") e também o território ou o espaço ocupado ("Essa floresta é nossa").

Frente ao enunciado de que "essa floresta é nossa" é importante não se apressar na leitura, conectando-a apenas aos pressupostos do regime euroamericano de posse. Logo, esta é contrastada e complexificada ao dizer que "aqui que eu nasci, aqui que meu pai nasceu". Assim, sinteticamente, a ideia de *urihi* conjuga as relações temporais e espaciais de um determinado grupo e indica o local onde se habita naquele instante e, ao mesmo tempo, os espaços e as clareiras habitados pelos ancestrais ao longo de sucessivas migrações, dialogando com a proposição do cronótopo de Albert, embora não mais numa escala macro, mas micro. A referência de Adriano ao seu pai e ao local onde ele habita é frequente em suas declarações. Em contextos de assembleias interétnicas, inclusive, é recorrente escutar das lideranças yanomami, como Adriano, por exemplo, contraposições ao governo como "vocês [representantes do Estado] não são meu pai!" Nessas afirmativas, para além da resistência dos indígenas a um certo paternalismo estatal, reforçando a autonomia política que insiste em se fazer presente, é também notável a relação com a questão da ancestralidade e do parentesco assentada sobre a floresta, o território, a terra, a Terra e a *urihi*, simultaneamente.

A passagem da escala global ou macro à escala local ou micro da noção de *urihi* é evidenciada pela replicação escalar dos grandes movimentos migratórios e das redes de caminhos e clareiras abertas na história de um determinado grupo ou indivíduo. Vimos no capítulo anterior ("Sangue da Lua") como isso ocorre especificamente no rio Marauiá, de modo que "a 'terra-floresta' global e a 'terra-floresta' local parecem estar conectadas não só por uma inter-relação semântica, mas também por uma espécie de geometria fractal"[5]. Em ambas as escalas, entretanto, há em comum a ideia de que é pelo movimento ao longo de um caminho de vida que o "povo da terra-floresta", *urihiteri pë*, produz a *urihi*. Dessa forma, expressões como "a nossa floresta", *kamiyë yama kɨ urihi pë*, ou "a minha terra", *ipa urihi,* designam a área habitada atualmente, incluindo os caminhos pela mata, as clareiras com roças familiares e a aldeia, sendo o meio do *xapono* o ponto focal de onde a perspectiva é construída. Mas esse modelo micro é também sobreposto ao modelo macro, passando a indicar ainda as extensões dos caminhos pelo tempo e, com isso, todos os espaços previamente ocupados na história de migrações desse povo. Como imagina Alcida Rita Ramos:

Se, por um passe de mágica – ou extraordinário avanço tecnológico –, todas as trilhas já abertas em terra yanomami durante os séculos de sua ocupação viessem à tona e novamente se tornassem visíveis, teríamos um mapa viário dos mais densos e intrincados, mostrando um retrato fidedigno de todas as rotas ligando todas as roças, todas as aldeias e todos os acampamentos sazonais, passados e presentes, numa estonteante profusão de indícios gráficos da eficiência talvez milenar com que os Yanomami vêm ocupando a parte ocidental da região das Guianas.[6]

Logo, ser "povo da terra-floresta", *urihiteri pë,* não é estar em um lugar único e fixo, mas ao longo de caminhos – "caminhos de identificação [*paths of identification*]", diria Albert[7]. Dessa forma, o conceito de *urihi* contrasta radicalmente com a "visão de mundo ruralista contaminada pela metafísica da autenticidade e 'raiz'"[8]. A partir de outros pressupostos e outras relações entre territorialidade, temporalidade e identidade, o conceito de *urihi* se aproxima mais de uma geometria rizomática e dinâmica, constituída de múltiplas camadas de tempo e história: um "território portátil", como define Albert, inspirado em Gilles Deleuze e Felix Guattari, "que pode deslizar sobre o chão da floresta de uma região para a outra"[9].

Outro exemplo que estende os sentidos de *urihi* como esse território portátil para além da própria floresta é um relato de Kopenawa sobre uma de suas viagens à Europa, a "terra dos antigos brancos", "a terra que eu nomeei *eropa urihi a*"[10]. Nesse contexto, Kopenawa situa a terra estrangeira em um esquema cosmológico associado aos rastros da fuga mítica do demiurgo Omama, no fim do processo de montagem do mundo e da terra-floresta *urihi,* que resulta na criação dos *napë* e, ao mesmo tempo, de sua terra, entendida enquanto "terra-espelho" (*urihi mirekopë*) dos espíritos *xapiri* (o mesmo que *hekura,* na língua yanomamɨ), uma vez

2. TERRA-FLORESTA

que é dessa região, na direção do sol nascente, que muitos dos espíritos auxiliares dos pajés vêm dançando em seus caminhos de espelho em direção a eles[11]. Paris, por exemplo, foi nomeada a Kopenawa pelos espíritos auxiliares que o guiavam enquanto *"kahëhei urihi*, a terra que treme"[12]. Segundo o pajé, desde o momento em que ali pisou, sentiu-se cambaleante, como se estivesse "de pé numa canoa no meio do rio!"[13] e, preocupado, se perguntava se aquela terra estranha não o faria, de fato, virar outro (*në aipë*). A explicação é situada no esquema cosmológico yanomami, de modo que a terra do sol nascente, *eropa urihi a*, se localiza nas bordas da camada terrestre, enquanto a *yanomae thë pë urihipë*, a "terra-floresta dos seres humanos", se encontra no centro, no coração da terra. Apesar da distância e das diferenças radicais, o conceito de *urihi* pressupõe sua outra face além-mar, nas bordas da terra, multiplicando seus sentidos e situando a estranha terra que treme num mesmo esquema cosmológico, pois, como disse Kopenawa, "trata-se da mesma e única terra"[14], *urihi pata*, "o mundo todo".

Emaranhada nessa malha socioespacial, a dimensão mítica e cosmológica do conceito de *urihi*, tal qual a manipulada por Kopenawa, é fundamental para nos aproximarmos de outras camadas de significação do conceito e também daquilo que excede os limites tradutórios e ontológicos, no sentido dado por Marisol de la Cadena[15], da conjugação feita entre terra e floresta, "terra-floresta". Esses limites podem assim ser entendidos como os contornos da diferença radical, que emergem a partir de equívocos entre sujeitos de diferentes perspectivas[16], de modo que o excesso, ou aquilo que excede, é precisamente o que está além do limite, sendo esse, por sua vez, ontológico[17]. Trocando em miúdos, é numa formulação como a que abrimos esse capítulo, "a floresta respira, mas os brancos não percebem"[18], partindo das perspectivas cosmológicas e xamânicas yanomami, que os limites de nossas categorias são excedidos e tornam-se ainda mais visíveis, nesse caso, como as noções em torno de floresta, mas também de respirar e perceber.

No início dos tempos, segundo as narrativas míticas yanomami, o céu caiu sobre a terra. Nesse período primordial, o céu ainda era novo e muito frágil, não havia a noite e os dias não terminavam nunca. Com esse evento cataclísmico, uma nova composição dos planos cósmicos que estruturam o universo foi gerada e tornou-se o presente estado do cosmos yanomami, construído e reconstruído pelo demiurgo Omama (ou Omawë, entre os Yanomami) – um "artista", de acordo com Kopenawa[19]. De uma perspectiva vertical, a cosmologia yanomami (sobretudo por intermédio das formulações dos Yanomam, mediadas por Bruce Albert) organiza o universo em quatro níveis superpostos, cercados de um grande vazio. O nível superior é entendido como um céu novo, ainda em gestação e de natureza embrionária. Esse jovem céu se destina a substituir a camada celeste abaixo após a sua queda em uma eventual catástrofe cósmica. Esta camada abaixo é entendida como algo próximo do que chamamos de abóbada celeste, possuindo, no entanto, duas faces do ponto de vista de quem a observa da camada terrena: a superior e não visível, entendida como as costas do céu, e a inferior e visível, tida como o peito do céu. Desse modo, com a queda dessa camada celeste, as outras camadas do cosmos também descendem um nível abaixo. Logo, o céu jovem passa à condição e ao patamar de céu atual – originando, em seguida, um novo céu embrionário –, o antigo céu passa a ocupar a camada terrena, e a antiga camada terrena passa ao último nível, o inframundo.

Com a queda do céu, nos tempos primevos todas as montanhas e florestas que compunham a antiga camada terrena, junto de seus habitantes ancestrais, foram arremessadas para o mundo subterrâneo e somente alguns sobreviventes conseguiram retornar à terra, isto é, às costas do antigo céu. Os sobreviventes, a gente que saiu do céu, conseguiram escapar através de um buraco na atual camada terrena, aberto com a ajuda de mordiscadas de um papagaio mítico. A camada terrena, ou o que chamaríamos de terra, por sua vez, é chamada tanto de *hutukara*, traduzida recentemente por Kopenawa como "antigo céu", "terra", "mundo", "universo", "barriga da nossa terra mãe", "um corpo que é unido e não pode ficar separado", "uma grande casa e estamos dentro do corpo dela"[20], quanto de *urihi a pree* ou *urihi pata*, traduzido outrora por Kopenawa como "a grande terra-floresta" ou "o mundo todo"[21]. Nesse sentido, *urihi*, "terra-floresta", compartilha com *hutukara* "o antigo céu", o sentido de patamar terrestre, de terra, ao mesmo tempo que expressa também o sentido daquilo que está sobre o mesmo, a floresta, "o cabelo da terra, da *hutukara*", diria Kopenawa[22]. O ponto central, no entanto, é que assim como o cosmos, cujo colapso dos tempos ancestrais pode ocorrer mais uma vez a qualquer momento, e como os *urihiteri pë*, o "povo da terra-floresta", que segue traçando trilhas nas matas da vida, não é inerte, tampouco meramente possuível, dominável ou silenciável.

Como nos contam os pajés, mediadores da terra-floresta e do cosmos yanomami, a floresta é viva e respira. Durante a noite emana do solo úmido seu "sopro de vida" (*wahari a*), o "sopro vital da floresta" (*urihi wixia*), que vem da escuridão do mundo de baixo. E de dia, sob o sol quente, retorna para o chão pelos poros da pele da floresta, cujas costas, que correspondem às costas do antigo céu *hutukara*, estão devidamente vestidas de folhas e protegidas pelas árvores. É essa pele vegetal, feita de flores e folhas caídas, que dá à terra-floresta o que os Yanomam chamam de *në rope*, seu valor de fertilidade, atributo vital e provedor de umidade, abundância, alimento, perfume e beleza, como um "orvalho fresco [...], líquido como o esperma [que] emprenha as árvores [e] as faz crescer e florescer"[23]. É a dança da "imagem do valor da fertilidade Në Roperi"[24] e os movimentos de toda uma infinidade de seres-imagem da floresta que a torna viva, durável e renovável com um sopro de vida (*urihi wixia*) longo em oposição ao sopro breve e efêmero dos humanos.

É o que diz Kopenawa: "O que eles chamam de natureza é, na nossa língua antiga, *urihi a*, a terra-floresta, e também sua imagem, visível apenas para os xamãs, que nomeamos Urihinari, o espírito da floresta. É graças a ela que as árvores estão vivas."[25] A correspondência entre "natureza" e "*urihi*" implica, porém, um tensionamento radical dos limites da nossa própria categoria de natureza, pois, antes de ser um recurso inerte, a terra-floresta é constituída e povoada por uma complexa multiplicidade de seres-imagem, como Urihinari. A noção de imagem – *utupë* em yanomam e *no uhutipi* em yanomami – é, assim, literalmente vital para aprendermos sobre o conceito de *urihi*. E, para além das camadas socioespaciais, cosmológicas e míticas, é por meio dela que transparece um outro excesso ontológico importante para essa reflexão.

A tradução de *no uhutipi* por "imagem" é a solução que aparenta ser mais precisa, de acordo com os meus interlocutores do Marauiá, diferente de outras possibilidades, como "alma", "duplo" ou "espírito". "Imagem", aqui, pode ser compreendida como um dos componentes da pessoa e de tudo que existe no cosmos e na terra-floresta, potencialmente colocadas em diálogo por meio de seus respectivos seres-imagem – estes sim com frequência traduzidos por "espíritos", quando a referência é feita de forma genérica. Esse componente (*no uhutipi*) configura-se como uma indexação de afetos essenciais e indiciais do tempo das origens, o tempo mítico da indiferenciação entre humanos e animais. "Imagem" é, portanto, aquilo que compõe e que antecede a configuração enquanto pessoa, coisa ou "espírito" – e talvez por isso a preferência do termo "imagem" para traduzir *no uhutipi*, diferenciando de "espírito", por exemplo, e reservando essa tradução para os seres-imagem *hekura*. *No uhutipi* trata, assim, de imagens não icônicas e também não visíveis para os não pajés. Como pensa Viveiros de Castro, se "o que define uma 'imagem' é sua visibilidade eminente", aqui as imagens *no uhutipi* (ou *utupë*) "são imagens interiores, 'moldes internos', inacessíveis ao exercício empírico da visão" ou "imagens que seriam então como a condição daquilo que são imagem"[26]. Logo, não se trata de imagem como representação, tal como compreende o pensamento ocidental, mas como imagem-duplo. As imagens são, nesse contexto, como "representantes que não são representações"; em outras palavras, os seres-imagem "não se parecem com os animais, mas, no contexto mítico-xamânico, os animais se parecem com eles"[27].

Os seres-imagens correspondem aos *hekura* ou *xapiri* (em yanomam), normalmente traduzidos pelos meus interlocutores do Marauiá por "espíritos", ou também por "pajés". Dizem os pajés do alto Marauiá que os *hekura* "são gente, como os pajés", "mas muito bonitos, muito enfeitados e brilhantes". Kopenawa, por sua vez, os descreve como seres humanoides minúsculos e extremamente ornamentados, brilhantes, luminosos e coloridos, que os pajés tornados espíritos podem "chamar", "fazer descer" e "fazer dançar" enquanto espíritos auxiliares[28]. A tradução por "espírito", nota-se, é imprecisa e provisória, pois, como diz o próprio Kopenawa, "vocês os chamam 'espíritos', mas [eles] são outros"[29]. Estes são classificados geralmente com o sufixo *-riwë* (ou *-ri* em yanomam), que identifica os "espíritos" a partir da indexação dos "afetos característicos daquilo de que são a imagem sem, por isso, parecerem com aquilo de que são a imagem: são índices, não ícones"[30]. Dessa forma, o sufixo denota a intrínseca intensidade, exemplaridade, multiplicidade, hiper e extra-humanidade, imortalidade, invisibilidade (aos olhos de um não pajé) e alteridade dos seres-imagem em relação aos seres meramente existentes (e visíveis por qualquer um). Como ɨrariwë, por exemplo, onde *ira* refere-se ao animal, atual, a onça, e *-riwë* indica seu respectivo ser-imagem (*hekura*), mítico e xamânico, do tempo anterior à distinção entre humanos e animais, colocado em diálogo e posto para dançar e cantar pelos pajés (*hekura*) e traduzido aqui como Onça (com maiúscula). Como dizem no Marauiá, ɨrariwë "é tipo a onça, mas é gente, é pajé grande".

Contudo, o termo *hekura*, assim como as diversas classes de espíritos assinaladas pelo sufixo *-riwë*, antes de ser entendido como um substantivo ou um nome singular, designando um ser-imagem em específico, deve ser compreendido em seu aspecto intrinsecamente múltiplo e intenso. *Hekura* indica, nesse sentido, a forma pela qual um coletivo (e não um indivíduo) se constitui enquanto seres-imagem, no plural. Assim, quando me refiro aos *hekura* (eximindo-me de incluir a marca do plural *pë*, nas palavras em yanomamɨ, a fim de facilitar a leitura e a fluência do texto em português) ou a uma classe (e não um indivíduo, novamente) específica de *hekura*, como ɨrariwë (Onça), muito embora a referência seja feita no singular, é de uma multiplicidade intensiva que se trata: "O nome próprio é a apreensão instantânea de uma multiplicidade. O nome próprio é o sujeito de um puro infinitivo compreendido como tal num campo de intensidade."[31] Desse modo, não se poderia compreender a Onça resumida ao dualismo um/múltiplo, mas, como apontam Deleuze e Guattari: "Seria preciso fazer o inverso, seria preciso compreender em intensidade: o Lobo [ou a Onça] é a matilha, quer dizer, a multiplicidade apreendida como tal em um instante, por sua aproximação e seu distanciamento de zero – distâncias sempre indecomponíveis."[32]

Os pajés compartilham com os ditos espíritos o mesmo termo *hekura* (ou *xapiri* em yanomam), de modo que são também eles próprios considerados como "espíritos", no sentido de que, ao morrer, suas imagens permanecem como aptas a serem atualizadas e postas em diálogo por futuros pajés, especialmente no caso dos *pata hekura*, isto é, os "grandes pajés". Assim, são os pajés enquanto "ser múltiplo, uma micropopulação de agências xamânicas abrigada em um corpo"[33], que nos revelam o universo dos múltiplos seres-imagem da floresta, essa outra "população de afetos moleculares"[34], e aquilo que os brancos não veem, como nos lembra Kopenawa (ele próprio um reconhecido pajé yanomam).

Dentre esses poderosos seres-imagem que descem ou dançam com os pajés, estão Urihinari (o ser-imagem da floresta), Në Roperi (o ser-imagem do valor de fertilidade da floresta) e também "as inumeráveis imagens das árvores, as das folhas que são seus cabelos e as dos cipós", assim como "as dos animais e dos peixes, das abelhas, dos jabutis, dos lagartos, das minhocas e até mesmo as dos grandes caracóis"[35]. Esta multidão infinita de seres-imagem, segundo Kopenawa, são os verdadeiros "donos" e fontes vitais da terra-floresta *urihi*: "Os brancos acham bonita a natureza que veem, sem saber por quê. Nós, ao contrário, sabemos que a verdadeira natureza é tanto a floresta como as multidões de *xapiri* seus habitantes."[36] Não à toa, há necessidade de se contrapor às investidas dos seres "comedores de terra-floresta" (*urihi wapopë*). São estes que deixam "rastros ruins" na floresta e que, diz Kopenawa, "não se preocupam em nada que suas árvores sejam trocadas por capim e seus rios por córregos lamacentos! Com certeza devem pensar que tanto faz, mais tarde poderão cobrir seu solo com o cimento de suas cidades!"[37]

Os temas "ecológicos" no discurso de Kopenawa (e também de Adriano, como veremos a seguir) constituem uma poderosa "crítica xamânica da economia política da natureza"[38] e expandem ainda mais a extensão do conceito de *urihi*. Para Kopenawa e para os Yanomami, "proteger a floresta" (*urihi noamãi*) implica uma outra forma de ver, ouvir, pensar e conhecer a floresta. Os pajés veem e dançam com os espíritos da floresta. Os brancos, por sua vez, veem os seus desenhos de escrita, leem suas peles de papel. Para os brancos, a floresta é do governo; para os Yanomami, a floresta é dos *xapiri*. Nesse contexto, não é cabível pensar a terra-floresta "como se" fosse mero "meio ambiente" – tomando aqui o sentido de "como se" como um "fingimento heurístico" no qual conceitos ocidentais são utilizados para traduzir "costumes nativos", segundo a provocação feita há tempos por Roy Wagner[39]. "Meio", como diz Kopenawa, é tudo aquilo que a terra-floresta não é. Na verdade, para o pajé, "meio" (de "meio ambiente") é "o que resta de tudo o que eles destruíram até agora"[40]. A terra-floresta é um mundo por inteiro. Uma multidão de seres, incluindo os infinitos seres-imagem: "Na floresta, a ecologia somos nós, os humanos. Mas são também, tanto quanto nós, os *xapiri*, os animais, as árvores, os rios, os peixes, o céu, a chuva, o vento e o sol!"[41]

Numa de nossas idas para o mato com Adriano e suas filhas, subindo e descendo as serras ao redor do Pukima Cachoeira, fizemos uma pausa e, antes de tomarmos o caminho de volta, sentados num barranco na beira do igarapé, o *përïomï* nos contou de uma ocasião em Boa Vista em que conversou diretamente com um "fazendeiro", "um garimpeiro", "um político" ou um tipo qualquer "que destrói a floresta", como fez questão de desdenhar. No diálogo, ao falar dos componentes da *urihi*, como as montanhas, os ventos e as tempestades, bem como de seus respectivos seres-imagem, transparecem os excessos ontológicos e os limites tradutórios associados ao conceito de *urihi,* numa potente variação da crítica xamânica da economia política da natureza. Assim contou Adriano:

Daí eu perguntei para ele, bem na cara dele, "você sabe por que vocês morrem?" E ele disse que "não". E eu respondi: "vocês morrem porque vocês destroem e desmatam as montanhas na floresta, lá são casas de pajés, casas de espíritos perigosos. Eles ficam furiosos com isso, por isso vocês morrem muito e de súbito. As montanhas são casas de pajés [espíritos *hekura*] perigosos. Se continuarem destruindo tudo", eu disse a ele, "os pajés vão ficar muito bravos e vão cortar o céu. Eles sabem onde estão os buracos, eles sabem cortar o céu, e, se isso acontecer, esse céu vai cair, assim como esse aqui [apontando para o chão, para a terra] que já caiu antigamente. Abaixo daqui tem outros Yanomami e, quando aquele céu cair, todos vão morrer".

O tema da mortalidade, enunciado de súbito e certamente causando uma desorientação ao tipo que "destrói a floresta", não é "à toa", como diria o próprio Adriano. Em oposição à imortalidade dos seres-imagem *hekura*, traduzido com precisão por Adriano como "pajé" (evocando a mesma indistinção que é feita na língua e no pensamento yanomamï entre espírito e pajé, *hekura*), os "comedores de terra-floresta" estão também sujeitos aos efeitos incontroláveis e, porventura, fatais decorrentes da destruição da *urihi*. Especificamente, Adriano refere-se à destruição das montanhas (*pei makï*) habitadas por "pajés" (*hekura*) perigosos e colocadas no solo em tempos ancestrais pelo demiurgo Omawë (ou Omama, em yanomam). E assim como a *urihi* é composta dessa "trama de coordenadas sociais e de intercâmbios cosmológicos"[42], os potenciais efeitos de sua destruição são também mediados por toda essa multiplicidade de seres e agências xamânicas que a compõe – os "pajés perigosos", como evoca Adriano.

A agência desses "pajés" é assim marcada por uma espécie de relação farmacológica que, como sugere Isabelle Stengers, não se resume a um sentido único ou estático, mas a uma instabilidade que, a depender da dosagem, pode se dar como remédio ou como veneno[43]. Nesse sentido, trata-se de uma relação nem boa nem má, mas potencialmente perigosa e que implica uma constante negociação, uma forma de encontrar um equilíbrio. Em outras palavras, trata-se de uma relação cuja instabilidade é implícita às formas de mediação com os "pajés", na qual as formas de engajamento envolvem tanto as ações voltadas à cura, como o tratamento de uma aparente doença causada por um feitiço, quanto também às diferentes formas de agressão, como o próprio endereçamento de um feitiço. O "perigo" que Adriano associa aos "pajés" é, portanto, intrínseco à agência potencial desses seres. E, no que diz respeito à destruição da *urihi* (a "terra-floresta" que é também sua morada), uma vez que esta seja definitivamente desequilibrada, isto é, completamente destruída, estes vão se enfurecer, "vão cortar o céu" e, enfim, "todos vão morrer".

No entanto, seguindo a lógica de Stengers ao pensar a "intrusão de Gaia" (a partir da teoria de Gaia formulada por James Lovelock e Lynn Margulies na década de 1970), não se trata de uma desforra da *urihi* (a "terra-floresta") e de seus múltiplos agentes (os "pajés", *hekura*), pois isso seria como mobilizar um tipo de psicologia e atribuir-lhe uma intencionalidade e responsabilidade equívoca e inapropriada. Não se trata, portanto, de evitar a morte lutando contra os "pajés perigosos", assim como não faz sentido, segundo Stengers, "falar de uma luta contra o aquecimento global", mas o importante é lutar contra o que provocou os "pajés", assim como com "o que provocou Gaia, não contra sua resposta"[44]. O ponto, diria a filósofa, é "ter cuidado" para "não abusar de sua tolerância"[45]. E como me disse Adriano, naquele mesmo igarapé, para que o céu não caia (isto é, para que não seja cortado e com isso feito cair), é importante "saber dialogar com os *hekura*", coisa que os pajés yanomami se empenham, cotidianamente, em fazer. "Ter cuidado", assim, equivale a saber ouvir e falar com, isto é, "saber dialogar com os *hekura*", e não contra. Dessa maneira, o que se busca é justamente um equilíbrio pela mediação dos pajés dentro dessa relação com a *urihi* que é, por si só, instável e potencialmente perigosa. O alerta de Adriano indica, então, que uma vez que a destruição da *urihi* for completa, não restarão mais os pajés para dialogarem com os *hekura* perigosos e, com eles, fazerem essa negociação e assim segurar o céu. Sem eles, "esse céu vai cair".

Os "cientistas e pesquisadores", disse o *përiomɨ* numa outra ocasião, devem também aprender a ouvir os pajés yanomamɨ, pois são eles quem de fato conhecem os "lugares de perigo" que os ousados *napë* insistem em pisar e deixar seus rastros de destruição:

Tem *hekura* que mora na Lua, lá é casa deles, casa de espíritos; os brancos vão até lá, pisam nela, mas não sabem disso; assim como tem *hekura* em outros lugares do universo, como tem casa de espíritos nas árvores altas da floresta e nas cachoeiras; por isso que ir para esses lugares, subir nessas árvores, subir nas montanhas, é perigoso; por isso o conhecimento dos *hekura* [os pajés] de que esses são lugares perigosos, lugares de perigo; são eles que sabem da origem do mundo, como tudo se formou.

Do contrário, se as suas casas forem destruídas – tanto as casas-montanha quanto as casas-aldeia na floresta –, cessam as possibilidades de diálogo e o perigo em potencial abre passagem para o perigo real. Assim, se antes a relação era instável, a partir da impossibilidade de negociação com os *hekura*, feita pelos pajés do "povo da floresta" (*urihiteri*), esta cede lugar a uma agência unívoca e catastrófica.

Retomando o diálogo no mato, Adriano seguiu com a história do encontro em Boa Vista, reforçando o alerta ao tipo "comedor de terra-floresta" e evidenciando mais efeitos da potência dos pajés:

"E você sabe o que é esse vento? São os pajés [espíritos *hekura*] brincando. As tempestades são a morte dos pajés. Você sabe por que os aviões caem? Eles caem porque tem muitos espíritos no céu e eles ficam bravos, furiosos com o barulho e a sujeira dos aviões. Os *napë* não sabem disso, eles não veem, eles só veem dinheiro. Os carros, os barcos, tudo isso tem espírito, é *Siparariwë*. Ele destrói as coisas mais duras. Se vocês continuarem destruindo tudo, é isso que vai acontecer. São os pajés que seguram o céu e não deixam os outros pajés [espíritos *hekura*] de lá cortarem, mas, se vocês continuarem destruindo tudo, os pajés vão ficar muito bravos e o céu vai cair." Foi assim que eu disse para ele.

"Tudo tem espírito", é o que diz Adriano e o que sempre dizem os Yanomami. Ventos e tempestades, mas também os carros e os barcos. *Siparariwë*, como explicam os pajés, é o ser-imagem do metal, um poderoso *hekura* que os pajés "chamam" e "fazem dançar" para lidar com as coisas e com as doenças causadas pelos brancos. Como indica Pedro Cesarino, falando de Shoma Wetsa, ser associado ao "duplo do ferro" entre os Marubo (falantes de língua Pano da Amazônia ocidental), para além da sua importância na fabricação e montagem do cosmos – servindo aos pajés "para fazer tudo, para fazer lancha, para fazer ferro" – é também uma "figura de pensamento pela qual a mitopoese se presta a retraduzir as coisas dos brancos"[46]. Um procedimento análogo poderia ser pensado a partir de *Siparariwë*. *Sipara*, em yanomami, é como se nomeiam os terçados adquiridos a partir do contato com os *napë* e, num sentido mais geral, é um termo usado também para indicar variados tipos de metal. Segundo Jacques Lizot, *Siparariwë* corresponde também ao nome dado à piranha-preta (*Serrasalmus rhombeus*), considerada a maior e mais agressiva das piranhas, com dentes muito afiados e apetite insaciável, o que corresponde, de certa maneira, à potência do pajé *Siparariwë* que, re-traduzido, é capaz de destruir as coisas mais duras e "esquartejar" as doenças *xawara* advindas dos *napë*[47]. *Siparariwë* possui, então, essa capacidade de destruição equivalente à dureza de sua imagem e de seus duplos atualizados na terra, como os carros e barcos, feitos de metal.

Mas é a falta de cuidado dos *napë*, no seu sentido mais devastador e destrutivo, que coloca em perigo a estabilidade do cosmos e de toda a terra-floresta. Se os brancos continuarem desse jeito, não sabendo dialogar com os pajés perigosos, insistindo em destruir suas moradas, lhes perturbando com sua sujeira e sua fumaça na terra e nos céus, não haverá outra saída que não a queda do céu. Como Adriano alerta, trata-se de um problema de ponto de vista e, portanto, de conhecimento ou da falta dele: "Os *napë* não sabem disso, eles não veem, eles só veem dinheiro."

PARTE 2

3.
Tapiri

> *Hōrōnami estaba en la selva. Como amenazaba lluvia,*
> *recogió hojas, amarro um palo entre dos árboles, apoyó*
> *las hojas sobre el palo y se abrigo debajo.*
>
> JACQUES LIZOT, *Los Pueblos Indios en sus Mitos.*

Dizem os pajés Parahiteri que foi Horonamɨ quem ensinou os Yanomami a morar na floresta. Horonamɨ foi um grande pajé e conta-se que, nos tempos primeiros, ele "surgiu dele mesmo; surgiu ao mesmo tempo que esta floresta e foi quem ensinou os Yanomami a morar nela"[1]. Junto de seu cunhado, passavam longos períodos longe do *xapono* e morando na floresta. E foi assim que "ensinou os descendentes a como ir de *wayumɨ*"[2]. "Ir de *wayumɨ*", ou "sair de *wayumɨ*" (*wayumɨ huu*), como costuma-se dizer, indica a prática de sair da morada principal, o *xapono*, e ir viver no mato, em acampamentos *yãno*, onde o grupo familiar e eventualmente todo o grupo local passa a habitar temporariamente. Nesse capítulo trataremos especificamente dessa forma de habitar a terra-floresta, partindo de uma reflexão sobre a prática do *wayumɨ* – o "sair para o mato" – e, na sequência, de uma descrição detalhada do *yãno* – o "morar no mato", como dizem no Marauiá.

O motivo mais comum para "sair de *wayumɨ*" talvez seja o esgotamento dos alimentos nas roças e o aproveitamento das épocas de colheita de abundantes frutos da floresta, como o açaí, a bacaba, o patauá, o buriti e a castanha. Nesse contexto, "sair de *wayumɨ*" equivale a uma expedição coletiva onde os grupos se afastam de suas roças e passam a viver integralmente da caça e da coleta na floresta. Horonami, por sua vez, ao ensinar "como ir de *wayumɨ*", transmitiu também o conhecimento necessário para essas atividades essenciais: "O pajé Horonami foi quem procurou e descobriu nossa comida, nosso conhecimento da floresta e o habitat dos animais, para que, quando os Yanomami ocupassem a floresta, eles fossem capazes de aplacar sua fome de carne. Ele descobriu o nome dos animais quando eles viviam como nós. Apesar de serem animais, antes eles viviam do mesmo modo que os Yanomami."[3]

"Sair de *wayumɨ*" pode ser também uma forma de amenizar um conflito dentro do *xapono* e, assim, uma possibilidade de evitar a cisão definitiva de um determinado grupo familiar. Quando o conflito é externo e com outros grupos, "sair de *wayumɨ*" é também uma estratégia de defesa costumeira. Temendo represálias após um ataque ao inimigo, os grupos se refugiam na floresta, dispersam os inimigos e escapam de uma nova incursão guerreira. Em todos esses cenários o tempo de ausência é variável, de semanas a alguns meses, e estima-se que em regiões mais isoladas ou em tempos mais antigos o período total vivendo fora do *xapono* pode variar entre um terço e até metade do ano[4]. No caso de grupos populosos, os acampamentos podem ser divididos em grupos e, no caso de saídas de tempo estendido, os grupos seguem se deslocando sucessivamente, em busca de comida ou fugindo de inimigos, por exemplo, refazendo os acampamentos em cada paragem.

Como uma variante da estratégia de defesa guerreira, "sair de *wayumɨ*" é também uma conhecida e eficiente prática para enfrentar surtos epidêmicos. Em um passado recente, as doenças infectocontagiosas disseminadas pelos Poowëteri – o "povo do machado", os "brancos" –, como a gripe, o sarampo, a coqueluche, a malária e a tuberculose, faziam com que as famílias se isolassem na floresta a fim de evitar a propagação do contágio. Em diferentes regiões do território as histórias das epidemias que dizimaram famílias e comunidades inteiras estão ainda vívidas na memória coletiva. Essas doenças são nomeadas pelos Yanomami de *xawara*. Como explica Davi Kopenawa, *xawara* se refere a "todas as doenças de brancos que nos matam para devorar nossa carne"[5]. E de acordo com os pajés, como o próprio Kopenawa: "Gente comum só conhece delas os eflúvios que as propagam. Porém, nós, xamãs, vemos também nelas a imagem dos espíritos da epidemia, que chamamos de *xawarari*. Esses seres maléficos se parecem com os brancos, com roupas, óculos e chapéus, mas estão envoltos numa fumaça densa e têm presas afiadas."[6]

Os surtos epidêmicos desestabilizam completamente a organização, a coesão e, obviamente, a saúde dos grupos locais. "Sair de *wayumi*", nessas circunstâncias, mais do que uma estratégia de defesa, é uma estratégia de sobrevivência e de resistência. Durante os períodos isolados na floresta, a depender do caso, a estadia pode ser conturbada, diferente do cenário ideal da expedição de caça e coleta coletiva com fartos resultados. É o que conta Kopenawa num depoimento a Bruce Albert da década de 1990, período anterior à homologação da terra indígena e em meio a um verdadeiro surto de invasão de garimpeiros ilegais (história que se repete tragicamente hoje em dia) e, consequentemente, das epidemias *xawara* trazidas e disseminadas por estes: "Hoje, os Yanomami nem fazem suas grandes malocas, [...] só moram em pequenos tapiris no mato, embaixo de lona de plástico. Não fazem nem roça, nem vão caçar mais, porque eles ficam doentes o tempo todo."[7]

Resistir contra a *xawara* implica evitar os "eflúvios que as propagam", mas também se afastar dos seres maléficos *xawarari*, estes que, não à toa, "se parecem com os brancos"[8]. Como conta Kopenawa, "é acompanhando os objetos dos brancos" que a *xawara* se instala nas casas "como convidados invisíveis"[9]. Os seres maléficos *xawarari* acompanham as mercadorias dos Poowëteri, e diz Kopenawa, "quando um avião carregado voa para nossa floresta, eles seguem atentamente o seu trajeto" e, antes mesmo de aterrissar, "começam a buscar humanos para devorar nos arredores"[10].

As epidemias que seguem "o caminho dos brancos"[11] não cessam e a descrição de Kopenawa, infelizmente, se atualiza, indo ao encontro com o relato de Sergio Pukimapiwëteri do alto rio Marauiá, transmitido para nós pelo orelhão da aldeia Pukima Beira. No dia em que recebemos essa ligação (10 de abril de 2020), o Brasil contabilizava oficialmente (ou seja, considerando a subnotificação e a certeza de que os números eram ainda maiores) 19.943 infectados em todos os estados e 1.074 mortos pelo novo coronavírus, Sars-Cov-19. Do telefone, Sergio dizia:

Heriyë [cunhado], eu estou preocupado, tem muito avião ainda voando aqui no nosso território. Eu fico preocupado porque eu estou pensando: de onde vêm esses aviões? Eu acho que a maioria vem de Boa Vista, e lá já tem caso confirmado de contaminação. Por isso eu estou pensando: esses medicamentos vêm de Brasília, se alguém em Brasília está contaminado e aí esse contaminado pega as caixas para por dentro do avião, aí o avião vai para Boa Vista com as coisas de medicamento e depois vai para Santa Isabel [do rio Negro] e de Santa Isabel vem para o Marauiá, nosso território, aí que vai chegar essa contaminação. Por isso que eu e o Hipólito [liderança do Pukima Beira] estamos pedindo para a Sesai [Secretaria Especial de Saúde Indígena] parar com esses voos e deixar somente os voos de Santa Isabel, porque em Santa Isabel ainda não tá confirmado caso dessa *xawara*.

Um dia antes dessa ligação (9 de abril de 2020), o surto de Covid-19 fez sua primeira vítima entre os Yanomami. Um jovem do subgrupo Ninam faleceu em Boa Vista e, "como uma segunda morte em vida"[12], não teve direito aos rituais funerários tradicionais e o sepultamento sequer contou com o consentimento e o diálogo adequado com seus familiares. Poucos dias depois, a *xawara* chegou em Santa Isabel do Rio Negro. Conscientes do perigo que chegava cada vez mais perto, os Yanomamɨ do alto rio Marauiá decidiram sair para o mato para fugir da *xawara*.

As ligações com os Yanomamɨ cessaram, e ficamos sabendo pelo povo de Santa Isabel que todos os servidores da Sesai e todos não indígenas – por determinação da associação local Kurikama – já estavam fora do rio Marauiá. Os Yanomamɨ foram para o mato. Entre os Pukimapɨwëteri as saídas de *wayumɨ* não aconteciam desde 2001, quando contam que pegou fogo na roça por acidente e acabaram os alimentos maduros, fazendo com que saíssem do *xapono* e fossem para o mato coletar frutos e intensificar as caçarias – beneficiadas pelo afastamento e pelo deslocamento sucessivo. Atualizando a prática – tanto imanente quanto latente – que vem sendo abrandada em todo o território contra a nova pandemia *xawara*, os Yanomamɨ do Pukima Cachoeira e do Pukima Beira (de quem tivemos notícias mais recentes) saíram todos dos *xapono*. Em grupo, os Pukimapɨwëteri caminharam pela mata, cujos caminhos e locais foram previamente discutidos, selecionados e abertos, e carregaram tudo, inclusive microscópio e baterias, rádio e antenas e, todos juntos, se refugiaram na floresta.

A retomada da prática do *wayumɨ* como estratégia de resistência frente às epidemias *xawara* também tem sido feita em outras regiões do território. Segundo Dário Kopenawa, vice-presidente da Hutukara Associação Yanomami, que acompanha as

3. TAPIRI

movimentações pela radiofonia, saíram para o mato também grupos das regiões dos rios Cauaburis, Parawau e Demini (incluindo a sua família e seu pai, Davi Kopenawa), no estado do Amazonas, e grupos Ninam, no estado de Roraima[13]. Na região do Maturacá, do rio Cauaburis e afluentes – das regiões que mais se sedentarizaram nas últimas décadas[14] –, José Mário Pereira Góes (presidente da Associação Yanomami do Rio Cauaburis e Afluentes – Ayrca) conta que diversas famílias saíram para o mato e outras se preparam para seguir o mesmo caminho, com alertas crescentes na cidade mais próxima de São Gabriel da Cachoeira. Segundo a liderança, a estratégia é a seguinte: "Quando uma família vai, outras famílias vão, a vizinhada vai. Porque na comunidade somos todos parentes, então eles levaram toda a família. [...] Levaram alimentos principais como farinha, banana, tapioca, beiju, e também café, açúcar, arroz, feijão e materiais de caça e pesca. E quando acaba os alimentos eles vêm buscar banana, pegar estoque de farinha."[15]

O atual e estratégico afastamento de todos Poowëteri, saindo de *wayumɨ* e se isolando no mato, ressoa também com o período anterior (e, em parte, consecutivo) ao contato com os brancos, quando os Yanomami se encontravam em intensa movimentação, migração e expansão do território. No Marauiá, por exemplo, o afastamento por vezes é relatado como deliberada recusa, no sentido de uma "decisão política"[16] e de uma "estratégia de sobrevivência"[17]. Foi o que contou Adriano Pukimapɨwëteri, referindo-se ao momento da fundação da missão salesiana no médio Marauiá, quando "mensageiros" (pessoas encarregadas de trazer e fazer circular as notícias e convites para festas funerárias) chegavam ao acampamento onde os Pukimapɨwëteri estavam de *wayumɨ* e contavam aos seus avós que os tais Deusteri – como dizem, se referindo especificamente aos missionários, o "povo de Deus" – traziam muitas coisas: "escola, missão, saúde" mas também "presentes, machado, enxada, terçado". O recado transmitia, essencialmente, aos *patapata pë*, os anciões, a intenção dos missionários de subir até o Pukima e fazer contato com mais esse grupo. Contrariando a proposta, conta Adriano o que seu avô dizia:

Não, não, não. Eu não quero. Eu não quero chegar perto dos brancos. Eu sei, eu sei que os brancos que estão chegando tão trazendo doença feia. Eu não quero que esse traga a doença. Eu sempre eu vou morar aqui no Centro [Pukima Centro, referindo-se à atração para as margens do

Marauiá], nas cabeceiras que não têm doença. Não tem doença. Quando é pra baixo do rio, onde passam os brancos, tem a doença feia. Eu não quero pegar essa doença. Eu não quero chegar. Eu não quero saber que tem branco.

A recusa em seguir "o caminho dos brancos", tal como dito por Kopenawa[18] e reafirmada pelo avô do Adriano, ecoa com outra reflexão de José A. Kelly Luciani a partir do que os seus interlocutores também se referiam como "o caminho dos brancos" (traduzido por ele como "*path/trail of the napë*" ou *napë's path*)[19]. Sugere ele que assim como os Yanomami "falam do passado como movimentos na floresta, referindo a lugares de antigas residências, roças e acontecimentos", o próprio "progresso" – uma vez seguido o "caminho dos brancos" – é "explicado como uma trajetória ao longo de um caminho"[20]. E assim sintetiza a ideia: "Deslocar-se elicita [*elicits*] a narração da história; a história pode assumir a forma de um trajeto. É apropriado, então, que o progresso seja expresso como uma trajetória."[21] O contexto dessa reflexão era justamente um encontro para discutir a situação da saúde indígena na região do Alto Orinoco, na Venezuela, quando um enfermeiro yanomami do rio Ocamo argumentava não contra, mas, pelo contrário, a favor do tal "progresso": "O problema é importante. Por que isso é importante? Porque a *xawara* está sempre nos atacando. [...] Se nós já estamos no caminho dos brancos, por que que nós não estamos virando enfermeiros?"[22]

A situação do momento com a Covid-19 é, entretanto, distinta. Ao menos como seguido por alguns grupos yanomami, implica a tomada de outro caminho, o caminho tal qual faziam os antigos, o caminho do *wayumi*, longe dos brancos (inclusive enfermeiros e enfermeiras, potenciais fontes de transmissão). O momento era parcialmente inédito e, parafraseando José A. Kelly Luciani, mais uma vez uma epidemia *xawara* elicita (*elicits*) a história; a história assume a forma de um trajeto; e o "progresso" (ou "regresso") é expresso como uma trajetória, nesse caso de recusa, uma saída de *wayumi*, fugindo para o mato. A situação inverte, assim, o movimento de aproximação às margens do rio, decorrente do contato e da implantação dos sistemas de saúde do Estado, num sentido simetricamente oposto, o do "reisolamento voluntário"[23]. Em um movimento contrário e atento aos altos riscos de contágio por meio de profissionais de saúde e outros não indígenas possivelmente contaminados transitando pelo rio, os Yanomami pedem para que todos os não indígenas se retirem da região do rio Marauiá. Ao mesmo tempo, eles saem de suas aldeias e se refugiam longe das margens dos rios, deixando para trás as escolas e postos de saúde, indo de *wayumi* para o mato e voltando para o "toco das serras", como diz Adriano, onde habitavam antes do contato com os Poowëteri. Nesse movimento, renunciam e recusam a atual proximidade e o convívio com os *napë pë*, antecipando uma eventual nova catástrofe e evitando deliberada e temporariamente a presença do Estado e seus agentes.

Através desses caminhos mata adentro é notável que, para além dos relatos que povoam os movimentos pela terra-floresta, a floresta em si é marcada tanto pelos rastros e pelos caminhos (*mayo, peiyo*) quanto pelos artefatos ou construções que, como disse Alejandro Reig, "adornam" e "equipam" a floresta[24]. Essas pequenas intervenções na floresta se constituem nas trilhas em si, mas também em pontes feitas de troncos e cipós para atravessar cursos d'água; andaimes e anéis de cipó para subir nas palmeiras e coletar frutos; buracos para pilar o timbó; penas do rabo do mutum fincadas em linha reta na terra como testemunho das habilidades de um caçador; cortes nas árvores marcadas pelo facão ou galhos quebrados à mão demarcando os caminhos; e pequenos tapiris chamados de *yãno*, às vezes um conjunto deles numa exígua clareira, que em diferentes estágios de conservação ora se confundem com os troncos das árvores e ora despontam na mata, com suas coberturas de palha ainda intactas ou com a clara geometria de base triangular dos esteios fincados no solo.

Os *yãno* são abrigos temporários construídos na floresta de forma ligeira e em diferentes situações, como nas saídas de *wayumi*, mas também em processos de mudança e construção de novas roças e novas aldeias, antecedendo as casas construídas de forma mais cuidadosa e duradoura; em expedições e caçadas coletivas na floresta, que duram vários dias e costumam ser feitas durante as festas funerárias *reahu*, chamadas de *henimou*; ou ainda durante viagens mais curtas, de apenas alguns dias, visitando outras comunidades ou indo e voltando da cidade mais próxima. Essas estruturas ligeiras, leves e transitórias são formas essenciais ao "jeito de pendurar redes" e, embora as formas de se construir o *yãno* variem de modo orgânico, as variações formais, técnicas ou materiais se transformam a partir de um tema comum: o arranjo triangular dos esteios, das vigas e das redes atadas a ela, em torno de uma fogueira central. As palavras nas diferentes línguas yanomami também variam, mas a estrutura elementar do *yãno* é uma constante. Como observa o linguista Ernest Migliazza, figura importante na sistematização das línguas yanomami em torno de uma família comum, "o único modelo de habitação comum a todos os Yanomami é o abrigo temporário"[25].

Ao navegar pelo rio Marauiá vê-se uma série de *yãno* em pequenas clareiras nas margens dos rios – separadas da beira por um trecho de mata, mantendo certa reserva e com o chão limpo o suficiente para ocupar o espaço com um ou alguns *yãno* –, enquanto no nível das copas mantém-se parcialmente sombreada pelas árvores ao redor. Essas estruturas são construídas nas idas e vindas da cidade de Santa Isabel do Rio Negro e servem como acampamentos para pernoitar durante a viagem, que pode durar vários dias. Essas viagens costumam ser feitas em grupos, com dois ou mais barcos cheios de gente, às vezes de *xapono* distintos, mas sempre de grupos aliados e com boas relações de afinidade, que se ajudam nas travessias das cachoeiras e acampam juntos, cada qual em seu *yãno*. Os pernoites são sempre feitos nesses acampamentos e a duração da viagem é calculada sempre em função dos locais de acampamento, de acordo com a carga e a potência do barco e do motor e o nível da água do rio, de modo que, ao perguntar quanto tempo a viagem demorará, a resposta costuma ser a enunciação dos prováveis locais de acampamento, já previamente planejados e ocupados por estes e outros grupos. Assim, as pequenas clareiras já se encontram abertas e, por vezes, inclusive os *yãno* já se encontram prontos, pré-construídos por um grupo que passou antes por ali, no caso de não ter sido destruído com o tempo ou, eventualmente, ter virado lenha.

A viagem costuma conter paradas em alguns *xapono* para usar o rádio e transmitir notícias da viagem para os familiares e, porventura, a parada também serve para transmitir notícias para os residentes do *xapono* de parada. Nesse caso, entra-se discretamente no *xapono* pelo fundo das casas ou tentando ser discreto caminhando pelos beirais sombreados das casas, na soleira com o terreiro central. Essas visitas, comuns nos regimes de deslocamento e movimentações atuais, em função das idas à cidade, são

3. TAPIRI

destituídas das prerrogativas cerimoniais das visitas mútuas (que ainda ocorrem, em paralelo) para se fazer convites ou se fazer presentes nas festas funerárias *reahu*, para trocas de bens e trocas de ensinamentos com os pajés, ou, de forma reinventada atualmente a partir das formas anteriores, para comparecer em assembleias da associação local, a Associação Kurikama Yanomami. Nestas, a chegada dos convidados no *xapono* onde se realizará o evento é marcada por uma espécie de forma ampliada e condensada da apresentação cerimonial que ocorre nas festas *reahu*. E os representantes políticos do *xapono*, cerca de dez normalmente, que chegam ao *xapono* aliados pela associação, adentram o terreiro central todos pintados, adornados e armados, dançando e cantando com uma tônica guerreira, reinventada para o atual contexto.

Os pernoites durante as viagens pelo rio, entretanto, nunca são feitos em algum *xapono*, independentemente de ser aliado ou não. A restrição, bastante implícita no planejamento das viagens, provavelmente pretende evitar a completa destituição das prerrogativas cerimoniais que o pernoite no *xapono* de um grupo aliado costuma prever, tal como numa festa *reahu* ou numa assembleia da associação. Ao mesmo tempo, a restrição parece decorrer também de razões sociopolíticas, evitando conflitos latentes que podem ser disparados pela permanência junto aos residentes de tal *xapono*, resultando, inclusive, em ataques ou feitiços causados pelos pajés locais. Assim, não se dorme "à toa", como se diz, num *xapono* alheio. Dessa forma, os *yãno* nas margens do rio reinventam os mesmos *yãno* que eram construídos ao longo das trilhas pela mata que conectavam (ou ainda conectam, em poucos casos) os *xapono* vizinhos e aliados. Desde a década de 1990, ao que parece, com o acesso facilitado a botes e canoas e a motores à combustão – comprados, trocados ou ganhados, como vimos na prática dos missionários salesianos que davam barcos "de presente" para facilitar o contato e a aproximação –, os caminhos que conectam os *xapono* foram substituídos pelos caminhos fluviais, mais ágeis de serem percorridos, menos cansativos fisicamente, mas, sobretudo, muito mais eficazes para transportar cargas e materiais dos mais diversos, tanto pelos Yanomami quanto pelos serviços de saúde ou educação do Estado e município – estes, como vimos acima, estimularam essa nova prática a fim de facilitar a logística e a gestão dos postos, escolas e afins.

Nesses *yāno* reinventados pelos novos caminhos fluviais, um dos materiais que constituem sua estrutura elementar também é transformado de maneira estratégica. As lonas plásticas, adquiridas na cidade, substituem, assim, as coberturas de palha, de modo que a mesma lona que serve para proteger pessoas e coisas dos temporais nas viagens de canoa pelo rio serve também para cobrir os acampamentos. Estas são atadas com muita agilidade na hora da chegada, antes do anoitecer; antes de partir pela manhã são, por sua vez, agilmente recolhidas, dobradas e guardadas de volta na canoa. Além disso, a construção com o teto de palha está sujeita à disponibilidade das palmeiras adequadas na área, o que nem sempre ocorre. Nesses casos, é necessário percorrer distâncias maiores a pé no mato para buscar o material, o que pode atrasar a viagem e a construção do abrigo, feito idealmente de maneira cronometrada antes do anoitecer. Dessa forma, a alteração do material corresponde também a uma transformação da forma do *yāno*. Assim, o plano inclinado e mais ou menos retangular de ripas e folhas de alguma palmeira, que fechava a parte superior do triângulo de apoios do *yāno,* é substituído por uma lona esticada mais acima dos triângulos de esteios e redes, tensionada pela cumeeira com corda ou cipó entre duas árvores, formando uma cobertura de duas águas, com as pontas amarradas e esticadas em paus fincados na terra ao redor do acampamento. A transformação, todavia, poderia ser vista como uma transformação estrutural aplicada à arquitetura, como propõe Claude Lévi-Strauss[26], de modo que, pela variação de materiais, formas e técnicas – da palha ao plástico –, mantém-se os sentidos mais fundamentais da estrutura do *yāno,* ainda estrategicamente aperfeiçoados: a agilidade, a efemeridade e a ligeireza.

Numa dessas viagens, quando subíamos o rio até suas cabeceiras em direção ao Pukima Cachoeira, paramos numa clareira em que não havia nenhum *yāno* pré-montado, embora a clareira já estivesse aberta, ao lado de um igarapé, no seu encontro com o Marauiá. Assim que os dois barcos que faziam a viagem encostaram na beira, um do Pukima Beira e outro do Pukima Cachoeira, homens de cada um dos barcos pularam dos botes e se meteram rapidamente mata adentro para buscar cipó, lenha e as "varas", isto é, os esteios e as vigas para compor com as árvores da pequena clareira e rapidamente montar dois *yāno*. Em poucos minutos escutava-se o som dos paus sendo arrastados pelas folhas, abrindo novos caminhos improvisados com o facão, e todos retornaram rápido à clareira, onde descarregávamos as bagagens e as crianças brincavam. É comum que as construções dos *yãno* façam uso também das árvores de pé e preexistentes ao redor da clareira para compor sua geometria triangular, fazendo as vezes de um ou dois apoios verticais, de forma que agiliza ainda mais a sua execução, evitando a necessidade de derrubar uma árvore na mata para depois fincá-la no solo. Assim, para um dos *yãno*, mediam o vão entre duas das árvores com a abertura dos braços e olhos atentos. Poucos minutos depois voltam com um pau nas costas, aparentemente cortado de forma precisa. Por poucos centímetros o comprimento não é o bastante e a solução vem de imediato: corta-se um pedaço para afastá-lo da árvore, pega-se mais dois pedaços menores e faz-se um fino apoio em "x", um tripé de duas pernas, como costumam fazer durante a ágil montagem do *yãno*, de forma que dispensa madeiras mais grossas e mais duras e, por isso, mais demoradas e trabalhosas de cortar e encontrar.

A execução toda é muito rápida e não passa de uma hora entre o momento que encostamos e que penduramos nossas redes. Os nós são rapidamente atados com cipó, unindo toda a fina estrutura de paus roliços, cujos vãos são modulados de acordo com o tamanho-padrão das redes de dormir, de maneira que o tamanho do *yãno* é precisamente o tamanho mínimo necessário para que, em torno do fogo, comporte-se três redes ou, eventualmente, seis redes, se sobrepostas umas às outras – ou mais, se amarradas também em outros apoios, estendendo a estrutura com mais esteios ou fazendo uso das árvores ao redor. Nesse arranjo, modulado dessa forma, o triângulo tem uma tal escala que facilita encontrar as madeiras adequadas nos arredores da clareira improvisada e, inclusive, permite que qualquer um, deitado em sua rede, alcance com os braços o centro onde se encontra a fogueira, mantida acesa durante toda a noite. O tempo de construção é também modulado, acertado de acordo com a luz do dia, de modo que após a montagem da estrutura, ainda com o céu claro, o fogo é aceso, as redes são atadas e, enquanto uns descansam e tomam banho, outros vão tentar a sorte numa rápida caçada ou pescaria. Durante a noite, antes de dormir, vozes e risos brotam das redes de todos os lados do triângulo, forma essa que, mais do que um modo elementar de construir, é também a forma elementar de convivência ao redor do fogo.

No dia seguinte, desmontamos a lona e partimos cedo. Ao anoitecer, fizemos outro acampamento em um local rio acima, onde já haviam estruturas pré-montadas. Apesar de frágeis, estas foram rapidamente reforçadas, refazendo os nós com cipós e com as cordas à mão, substituindo algumas peças ou adicionando alguns apoios com a solução em "x". Nesse local havia também um *yãno* que me chamou a atenção, feito do modo tradicional, com cobertura de palha, esteios baixos nos fundos e mais alto na ponta, dando a inclinação do telhado, e planta de base triangular. Maciel, um jovem do Pukima Beira que estava conosco, explicou o possível motivo de aquele *yãno* ter sido feito daquela forma; apenas apontou para o lado, onde havia várias sorococas (ou banana-brava-da-mata, *Phenakospermum guianense*) – o suficiente para usar suas folhas (*këtipe*) para cobrir o *yãno* daquele jeito – e, sem muitas palavras, simplesmente deu a entender que aquilo dispensava o uso de lonas plásticas. Nesse mesmo contexto e a partir do mesmo *yãno*, Maciel me explicou os nomes dos componentes da estrutura do *yãno* que, segundo ele, "é tudo nome da floresta" – afirmação que corresponde, penso eu, a um destaque ao jeito apropriado e propriamente yanomami de fazer e de nomear os tapiris. Os esteios simples e feitos com apenas um pau, em qualquer um dos três vértices do triângulo (praticamente equilátero), são chamados de *itaorewë*; e quando são feitos com a solução em "x" ou com três paus, como um tripé, são chamados de *xeketeorewë*; e as árvores que eventualmente são utilizadas como um esteio natural são chamadas de *hii hi*, "pau", num sentido genérico.

As vigas (ou travessas) que unem e travam os esteios podem ser chamadas de forma genérica de *pariparima*. De forma mais específica chama-se de *xĩkahamirereorewë* a viga que une os dois esteios da base do triângulo, concebido como o fundo ou parte posterior da morada temporária, onde o teto é mais baixo. *Xĩkahami*, justamente, significa aquilo que está "na parte baixa do teto, nos fundos da morada", sendo que *xĩka* é um substantivo (nome) que indica "a parte posterior de uma morada coletiva ou de um refúgio familiar, a parte baixa de um teto", enquanto -*hami* é um morfema locativo[27]. *Rere-*, por sua vez, é a raiz verbal do verbo transitivo *rereai*, que significa "colocar horizontalmente (objetos compridos)", como um tronco (*hii hi*) utilizado como uma viga, e o sufixo *-rewë* é um nominalizador que transforma a raiz verbal em nome, sendo que o nome resultante corresponde à ação que o verbo realiza[28].

Já as vigas colocadas de forma oblíqua, unindo e travando os dois esteios do fundo do *yãno* com o esteio mais alto, na ponta do triângulo, são chamadas de *yakiraorewë*. Assim como o elemento anterior, a forma pela qual este é construído e disposto corresponde ao modo pelo qual o nome é composto gramaticalmente. Ambos partilham o mesmo sufixo nominalizador *-rewë* e, nesse caso, *yakira-* corresponde à raiz verbal do verbo transitivo *yakiraai*, que indica o ato de "cruzar dois objetos compridos", dispondo-os em forma de "x"[29]. A forma cruzada, por sua vez, corresponde ao modo como essas vigas oblíquas costumam ser colocadas, de modo que se cruzam no ponto de encontro com o esteio alto da ponta do triângulo, permitindo que o telhado avance um pouco mais, aumentando o beiral e, com isso, a área interna e coberta da morada temporária. Nos *yãno* maiores, as vigas se cruzam simetricamente, formando um "x", enquanto nos menores as vigas são interrompidas após o cruzamento com o esteio da ponta, formando um "v". Essa variação determina a escala e a área coberta pela estrutura do *yãno*, mas varia sobretudo em função do tempo de permanência no local. Quando o tempo é abreviado, como nas viagens rio acima e rio abaixo, opta-se normalmente pela solução em "v"; quando o tempo é mais estendido, como nas saídas de *wayumi*, opta-se pela solução mais ampla em "x".

Os elementos que compõem a trama da cobertura do *yãno* são chamados de *horohoromi*. Estes são normalmente compostos de caibros, cortados com uma mesma dimensão e dispostos de forma paralela ao sentido da altura do triângulo (ou seja, perpendiculares à base). Estes se apoiam sobre as vigas e nas pontas se prolongam um pouco, tanto nos fundos quanto na parte mais alta, ganhando ainda mais área coberta e resultando num teto de forma mais retangular – e não triangular, como a disposição dos apoios verticais. Dependendo do tipo de palha que será usado na cobertura do *yãno* são colocadas peças que funcionam como ripas, cuja função é de fixar as folhas que vão compor o teto da morada. Estas também são chamadas de *horohoromi* e são dispostas de forma transversal aos caibros (ou seja, paralelas à base). Em acampamentos menores, como o *yãno* que observava com meu interlocutor, essas peças transversais são postas diretamente sobre as vigas (isto é, sem os caibros, no outro sentido), também com uma medida comum e resultando num teto retangular, embora mais enxuto e mais frágil.

Por fim, os nós de cipó (*too*), normalmente utilizando o cipó titica (*masimasima*, *Heteropsis flexuosa*), amarram todo o esbelto conjunto de esteios e vigas, unindo-os em seus pontos de encontro. Os nós envolvem as peças e podem ser feitos de duas formas. A solução mais simples, em que a volta é feita apenas num sentido, em forma de "/", é chamada de *okaorewë*, enquanto os nós mais resistentes, com voltas nos dois sentidos, em forma de "x", são chamados de *okaoyakiraorewë*. *Oka-* é a raiz verbal do verbo transitivo *okaai*, que significa "atar, amarrar, fixar"[30] e, assim como o sufixo nominalizador *-rewë*, é compartilhada pelos dois termos. Mas no caso do nó em "x" (*okaoyakiraorewë*), em específico, o ato de atar (*okaai*) é somado ao ato de cruzar (em "x", justamente), correspondente à raiz verbal *yakira-* e ao verbo transitivo *yakiraai*.

O processo de construção do *yãno* pode ser dito, ao menos, de três maneiras distintas. Primeiro, *yãnomou*, em que o sufixo *-mou* transforma o substantivo (*yãno*) em verbo e poderia ser traduzido como "fazer o *yãno*". *Yãno*, por sua vez, corresponde ao "tapiri", ao "acampamento no mato" e à "morada temporária na floresta", como vimos, mas, como indica Jacques Lizot, o termo se refere também ao fogo doméstico, centro do espaço habitado, tanto na floresta quanto no *xapono*, onde se preparam os alimentos e se esquenta durante a noite[31]. A outra forma é dita *mimou*. *Mi-* é a raiz verbal do verbo intransitivo *miõ*, que significa "dormir". *Mimou*, por sua vez, enquanto verbo intransitivo, significa a decisão de "se pôr a dormir" e, enquanto verbo transitivo, significa "construir tapiris", "construir refúgios temporários para passar a noite" e "instalar-se para dormir"[32]. E a última se diz *përimou*, verbo transitivo que significa "instalar-se para passar a noite" e "construir um refúgio temporal"[33].

A raiz verbal *përi-*, com o sentido de "deitar na rede", e os verbos que dela derivam extrapolam, entretanto, o processo construtivo do *yãno* e merecem uma leitura mais detida. *Përio* é, por exemplo, um verbo intransitivo que significa "morar" e "viver" em um lugar determinado – uma região, uma casa ou uma aldeia em específico, como me explicava Neide, professora do Pukima Cachoeira e filha do *përiomi* Adriano –, mas também, conforme indica Lizot, "habitar" e "entrar ou estar em uma rede"[34]. De forma análoga, no que diz respeito à extensão semântica da raiz verbal, enquanto verbo transitivo, *përiamai* significa "colocar em uma rede (um objeto, uma pessoa)" e *përiamapou* significa "dar abrigo a alguém"[35]. E, enfim, enquanto um verbo de estado, *përia* significa "estar deitado em uma rede", no sentido de um momento preciso e em um lugar preciso, o que corresponde ao sentido de "viver em um determinado lugar". Assim, nota-se que a amplitude semântica do conceito de *përio* engloba o "estar em uma rede" com a ideia mais geral, embora sempre em um lugar em específico e nunca de uma forma genérica de "morar" e "habitar".

Os conceitos de *përio* e *përia* ressoam com a ideia de *yãatamotima* – "o jeito de pendurar redes" – pela raiz verbal *yã-*, que indica tanto a ação de "pendurar a rede" (com o verbo transitivo *yãai*) quanto o estado de "ter a rede atada em um lugar" (com o verbo de estado *yãa*), justamente no sentido de morar, habitar ou viver em um certo lugar. Dessa forma, a raiz verbal *yã-* compartilha com a raiz verbal *përi-* não apenas uma amplitude semântica – esta que aproxima o "estar numa rede" ao ato do "habitar" –, mas também uma especificidade daquilo que constitui propriamente esse ato de viver, morar e habitar, isto é, "o jeito de pendurar redes". Como me dizia Neide, explicando os sentidos de *përi-* e as possíveis traduções para "morar", os verbos de estado *përia* e *yãa* têm um sentido compartilhado, de modo que, ao mesmo tempo que podemos dizer *"weti ha wa yãa?"*, pode-se também dizer *"weti ha wa përia?"*, sendo que ambas as formas significam tanto "onde você mora?" quanto "onde você pendura sua rede?" Assim, se a noção de habitar corresponde ao ato de "pendurar a rede", este está intrinsecamente relacionado e situado a um lugar e a um tempo em específico, seja de modo mais intermitente num *yãno,* seja de modo menos mais estável num *xapono,* como destacado pela minha interlocutora, de maneira que talvez a tradução mais precisa fosse, em vez de "onde você mora/pendura sua rede", "onde você está morando/pendurando sua rede", naquele momento e local específico e situado.

A especificidade do lugar habitado no momento, condição implícita do ato de habitar, dialoga também com a noção de *urihi* ("terra-floresta"). Como vimos anteriormente, é por meio do movimento pelos caminhos da floresta, habitando distintos lugares e regiões, que a noção de *urihi* é produzida, conjugando relações temporais e espaciais de um determinado grupo no passado e no presente – assim como a história concebida como um trajeto, como propõe Luciani[36]. Dessa forma, ao longo dos caminhos trilhados pelo "povo da terra-floresta" (*urihiteri pë*), as expressões como "a nossa floresta" (*kamiyë yama ki urihi pë*) ou "a minha terra" (*ipa urihi*) designam a área habitada atualmente, mas, num sentido maior, a conecta a outra rede de caminhos, trilhados pelos mais velhos e pelos antepassados, como indica a fala de Adriano: "Essa floresta [*urihi*] é nossa, nós somos os donos, aqui que eu nasci, aqui que meu pai nasceu." Assim, a ideia de *urihi* conjuga as relações temporais e espaciais de um determinado grupo do passado e do presente, indicando o local onde se habita (*përia*) naquele instante – isto é, onde pendura sua rede – ao mesmo tempo que o vincula, numa perspectiva e numa escala estendida temporal e espacialmente, aos espaços e clareiras habitados pelos antepassados – onde estes penduraram suas redes.

Portanto, o sentido de habitar que esses verbos e conceitos apresentam talvez poderia ser melhor traduzido, ainda que apenas de forma heurística, por "o lugar onde penduro minha rede". Lugar este, portanto, situado no tempo e no espaço da terra-floresta e, por sua natureza relacional, continuamente efêmero e móvel, já que pode ser cindido ou deslocado junto de um grupo cuja estabilidade e bem viver é colocado em xeque, migrando para outro local e pendurando suas redes num novo *yãno* ou um novo *xapono*. Em ambos os casos é em torno do fogo que as redes são penduradas e, segundo Lizot, uma pergunta como "*weti kë iha wa yãõma?*" poderia ser traduzida tanto por "em que casa você morava?" quanto por "em qual fogueira você pendurou sua rede?"[37] O exemplo de Lizot dialoga com o exemplo dado pela interlocutora do Pukima Cachoeira, que traduz *yãa*-tanto como "morar" quanto como "pendurar a rede", mas estende a especificidade do morfema locativo *ha* (do exemplo anterior, "*weti ha wa yãa?*") ao locativo *iha* ("*weti kë iha wa yãõma?*"), que indica especificamente uma localização relacionada à casa e, nesse sentido, o lugar do fogo doméstico, no entorno onde se penduram as redes.

Tanto nos tapiris (*yãno*) quanto nas casas que compõem o *xapono*, o lugar do fogo se constitui numa centralidade da maior importância. No caso do *yãno*, como vimos, o fogo se situa no exato centro da morada temporária, entre as três (ou seis, se sobrepostas) redes penduradas dos esteios dispostos como um triângulo. E nas moradas familiares do *xapono* o fogo doméstico se situa nos fundos da casa – dependendo da morfologia da construção, na parte mais baixa do telhado –, espaço conhecido por *hato nahi xĩka*. *Hato nahi* é um termo que indica uma morada familiar dentro do *xapono* e *xĩka* é um substantivo que indica "a parte posterior de uma morada coletiva ou de um refúgio familiar, a parte baixa de um teto"[38], termo que poderia ser traduzido por "os fundos da casa".

Onde se situam as fogueiras utilizadas para o cozimento e preparo dos alimentos e também para esquentar-se é onde o convívio doméstico desvela-se em seu sentido mais intenso. É em torno do fogo que a família nuclear ou um grupo de parentes e afins, numa visita à outra casa ou numa viagem pelo rio, se reúne, sobretudo ao anoitecer, para compartilhar a comida, mas também os relatos do dia ou dos tempos antigos, contando histórias ou engajando-se em diálogos que atravessam a noite e, assim, reforçam laços e transmitem conhecimentos. Como escrevem Janet Carsten e Stephen Hugh-Jones, na introdução da coletânea de artigos *About the House*, poderíamos dizer que "a fogueira [*the hearth*] é tanto uma característica definidora da casa quanto comer juntos é uma característica definidora do parentesco"[39]. Nesse mesmo sentido, o título dado por Lizot a um de seus livros, *O Círculo dos Fogos* (*Le Cercle des feux*), é preciso como forma sintética de retratar os Yanomami por meio desse elemento central na sociabilidade dos grupos locais, multiplicado pelo círculo de casas ou acampamentos (*yahi* ou *yãno*), cada qual com suas respectivas fogueiras. Como comenta Reig, subjacente à escolha do título "está uma afirmação de que os laços históricos de descendência são mantidos juntos no atual plano de aliança que, por sua vez, são subjugados pela primazia da reunião do grupo [*village gathering*, no original]"[40]. Reunião esta que conforma a expressão atual do "viver junto" (*yaiprou*), seja construída como um *xapono* ou como um conjunto de *yãno*, e como complementa o autor, enquanto "unidade social composta de uma iteração [no sentido de repetição, multiplicação ou somatória] de espaços domésticos associados"[41].

É "nos fundos da casa" (*hato xĩka*), ao redor do fogo, que a estrutura de base triangular do *yãno* é replicada para os núcleos familiares no interior das casas, isto é, para cada fogueira e cada conjunto de pessoas que dormem de forma contígua e numa mesma casa. A replicação de uma estrutura de base triangular (como a do *yãno*) no interior da casa (*hato nahi*) é como um acoplamento em que, com a inserção de alguns elementos (postes, vigas e ripas) conectados com as peças propriamente estruturais da casa (estrutura essa chamada de *yahi*), se constitui algo como uma "casa" dentro da casa. Essa "casa", logo, corresponde a essa forma elementar de convivência promovida pelo *yãno* replicada no interior das casas do *xapono*.

O acoplamento se dá primeiramente pela inserção de um esteio simples à frente e entre dois dos esteios do fundo da casa, parte da estrutura principal da construção (aquela que suporta sua cobertura e faz o invólucro externo), conformando um triângulo (ou mais de um, dependendo do tamanho da casa e da família) dentro do espaço interno da casa. Assim como os esteios simples do *yãno*, estes são também feitos de apenas um pau, mas feitos de madeira mais durável e, segundo os interlocutores do Marauiá, chamado de *totahima* – mesmo termo que indica metaforicamente as "mulheres", sendo aquelas que penduram suas redes nesses postes que, de acordo com Lizot, podem se referir também especificamente aos postes do fundo da casa[42]. Acima desse esteio adicional, na ponta do triângulo, vigas oblíquas (*yakiraorewë*) travam a estrutura com a viga transversal da estrutura principal da casa e, como no *yãno*, são moduladas de acordo com o vão necessário para pendurar as redes. Sobre elas, enfim, uma ou várias peças transversais são adicionadas, não como um teto, mas como um estrado, transformando a parte superior dessa estrutura em um jirau, utilizado para armazenar pertences dos mais diversos e sementes ou alimentos que, sobre o fogo, são postos para secar.

3. TAPIRI

Essa estrutura interna, no entanto, não é chamada de *yãno*, como os acampamentos temporários, mas de *ihira*, termo traduzido para o português, justamente, como "jirau". O termo *ihira* não se resume apenas a essa construção no interior da morada, na qual se amarram as redes e se armazenam coisas diversas, pois também indica, assim como na palavra em português (e de etimologia tupi), uma construção de madeira que serve para fins diversos e como uma espécie de plataforma tanto para estocar coisas (ou corpos, no caso de um procedimento funerário que antecede a cremação) quanto para moquear carnes ou fazer um andaime, destinado à construção de uma casa, a uma passarela ou ponte sobre um curso d'água ou para cortar grandes árvores da floresta. O termo (ou o nome), ao que parece, deriva da raiz verbal *ihirã-* que, enquanto verbo transitivo *ihirããɨ*, indica a ação de "unir dois pontos para permitir a passagem de um ao outro" e, enquanto verbo de estado *ihirãã*, indica algo que está "unido", "em contato" e que "permite a passagem"[43].

No caso do *ihira* ("jirau") construído no interior das casas, é no centro desse estrado, alinhado com a fogueira doméstica, que é amarrada uma corda (natural ou sintética) e na ponta desta se coloca um elemento chamado de *yōpenama*, que nada mais é do que um galho que, numa das pontas, se desdobra como um

FIG. 10: *Jirau (ihira)* utilizado como andaime para cortar uma grande árvore em roça próxima do Pukima Beira, 2019. Foto do autor.

cotovelo ou um gancho. Na dobra desse gancho é, então, onde se pendura a panela sobre o fogo, sendo que o nó corre no comprimento do galho e permite um ajuste fino da altura da panela em relação à chama da fogueira, ao mesmo tempo que cria um distanciamento suficiente que impede que o fogo atinja e queime a corda. A tecnologia é simples e eficiente e, junto da disposição triangular da estrutura *ihira* e das redes, com o fogo no centro, constitui esse módulo habitável elementar. Apesar das diferenças na arquitetura das casas, diversas inclusive na escala de um mesmo *xapono*, elas compartilham, quando vistas de dentro, dessa mesma unidade, tal como notam vários autores. Para Luis Cocco, além da estrutura compartilhada entre os tapiris e o interior das casas, é nesse triângulo em que se define o espaço do habitar, *un hogar nuclear*[44], assim como para Lizot é esse arranjo de redes ao redor do fogo que configura uma "estrutura fundamental invariável"[45]. Reig, por sua vez, reconhece nessa estrutura um "elemento comum inalterado", a "unidade habitacional elementar", o "*yãno* elementar", um "princípio construtivo fundamental" e "onde o núcleo familiar básico é 'pendurado'"[46].

Antes da replicação da estrutura análoga ao *yãno* no interior das casas, é notável que, no momento de se abrir uma nova clareira e construir um novo *xapono*, o primeiro círculo de casas que são feitas – de modo a permitir a mudança até que o grupo se estabeleça de forma mais estável no novo local (em paralelo ao trabalho nas roças) – possua um caráter mais efêmero e análogo ao do *yãno*. Essas primeiras casas nem sempre costumam ser nomeadas da mesma forma – isto é, como *yãno* –, embora a construção em si possa ser feita da mesma forma, assim como nos acampamentos, com um telhado de uma água (ou seja, com o fundo mais baixo que a ponta, abrindo-se para o meio do *xapono* e fechando-se para o lado externo do círculo), materiais menos duráveis e um processo construtivo mais ligeiro. Em outras situações, um círculo de *yãno*, tal como a disposição das casas (*yahi*) em um *xapono*, pode ser construído durante saídas de *wayumi* nas quais grande parcela do grupo local passa um período prolongado habitando uma clareira improvisada na floresta. Esses locais podem, inclusive, vir a se tornar lugares nos quais o grupo ou uma parcela cindida do grupo local pode passar a habitar no futuro, de forma menos temporária e em um *xapono* de fato.

3. TAPIRI

Esses dados corroboram o sentido do *yãno* como uma estrutura elementar, no sentido também de uma forma primária de construir e que antecede as casas "verdadeiras" (*a yai*) e mais duráveis (*hiakawë*) do *xapono*, na sua forma mais estável e menos temporária. Em períodos de maior mobilidade, por conta de conflitos guerreiros ou migrações sucessivas, por exemplo, era comum que as casas fossem "tipo tapiri" (ou *upraorewë*, sendo que o verbo de estado *upraa* indica algo "erguido"), como me relatou Francisco Pukimapïwëteri ao se referir ao tempo e à configuração dos *xapono* até o Hayanae, no período anterior ao contato e nos primórdios da ocupação da região do rio Marauiá (provavelmente até a primeira metade do século XX). Ou assim como ocorreu recentemente, na última cisão de grupos locais do Marauiá (entre 2019 e 2020), os moradores do novo *xapono* Apuí saíram do *xapono* Bicho-Açu e retomaram um lugar que antigamente já haviam habitado, mas abriram uma nova clareira, mais próxima da margem do rio e, nesse novo local, fizeram rapidamente um primeiro *xapono*, como disseram-me suas lideranças, também "tipo tapiri", "como acampamento", para depois "fazer as casas de verdade". O "tipo tapiri", *upraorewë*, portanto, é aquele que permite maior agilidade nos processos construtivos e, no caso da passagem da instabilidade à estabilidade, com o fim ou uma trégua nos conflitos entre grupos locais, por exemplo, estes podem ser aperfeiçoados ou, como costuma-se fazer, serem refeitos, operando a passagem de uma construção menos durável e mais temporária para uma mais durável e menos temporária.

Essa lógica é o que fundamenta também a breve hipótese de Cocco sobre a gênese da forma arquitetônica do *xapono* como uma "evolução" de um círculo de tapiris (*yãno*) elementares em uma forma mais duradoura e mais estável, "semipermanente"[47], cujas casas são também organizadas em círculo, mas numa clareira mais ampla, de modo a comportar todo o hipotético grupo local. Não me parece exatamente praticável postular uma gênese petrificada ou uma evolução linear de tais formas, mas não deixa de ser notável a passagem lógica de uma série de construções "tipo tapiri", mais temporárias e apropriadas para tempos de instabilidade, para construções mais duradouras e mais adequadas para momentos de maior estabilidade, o *xapono*, mantendo ou replicando no interior das moradas a forma elementar triangular

FIGS. 11 e 12: *Jirau (ihira) com triângulo de redes em torno da fogueira na casa de Claudio, pajé do Pukima Cachoeira, 2020. Foto do autor.*

do *yãno*. Assim, mais do que pensar em termos de uma suposta evolução linear que caminharia do simples (o acampamento) ao complexo (a aldeia ou, de outro ponto de vista, a cidade), poderíamos pensar nessa passagem do *yãno* ao *xapono* como uma certa evolução multidirecional. Como proposto por Lévi-Strauss no clássico ensaio "Raça e História", de 1952, tratar-se, assim, de uma evolução técnica e morfológica que procede por transformações não lineares orientadas pelos seus próprios critérios e não, ao contrário, rumo a uma forma previsível como o último degrau de uma escada que, no limite, levaria exclusivamente à civilização ocidental – ou, seguindo o léxico arquitetônico do Médio Rio Negro, à casa de alvenaria e à cidade ribeirinha.

De outro ponto de vista, inspirado pelo mesmo autor, poderíamos compreender a passagem do *yãno* ao *xapono* como outro caso de uma transformação estrutural aplicada à arquitetura[48]. Nessa transformação, alteram-se os elementos por meio de

FIG. 13: *Pequeno* xapono *temporário Serrinha abandonado na beira do Baixo Rio Marauiá, 2016. Foto do autor.*

diferentes operações: englobando-os, como a forma elementar do *yãno* replicada e acoplada no interior da casa (*yahi*); subtraindo-os, como a cobertura do *yãno* que dá lugar a um estrado sob a cobertura independente e mais durável da própria casa (*yahi*); densificando-os, ao substituir as madeiras menos resistentes do *yãno* temporário pelas madeiras mais duras e resistentes para o *ihira*; e também renomeando-os de *yãno* ("tapiri") para *ihira* ("jirau"). Por tais operações mantêm-se, no entanto, o sentido fundamental do módulo habitável. A despeito das múltiplas variações da configuração das casas e do *xapono* (que veremos adiante), como nas versões virtualmente infinitas de um mito, há algo de ordem elementar e nuclear que se mantém, de forma análoga à estrutura dos mitos, como uma tríade de unidades constitutivas: o conjunto de parentes, (reunidos em) um triângulo de redes, (ao redor do) fogo. Seguindo a lógica estrutural, poderíamos pensar que cada um dos elementos contém a natureza de uma relação, como as múltiplas formas de agenciar o fogo, mas ao serem colocados em relação entre si, como um "feixe de relações"[49], adquirem um sentido fundamental. Esse sentido, ao que me parece, se constitui nos dois jeitos essenciais de habitar (*përio*), "pendurando a rede" (*yãai*) no mato ou no *xapono,* no *yãno* ou no *ihira.*

Essa passagem do *yãno* ao *xapono* poderia, contudo, ainda ser lida no sentido de um contraste entre dois modos de viver – como proponho acima, no mato ou no *xapono,* no *yãno* ou no *ihira,* pois por meio do contraste não se pressupõe a estabilidade como forma privilegiada – e tampouco estática ou absoluta – de ocupação, no sentido de a forma do *xapono* ser mais complexa ou mais evoluída do que a transitória e primeira do *yãno.* Pelo contrário, evidencia uma dinâmica posicional e, assim como na prática do *wayumi,* uma estratégia política. Tal estratégia, como vimos, tem motivações variáveis em função dos regimes e dos potenciais conflitos sociopolíticos em questão – yanomami ou não yanomami. Assim como na retomada e na atualização da estratégia do *wayumi* como enfrentamento à Covid-19 pelos Pukimapïwëteri do Alto Marauiá, pode-se notar que o contraste e a dinâmica posicional são também reversíveis na perspectiva de que opera também no outro sentido, com um grupo mais estabilizado espacialmente, mudando-se para outra configuração menos estável e mais transitória. Por intermédio dessas variações multidirecionais, o que vemos, portanto, é uma dinâmica latente – e, assim, passível de atualizações em diferentes momentos e em diferentes contextos – entre a agregação e a desagregação, a estabilização e a mobilidade, a durabilidade e a transitoriedade, de forma que, para além da (ou em paralelo à) estratégia contextual, o que a prática de "sair para o mato" demonstra, por meio de tal dinâmica latente, é a necessidade estrutural de produção de diferença. Assim, entre os diferentes movimentos de concentração e dispersão, é por meio da variação e da contínua composição de diferenças – seja da forma de organização e moradia do grupo local, seja da própria forma arquitetônica de tais moradas, entre a aldeia e o mato – que possibilita, anima e, de certa forma, mantém a vida social.

4.
Casa-Aldeia

> *Os animais moravam em* xapono; *os quatis, as cutias e as antas, as queixadas, os coatás, os beija-flores, os passarinhos moravam em grupos como nós.*
>
> PAJÉS PARAHITERI, *O Surgimento dos Pássaros.*

No tempo dos ancestrais *no patapɨ*, o tempo mítico da indistinção entre humanos e animais, todo mundo morava em *xapono* ("casa-aldeia"). Quatis, cutias, antas, queixadas, coatás, beija-flores e passarinhos[1], mas não só. Alguns *xapono* eram em cima das árvores, como o do povo Esquilo, Wayapaxiri[2]; outros debaixo do rio, como o do povo das águas, Yawari[3]. De diferentes formas, e em variadas narrativas, todos tinham e todos moravam em *xapono*. Dentre essa profusão de *xapono* possíveis, o que as narrativas míticas parecem apontar é o *xapono* como o que constitui um idioma da coletividade, o pano de fundo da socialidade vivente, como se, em certo sentido, todos os mitos fossem sobre ele, mesmo que indiretamente.

No entanto, se no tempo mítico o *xapono* enquanto idioma da coletividade era partilhado de forma comum entre as espécies ancestrais (*yarori*), foi com a transformação e a distinção entre animais (*yaro pë*) e humanos que os últimos passaram a ser caracterizados de forma específica ao seu modo de viver em casas, no *xapono*. Segundo Davi Kopenawa: "Os animais nos consideram seus semelhantes que moram em casas, ao passo que eles se veem gente da floresta. Por isso dizem de nós que somos 'humanos caça moradores de casa!' [em yanomam, *yanomae thë pë yaro yahi thëri thë pë!*, em oposição a *urihi thëri yaro pë*, "animais habitantes da floresta"]."[4]

Nesse sentido, são as casas (*yahi*) que caracterizam a natureza da humanidade atual e também fazem do *xapono*, em suas múltiplas configurações, mais do que uma conjunção de moradas: o idioma da coletividade e da socialidade propriamente humana e yanomami.

Sheroanawë Hakihiiwë, artista yanomami residente no *xapono* Pori Pori, no alto Orinoco (Venezuela), em um pequeno livro artesanal intitulado *Shapono* (mesmo que *xapono*), feito em parceria com a artista Laura Anderson Barbata, em 2000, narra uma história (traduzida e cotejada entre o espanhol e o yanomamɨ por mim) precisamente desse momento, onde o demiurgo Omawë inaugura e transmite essa forma yanomami de habitar:

Nos tempos antigos, foi Omawë quem fez o primeiro *xapono*, pois queria nos ensinar a fazê-lo. Omawë fez isso há muito tempo. Ao ver um dia na floresta o fruto momo [da árvore *momo hi, seringarana, Micranda rossiana*], ele disse ao seu irmão mais velho: "Vamos organizar uma festa com esse fruto momo. Vamos, meu irmão, vamos fazer um *xapono*." Assim falou a Yoasiwë, seu irmão mais velho, e em seguida os dois fizeram o *xapono*. Depois de preparar a estrutura do *xapono* por completo, eles abriram a copa de uma árvore grande e frondosa, chamada *sipara masi thoku* [provavelmente uma espécie mítica], dobrando as suas folhas e fazendo dela um telhado [como em um tapiri]. Cortaram seu tronco e rodearam as casas com uma paliçada. Quando terminaram uma casa, fizeram outra, e ali viveram os dois. Lá deixaram secar os frutos momo. Isso aconteceu quando ainda não havia outros Yanomami. Isso foi o que eles fizeram. Nossos antepassados chegaram aqui seguindo o caminho de Omawë.

Com a abertura desse "caminho" pelo demiurgo, então, introduz-se uma forma adequadamente yanomami de se fazer as moradas dos "humanos caça moradores de casa", não como um modelo formal e estanque, mas como um conjunto de gestos ensinados por Omawë e associados à coleta e ao compartilhamento (de frutos e saberes), à festa e ao manuseio dos materiais da floresta na forma análoga à de um pequeno conjunto de tapiris (*yãno*).

Antigamente "os *xapono* eram todos tipo tapiri", como me relatou Francisco Pukimapɨwëteri, e "os antigos não sabiam fazer as casas como as de hoje". Francisco, que é irmão do *përɨomɨ* ("liderança") Adriano e jovem pajé do Pukima Cachoeira, se referia

4. CASA-ALDEIA

FIG. 14: *Tapiri (yāno) no Baixo Marauiá, 2023. Foto do autor.*

assim não ao tempo mítico, mas ao "tempo do Hayanae", quando os antigos grupos de origem Karawëtari já estavam situados na região do rio Marauiá, no período anterior ao contato regular com os Poowëteri (o "povo do machado", os "brancos"). Como vimos no capítulo anterior, não só as casas antigas, mas também as atuais de "tipo tapiri" – como os *yāno* com o telhado de apenas uma água –, indicam períodos de mais instabilidade e de recentes ou sucessivas mudanças, próprios, portanto, do "tempo do Hayanae". Estas são conhecidas por *upraorewë* – indicando algo

FIG. 15: *Tapiri* (yãno) *utilizado como acampamento de caça, a algumas horas de caminhada do Pukima Cachoeira, 2019. Foto do autor.*

"erguido", a partir do verbo de estado *upraa* – ou *toxakesi*, como me informou Sergio Pukimapɨwëteri. Assim, na narrativa de Francisco, o *xapono* Hayanae teria sido um marco no qual, na primeira metade do século XX, os antigos construíram as primeiras duas casas "como as de hoje" com telhado de duas águas – isto é, com dois lados inclinados e divididos ao topo por uma cumeeira, um apontando para os fundos e outro para a frente da casa, morfologia conhecida por *mohepoorewë*.

Conforme Francisco, as casas antigas "tipo tapiri" (*upraorewë*) – as quais Luis Cocco chama de "*yahi* clássico" e "*yahi* típico"[5] – tinham muitos problemas com temporais e ventanias, que levantavam os telhados e causavam certa destruição das palhas da cobertura das moradas. Ainda antes do contato regular com os Poowëteri, segundo meu interlocutor, os Hayanaeteri (o "povo do *xapono* Hayanae") haviam feito uma visita aos parentes da região do Marari e lá tomaram conhecimento dos missionários evangélicos da Missão Novas Tribos do Brasil, onde estes estabeleceram o Posto Marari em 1968 e até hoje lá permanecem. Como são grupos historicamente relacionados, a visita foi guiada pelo objetivo de estabelecer trocas e junto disso tomaram conhecimento dessa outra técnica de construção das casas, de

4. CASA-ALDEIA

FIG. 16: *Pequeno tapiri (yāno) coberto com folhas de sororoca (këtipa) visto em viagem rio acima no Marauiá, 2020. Foto do autor.*

modo que a troca se deu também de outras maneiras. O *xapono* do Hayanae teria sido, portanto, o primeiro a ter casas desse tipo na região do Marauiá – duas casas, como especificou Francisco, de dois *patapata pë* ("anciões") já falecidos.

O relato de Francisco Pukimapɨwëteri surgiu a partir de uma questão que eu havia colocado sobre a existência ou não de "casas coletivas", "casas comunais" ou "malocas" no "tempo do Hayanae". Minha referência eram as construções que foram de alguma forma cristalizadas como uma forma essencial ou prototípica da arquitetura yanomami: um único teto contínuo, como um anel ou um cone truncado, circundando a borda externa de um limpo terreiro, tal como o amplamente conhecido *yano* (na língua yanomam este é o termo equivalente a *xapono*) de Watoriki, onde mora o líder Davi Kopenawa. A esse tipo de questão, os Yanomamɨ do Marauiá, além do próprio Francisco, costumam responder com assertividade: "nós nunca construímos assim", "isso é coisa do povo de Roraima" – sendo o "povo de Roraima" (*waika*) o equivalente a uma marca opositiva de alteridade (*waika/xamatari*), conforme vimos no capítulo "Sangue da Lua". A questão configura, no entanto, uma espécie de falso problema, pois, como veremos, a ideia de ter ou não "casa coletiva" pode ser equívoca.

Já a suposta forma essencial, formulação mais imprecisa do que equívoca, acaba por eclipsar uma miríade de variações possíveis da forma do *xapono,* tal como abordaremos ao longo do desenvolvimento deste capítulo a partir de descrições etnográficas dos *xapono* dos Pukimapiwëteri do Alto Marauiá e de uma reflexão sobre o que constitui, afinal, um *xapono.*

Antes, vale apontar uma síntese dessa perspectiva essencialista ou, como aponta Alejandro Reig, "fetichista"[6], que ressalta de modo expressivo num artigo de Graziano Gasparini e Luise Margolies intitulado "La Vivienda Colectiva de los Yanomami". Segundo esses autores: o *"shapono* [m.q. *xapono*] permanece imutável e indiferente a qualquer tipo de influência externa" e, apesar de que "nas últimas décadas os Yanomami assimilaram formas e técnicas construtivas diferentes [...] é evidente que quando existe a intenção de construir o *shapono* que culturalmente os identifica, se descartam e ignoram as influências modificadoras. É como um ato de reafirmação cultural coletiva [...]" que "não renuncia à ancestral concepção cultural imutável"[7]. O pressuposto essencialista de uma tal "ancestral concepção cultural imutável" é algo totalmente estranho aos Yanomami e à construção do *xapono,* de modo que nesse processo não só não se "descartam e ignoram as influências modificadoras"[8], como, ao contrário, estas são incorporadas, adaptadas e transformadas. Um exemplo marcante dessa dinâmica da natureza das técnicas construtivas yanomami é, justamente, o caso do *yano* [m.q. *xapono*] de Watoriki, cuja construção foi detalhadamente descrita por Bruce Albert e William Milliken em 1997.

Em suma, o *yano* de Watoriki (situado entre as bacias dos rios Catrimani e Demini), como apontado acima, é um exemplo icônico do equívoco possível em torno da suposta forma essencial ou prototípica de construir e habitar entre os Yanomami. Icônico, pois sua estrutura de forma anelar e contínua, com aproximadamente oitenta metros de diâmetro, aos pés do paredão rochoso da Montanha do Vento (serra com o mesmo nome Watoriki) é, aos nossos olhos, de fato monumental. A isso, soma-se a crescente exposição que as imagens dessa morada atingiu nas últimas décadas, acompanhando a proeminência política de Davi Kopenawa, constituindo uma certa imagem prototípica não só da arquitetura yanomami como também do "povo Yanomami". Contudo, como Albert e Milliken ressaltam, antes da construção de Watoriki em

4. CASA-ALDEIA

1993, as casas habitadas por esse grupo consistiam em agrupamentos, ao redor de uma mesma clareira circular, de casas com telhados de apenas uma água[9] – as tais casas "tipo tapiri", como dizia o interlocutor Pukimapɨwëteri, quem, às vistas dos Watorikɨ thëri pë ("o povo da Montanha do Vento"), é considerado *xamatari*. No entanto, foi justamente com grupos *xamatari* de um afluente do rio Demini (próximos também de uma missão da Novas Tribos do Brasil) que "o povo da Montanha do Vento" conta ter aprendido e "emprestado" a técnica de construir os telhados com duas águas, adicionando à forma "tradicional" uma aba voltada ao interior do *yano*, com a ressaltada vantagem de sombrear o interior das casas no decorrer do dia[10]. Além disso, a técnica de cobertura com a fixação das palhas de ubim (*Geonoma baculífera*) em ripas de paxiúba (*Socratea exorrhiza*) foi também adquirida a partir de contatos com trabalhadores do SPI (Serviço de Proteção aos Índios) nos anos 1940, dentre eles indígenas de outros grupos, como os Tukano. Desde 1993 os moradores do *yano* vêm, portanto, refazendo a estrutura da cobertura, trocando as palhas e reforçando-a sempre que necessário. Como o estudo de Albert e Milliken aponta, além da inovação técnica e morfológica, a determinação das espécies vegetais utilizadas na construção dessa morada também foi adaptada. Assim, foram priorizadas as espécies mais duráveis e mais resistentes de forma a se alinharem ao intuito do grupo que afirmava "não ter planos de mudar-se novamente em um futuro próximo"[11]. Como concluem os autores: "Embora a tradição obviamente tenha um papel importante na escolha de materiais para a construção de casas, o oportunismo também é inevitavelmente um fator importante."[12]

Com esse breve exemplo introdutório de Watorikɨ torna-se nítido que a questão do *xapono* excede o falso problema da "ancestral concepção cultural imutável"[13]. O exemplo de Watorikɨ demonstra como as formas supostamente tidas como essenciais ou prototípicas podem ser derivações de arranjos mais complexos, combinando aprendizados, circunstâncias, técnicas, materiais e estratégias diversas. No entanto, a imagem do *yano* de Watorikɨ, com seu icônico teto contínuo (assim como outras configurações possíveis do *xapono*, notadas sobretudo na região central do território yanomami), extrapola o detalhe da cobertura de duas águas – como vimos, uma atualização do "tipo tapiri" (*upraorewë*)

FIG. 17: Xapono *identificado como Wawanautéri na região do rio Maturacá, 1969. Foto de Gottfried Polykrates.*

FIG. 18: Xapono *Xamatawëteri na região do Médio Rio Marauiá, 1969. Foto de Gottfried Polykrates. Como explica o autor na legenda da foto, a casa-aldeia "foi encontrada abandonada porque seus habitantes estavam fazendo uma de suas excursões de caça"*, provavelmente de wayumɨ.

tradicional – e permanece num certo imaginário como um modelo "tradicional" de "casa coletiva" yanomami. A ideia de "casa coletiva" – esta que os Yanomamɨ do Marauiá costumam dizer que "é coisa dos Yanomami de Roraima" – precisa ser, entretanto, melhor situada. E assim como exemplo de Watorikɨ descrito por Albert e Milliken, os *xapono* dos Pukimapɨwëteri do Alto Marauiá apresentam variações interessantes e produtivas para a reflexão em questão. Mas se os Yanomamɨ do Marauiá nunca construíram assim e isso é coisa "do povo de lá", como construíam e como constroem então?

Por meio dos registros pioneiros da "expedição etnológica" realizada entre 1964 e 1968 por Gottfried Polykrates, são notáveis algumas das sutilezas sobre a ideia da "casa coletiva", assim como dos detalhes das antigas casas *upraorewë*, "tipo tapiri", e também da configuração do *xapono* naquele período em particular do antigo *xapono* Pukima (ou Pukima Centro), derivado do Hayanae e visitado em 1968 por Polykrates. Como diz o autor: "Uma

4. CASA-ALDEIA

FIG. 19: *Único registro do* xapono *Pukima na década de 1960. Ao fundo da imagem, um grande abrigo de reclusão das mulheres que passam pela primeira menstruação e, à frente, uma casa (*yahi*) "tipo tapiri", 1969. Foto de Gottfried Polykrates.*

aldeia [*dorf*] Yanonámi oferece uma visão incomum para quem a vê pela primeira vez. Especialmente quando você o vê de uma colina como eu. Você procura em vão por casas ou cabanas. Em vez disso, toda a vila consiste em um enorme telhado coberto [...]."[14] No entanto, nesse raro registro, assinala que "o teto coberto é interrompido quatro vezes para que você possa facilmente entrar na praça da aldeia do lado de fora e entrar nas habitações, o que, de outra forma, só seria possível se você rastejasse"[15].

Seguindo com as notações de Polykrates[16], o antigo *xapono* dos Pukimapɨwëteri era composto por três grandes casas, contornando de forma mais ou menos circular o terreno central com um telhado de uma só água *upraorewë*, "tipo tapiri", de modo que, aos fundos, a altura da cobertura e do fechamento não ultrapassava um metro e, à frente, abrindo-se ao meio do *xapono* (*xapono heha*), atingia por volta de quatro metros. Além dessas três casas, em um dos intervalos, o autor registrou também a construção de um pequeno abrigo de reclusão de mulheres que passam pela primeira menstruação, cuja cobertura de duas águas chega até o

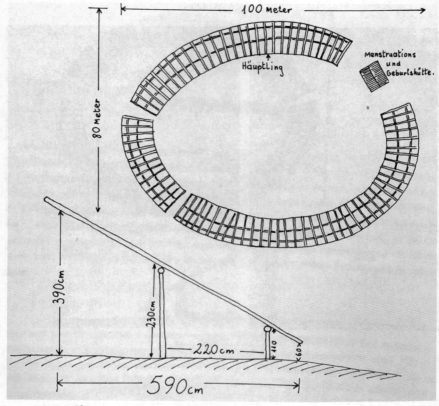

FIG. 20: *Planta e corte transversal da estrutura do antigo* xapono *Pukima, com três grandes casas e o abrigo de reclusão, 1969. Desenho de Gottfried Polykrates.*

chão, com uma pequena entrada lateral, e densamente cerrado pelo fechamento de palha – no Marauiá, atualmente, esses abrigos costumam ser construídos no interior das casas, criando uma compartimentação com folhas de açaí ou quaisquer outros materiais que se encontrem à disposição, como telas mosquiteiras, tecidos, redes e lonas plásticas. A separação em três casas – dentre a população registrada pelo autor, de 157 pessoas –, pelo que poderia se supor, talvez correspondesse aproximadamente aos distintos grupos familiares que, no decorrer dos anos e a partir de determinados conflitos (seguindo o histórico traçado no capítulo "Sangue da Lua"), se dividiram do *xapono* Pukima em outros *xapono* ao longo da bacia do Marauiá: respectivamente, os grupos do Raita (que depois também se separou, gerando o Raita Centro e Raita Beira), do Pukima Beira e do Pukima Cachoeira (posteriormente, também se dividiu o Tomoropiwëi).

4. CASA-ALDEIA

Nesse sentido, como ressalta o próprio autor, se "toda a vila consiste em um enorme telhado coberto", mas "o teto coberto é interrompido quatro vezes"[17], depreende-se daí que a "casa coletiva" não é sempre totalmente "coletiva", no sentido de uma unidade genérica, assim como não é necessariamente composta de uma só estrutura. Ao contrário, é o resultado de uma conjunção instável e efêmera de distintas grandes casas de grupos familiares reunidos em torno de um mesmo vazio central. Por meio dessa configuração – resumida aqui com o caso do antigo Pukima, mas totalmente múltipla, já que não há sequer uma casa igual à outra – as "casas coletivas" yanomami complexificam essa noção, assim como a de "maloca", em muito presente na literatura antropológica. No geral, o que se refere por esses dois termos são estruturas únicas e comunais nas quais todo o grupo local habita sob um mesmo teto, como as malocas (antigas, atuais ou atualizadas) dos Ye'kwana, Yukuna, Tukano, Barasana ou Witoto, dentre vários outros povos das terras baixas sul-americanas – estes anteriormente citados correspondem, contudo, aos exemplos analisados por Stephen Hugh-Jones em um artigo sobre o assunto[18].

Segundo a hipótese de Luis Cocco – tal como a da "gênese" do *xapono* a partir de uma conjunção de vários *yãno* – é possível pensarmos nessas configurações amplas e parcialmente dispersas da "maloca" yanomami como uma variação expandida das malocas cônicas que se encontram sobretudo na região central do território yanomami, na Serra Parima. Em parte similares às malocas Ye'kwana[19], estas possuem formas cônicas (ou cilindro-cônicas) e, frequentemente, uma pequena abertura no topo, como versões reduzidas dos amplos vazios centrais dos *xapono,* o *xapono heha* (que falaremos em detalhes mais adiante). Em seu interior, acessível por uma ou mais pequenas portas, comportam todo o grupo local, de modo que correspondem a grupos com população significativamente menor – e diferente dos populosos e amplos *xapono,* tal como o mítico Hayanae, para onde "se você sair hoje, não chega não [do outro lado], tem que dormir no caminho"[20]. Essa tipologia cônica, mais próxima das "clássicas" malocas (Ye'kwana, por exemplo), pode também ser nomeada na língua Yanomami por *xapono*, muito embora no Marauiá costumem se referir a ela, num misto com a língua portuguesa, como *xaponinho,* o que reforça o provável sentido do *xapono* como uma variação expandida dessa tipologia menor. Com a possível variação e expansão das formas cônicas às formas mais dispersas de casas "tipo tapiri" não se perde, entretanto, um certo sentido do "coletivo"; ao contrário, se transforma. E se aquilo que constitui o modo essencial de habitar o *xapono* é a ideia de "viver junto" (*yaiprou*), este não se resume, necessariamente, ao viver junto sob um mesmo teto.

Na descrição que Cocco apresenta sobre as casas yanomamɨ do Alto Orinoco pode-se também depreender esse sentido comunal mais complexo do *xapono*: "O círculo de telhados dá a impressão de uma imensa casa comunal, especialmente se for uma aldeia pequena, e é chamada *xapono*, uma palavra que podemos traduzir pelo termo crioulo de *maloca*. Visto de cima, ele nos lembra a tonsura típica que os Yanomamos usam em seus crânios [trata-se do corte redondo dos cabelos no topo da cabeça, também chamado de *xapono*]."[21]

Do ponto de vista morfológico, segundo Cocco, é "como se [o teto das casas *upraorewë* "tipo tapiri"] quisesse convergir para o vértice de um cone semi-imaginário, a verdadeira figura geométrica do conjunto habitacional Yanomamo"[22]. No entanto, "o teto de cada casa pode estar unido ao das adjacentes, mas geralmente dista ao menos um metro e, às vezes, vários metros"[23], embora, em alguns casos, complementando a ressalva de Cocco, tal como documentado no *xapono* do povo Moxihatëtëa em isolamento voluntário, os tetos das casas "tipo tapiri" possam também se sobrepor, dando a ideia para quem a vê de cima (como no registro aerofotográfico de setembro de 2016)[24] de uma construção única, uma só "maloca". Ou, ainda, como é o caso em alguns segmentos dos *xapono* do Marauiá, as casas atuais – com telhado de duas águas – são implantadas de modo contíguo umas às outras, formando também um aparente conjunto único, apesar de possíveis fechamentos laterais.

A partir dessas descrições, a questão que parece se delinear com mais nitidez é que a ideia de "casa coletiva" ou "maloca" como uma construção necessariamente única, a partir da suposta oposição entre casas coletivas e não coletivas (unifamiliares ou com famílias expandidas, tal como o caso do antigo Pukima), simplesmente não dá conta dos inúmeros modos pelos quais os *xapono* se configuram. Algo análogo foi notado por Peter Rivière

4. CASA-ALDEIA

ao comentar o caso dos Ye'kwana, povo "tradicionalmente" construtor de malocas. Segundo a síntese desse autor, o que se nota a partir do abandono da forma tradicional da "casa-única [single-house]" pela "casa-múltipla [multi-house]" é que ambas não são "fundamentalmente" diferentes, mas "variações umas das outras"[25]. Assim, mais do que uma oposição estanque entre separação ou unificação das moradas onde habitam os grupos locais, proponho pensarmos nas distintas configurações possíveis dos *xapono* como processos dinâmicos que concatenam motivações diversas entre as relações de parentesco e a dialética entre cooperação e autonomia, por exemplo. Dentre as complexas dinâmicas de agregação e desagregação que regem o ato e o processo de "viver junto" (*yaiprou*), a morfologia da "casa coletiva" – o que Reig classifica como *the roundhouse village* – deve ser pensada como "um de seus momentos", isto é, uma das configurações possíveis, dentro de certo marco social, espacial e temporal, "tão expressiva da ordem social como o padrão das casas separadas"[26].

Nesse sentido, mais do que "casa coletiva", "casa comunal" ou "maloca", penso que a tradução de *xapono* (ou *yano*, em Yanomam) mais produtiva e atenta a essa complexidade inerente às variações morfológicas é aquela seguida por Bruce Albert em diferentes trabalhos: "casa-aldeia". Casa-aldeia permite-nos, portanto, usar a linguagem que nos pertence para criar, de forma compósita, um contraste interno a ela mesma, bem como propõe Marilyn Strathern[27]. A proposta de tradução tensiona a oposição entre unificação e separação que, da perspectiva dos Yanomami do Marauiá, aponta para outro falso problema, pois ao mesmo tempo que constroem atualmente casas "separadas" (como veremos na descrição a seguir), em diferentes contextos pode-se se escutar afirmações como essa que ouvi de Mauro Pukimapiwë-teri, em português: "Nossa casa é diferente, ela é coletiva, redonda". O contexto da fala de Mauro evidencia que ele assim buscava criar um contraste com os modos não yanomami de habitar, muito embora em nosso diálogo esse interlocutor tenha reforçado a descrição do *xapono* como algo coletivo, para além do contraste e como algo que o caracteriza. Especificamente, Mauro se referia ao *xapono* Pukima Cachoeira, onde ele habita e, nota-se, não é composto por um único teto. Mesmo assim, em sua fala a tradução mobilizada para o termo *xapono* é "casa", no singular, ainda que em outros momentos e com outros interlocutores (e com o mesmo, inclusive), *xapono* possa também ser traduzido para o português como "aldeia". O sentido de um, no entanto, é complementar ao do outro, de modo que o *xapono* não deixa de ser "coletivo" pela separação em casas (*yahi*) – como é também na tal *roundhouse village*, onde cada família possui seu núcleo familiar discernido pelos módulos estruturais que, posteriormente, podem ser unidos sob uma mesma cobertura. Assim, o sentido do "coletivo", tal como mobilizado por Mauro, se solta do lastro de uma aparência "coletivista" dada pela possível união dos tetos dos grupos familiares e aponta para um modo próprio de sociabilidade, configurando um modo específico de habitar – "diferente", como disse Mauro. Dessa forma, para além da unificação ou separação, tal perspectiva permite-nos pensar a casa-aldeia no todo: da borda da clareira ocupada pelas casas, em suas distintas configurações, ao meio do terreiro, o vazio mais ou menos circular que une em torno de si, ao menos por um momento, determinado grupo local em um lugar específico; uma mesma casa, uma mesma aldeia: casa-aldeia.

Voltaremos no capítulo seguinte ("Viver junto") a essa forma própria de sociabilidade expressa, espacialmente, pela configuração do *xapono*. Por ora, concentro-me aqui nas configurações morfológicas do *xapono*. Assim, mais do que a oposição entre coletivo e individual (ou unifamiliar), o que permite analisar as distintas configurações dos *xapono* é, a meu ver, a escala entre durabilidade e efemeridade – ou, na língua Yanomami, *hiakawë* e *ëpëhëwë*, verbos de estado com o sentido, respectivamente, de "duro" e "frágil", "forte" e "fraco". Tal proposta atualiza uma ideia antiga de Cocco, que diz que:

Existe uma escala de perfeição-imperfeição que torna possível discriminar claramente o *xapono* dos acampamentos de tapiris. Uma coisa é certa: ao abrandar o expansionismo [como os ciclos de migrações antigos descritos no capítulo "Sangue da Lua"] e o seminomadismo [ou seja, ao reduzir a mobilidade, por exemplo, induzida pelos antigos conflitos guerreiros] yanomamo, estes índios constroem moradas cada vez mais sólidas e mais funcionais[28].

Mas em vez da perfeição e de seu revés, com critérios de valor cristão que escapam às formulações éticas e estéticas yanomami (lembrando que Cocco era padre e missionário salesiano), penso que a questão da durabilidade (ou da solidez) – estimulada pelo intuito de permanecer mais tempo em determinado local e condicionado pelas circunstâncias das relações sociopolíticas do momento – permite compreender de forma mais precisa o que constitui um *xapono* e, de forma complementar, a dinâmica posicional que leva à passagem do círculos de tapiris (*yãno*), mais efêmeros e sujeitos a regimes de mobilidade mais intensos, para as distintas configurações do *xapono*, mais duráveis e, portanto, mais sólidos e mais resistentes.

Com isso, aprende-se melhor a menção que Francisco Pukimapɨwëteri faz às moradas antigas, "tipo tapiri" (*upraorewë*), associando estas não a uma forma essencial ou prototípica do *xapono* e nem a algo mais ou menos verdadeiro do que os *xapono* atuais, mas, pelo contrário, ressaltando justamente seu caráter mais transitório, próprio das circunstâncias sociopolíticas daquele momento, quando a mobilidade era mais intensa e tal estratégia se fazia assim devida. Um outro caso complementar é o que me relatou Maurício Iximawëteri, quando sugeriu à sua comunidade, em 2022, que reformassem o *xapono* para unir os telhados atualmente separados "que imitaram dos brancos", pois "a chuva bate na lateral da casa e apodrece a madeira da estrutura do telhado mais rápido. E como faziam os ancestrais antigamente não apodrecia e durava muito mais tempo, porque o telhado ficava todo junto, uma coisa só". Há muitos anos o *xapono* Ixima está situado na mesma localidade e muitas foram as reformas das casas individualmente e também do *xapono* como um todo, já que não há interesse comum do grupo em se mudar, encontrando-se em boa situação de estabilidade no atual local. Além disso, vale considerar que já existem algumas casas de um mesmo grupo familiar que partilha de um teto contínuo, apesar de diferenças nas alturas das estruturas de cobertura. Na fala de Maurício, portanto, a preocupação e o argumento central são em torno da durabilidade da estrutura, considerando que a morfologia atual das casas com telhado de duas águas (*mohepoorewë*) seja mantida, mas que os telhados sejam unidos, aumentando a proteção da estrutura às chuvas e ao perecimento da madeira. A sua proposta foi aprovada pela comunidade do *xapono,* embora, em minha última viagem, em 2023, a reforma ainda não tivesse sido iniciada. E como me explicou, assim que imaginou a estratégia de reforma para esse fim, justamente como as casas de teto contínuo costumam (ou costumavam) ser construídas: "O grupo de construtores vai construir as casas, todos juntos e todas unidas, e caso alguém faça sozinho sua própria casa, depois vai ter que juntar com caibros e cipó na casa do lado, fazendo um telhado só."

Assim, seguindo com a questão da escala entre durabilidade e efemeridade, uma descrição mais detida das configurações dos atuais *xapono* Pukimapïwëteri e de seus processos construtivos – principalmente do Pukima Cachoeira e do Pukima Beira, onde desenvolvi a maior parte do trabalho de campo – permite-nos aprender como se faz um *xapono* e, com isso, o que faz, de fato, do *xapono* um *xapono*.

O processo de se abrir um novo *xapono* é decerto variável em função dos arranjos políticos e dos potenciais conflitos que movem a mudança. Entre os Yanomamï do Alto Rio Marauiá, conforme me explicou certa vez Adriano Pukimapïwëteri, *përïomï* ("liderança") do Pukima Cachoeira, esse processo tem início com a identificação do novo local possível de moradia. Estes costumam derivar de observações dos *patapata pë* (os "anciões", os "velhos") e do próprio *përïomï* através de caminhos de caça pela floresta ou de regiões dos quais estes têm as suas roças. A identificação de um local possível depende, contudo, de alguns fatores determinantes. Em primeiro lugar, a área deve ser elevada o bastante para evitar inundações, estar próxima de igarapés de água limpa e potável e ter ao seu redor boas condições do solo para plantio. Eventualmente se escolhe também locais anteriormente habitados, tanto pelo Karawëtari quanto pelos Kohoroxitari, antigos *xapono* ou roças com presença de terra preta, onde, como me contou Sergio Pukimapïwëteri, "é só limpar o mato que as mandiocas nascem sozinhas". Ao mesmo tempo, destaca-se também a disponibilidade de uma área plana o suficiente para comportar todo o diâmetro do *xapono*, de acordo com o tamanho de sua população. No entanto, para além do fator pragmático, o plano do terreno é também um critério estético da maior importância, já que permite a execução plena das sessões diárias de pajelança *hekuramou* e das danças *praiaï*, realizadas especialmente durante a festa funerária *reahu*, e também a devida visibilidade entre todas as casas do círculo do *xapono*, condição para a manutenção da

4. CASA-ALDEIA

sociabilidade adequada do grupo. Sobre esse ponto, certa vez conversava com Francisco Pukimapïwëteri, irmão de Adriano, e ele me listava os *xapono* "mais legais e bonitos" que ele havia visitado e assim explicitava, justamente, seus respectivos critérios mais fundamentais: "era bem planinho e bem limpinho" (retomaremos mais adiante a questão da limpeza do meio do *xapono* e as suas respectivas implicações estéticas e também xamânicas).

Segundo Adriano, após a identificação do novo local, o *përiomï* reúne a população do *xapono* para dialogar sobre a ideia, e é apenas com o aceite de todos que a mudança é efetivada e o plano é seguido. No entanto, antes do mutirão para a abertura da clareira que irá abrigar o círculo de casas, como me relatou Sergio, é necessário também que os pajés *hekura* negociem e dialoguem com os espíritos e seres-imagem (*hekura*) das árvores e demais espécies vegetais. A partir daí, e ainda antes da mudança, as famílias que compõem o grupo local daquele *xapono* (existente ou a partir da fissão de algum outro) abrem clareiras menores nos arredores onde serão feitas as primeiras roças (*hikari të ka*). Estas podem ser feitas ao redor do perímetro onde se planeja abrir a clareira para as casas ou, a depender da qualidade do solo, em áreas próximas e facilmente acessíveis por curtas caminhadas, conectando-as futuramente ao novo *xapono*. Esse procedimento pode anteceder em vários anos a mudança planejada ou, em outras situações, pode mesmo indicar, a partir das roças já existentes, um novo local possível de morada. A abertura das roças é, portanto, condição determinante para a mudança e, como me explicou Adriano, deve-se antes avaliar o desempenho destas simplesmente "para não passar fome depois".

Desse modo, ao ocupar uma nova área, o nome dado ao local primeiramente indica o roçado, com o topônimo seguido do classificador *të ka*, por exemplo, Pukima të ka. O classificador *të ka,* de modo geral, indica uma cavidade, um buraco ou um vazio e, no caso do roçado (*hikari*) refere-se, anaforicamente, à clareira, isto é, ao espaço aberto e livre de árvores, como um buraco escavado na densa cobertura vegetal da floresta, um terreno limpo e roçado onde se encontram as plantas cultivadas[29]. Com a construção do *xapono,* por extensão, o topônimo passa então a indicar a casa-aldeia, e não mais a clareira e o roçado em particular – isso no caso de o *xapono* ser feito no mesmo perímetro que as roças de mesmo nome; do contrário, pode haver mais topônimos indicando de forma distinta o espaço do *xapono* e das roças. Assim, conforme me explicava Francisco, depois que as casas são construídas, o local passa a ser reconhecido, fundamentalmente, enquanto um *xapono*, e não mais enquanto roça ou clareira, *hikari të ka* ou *pukima të ka*.

A mudança do grupo local para a nova morada costuma acontecer, então, no tempo de colheita das roças de banana ou mandioca. Com isso, permite-se que as famílias dediquem o trabalho diário quase que exclusivamente à morosa limpeza da clareira e à construção das primeiras casas. Em 2016 acompanhei a mudança rio acima dos Yanomamɨ do *xapono* Pukima Beira e, nesse contexto, pude trabalhar junto e aprender com esse processo de fundação de uma nova casa-aldeia. No momento da mudança do grupo como um todo, já havia passado alguns meses em que os homens (na maioria homens, mas não só) da aldeia frequentavam quase que diariamente a nova clareira. Nessas idas, distante cerca de meia hora de barco pelo rio, os "trabalhadores", como diziam em português, se embrenhavam no mato para coletar materiais na floresta, ou ficavam trabalhando no *xapono*, na limpeza da clareira ou na construção das casas. Quando todo o grupo se mudou, em um só dia, fazendo diversas viagens de barco, a maioria das casas estava semipronta, ou seja, com a estrutura principal construída, mas ainda com os tetos por cobrir e os lados por fechar. Durante esse primeiro momento, então, as casas eram cobertas com lonas, como em um acampamento provisório.

A abertura da clareira ocorre de maneira vagarosa e por meios simples: enxada, facão, terçado, machado e muitas mãos. Esse processo é inicialmente dividido em função de uma espécie de setorização prévia dos locais onde serão construídas as casas de cada família, de modo que cada grupo familiar é responsável pela limpeza de sua área, a sua respectiva fatia do círculo da clareira. Quando os troncos a serem cortados são grandes demais, organiza-se um grupo para trabalhar juntos e cava-se ao redor de suas bases para expor suas raízes. Com isso, tira-se a sustentação da terra que os cerca a fim de desestabilizá-los e, cortando suas raízes, é então possível tombá-los, queimá-los e torá-los. Essa tarefa é pacientemente manejada, inclusive por anciões e anciãs que, em vez de irem ao mato buscar algum tipo de material, acabam executando os trabalhos na própria aldeia em obras. Além disso, estes se engajam também na limpeza fina e na complicada terraplenagem do meio do *xapono*, feita após o grosso da abertura da clareira. Esse processo é cuidadosamente feito de cócoras, com auxílio de um facão, de modo que cada grão de impureza vegetal ou mineral é filtrado e reunido em uma porção de montículos distribuídos pelo pátio, partindo da frente das casas para depois serem reunidos em um cesto de palha e jogados em algum lugar nos fundos das casas. Assim, os "trabalhadores" limpam e nivelam porções consideráveis da clareira doméstica, literalmente de punhadinho em punhadinho, arremessando a terra filtrada e excedente para as áreas mais baixas do terreno. Pouco a pouco, de torrão a torrão, a clareira começa a tomar o aspecto de um terreiro plano, limpo e reluzente – características fundamentais que, como veremos no capítulo "Casa-montanha", têm implicações estéticas e cosmológicas com a limpeza do corpo dos pajés pelos seres-imagem *hekura* durante o processo de iniciação xamânica *taamayõu*.

Como sugere Jacques Lizot, a setorização do círculo da clareira para a organização do trabalho e para a implantação das casas – seja em uma aldeia de teto único e posteriormente unido, seja em uma com as casas separadas, como é o caso do Pukima Beira – corresponde a uma espécie de "geografia do parentesco"[30]. Nesta, irmãos e primos paralelos, quando já casados e normalmente com seus próprios filhos – e porventura também alguns de seus filhos solteiros –, habitam em casas contíguas, formando uma unidade da facção familiar e ocupando em bloco uma seção do círculo doméstico. Os *xapono* são assim compostos por blocos residenciais de seções familiares e nos centros de cada um desses estão as casas dos *patapata pë*, os anciões e anciãs mais velhos da família, "os postes da casa". Essa geografia entre consanguíneos e afins representa uma certa "expressão espacial da estrutura social"[31]; contudo, esta não é absoluta, tampouco estática, mas, pelo contrário, está sujeita aos diferentes arranjos familiares gerados e dissolvidos com o tempo, de modo que variações no arranjo das casas entre as famílias e facções são não só possíveis como também relativamente comuns. Diferentemente dos arranjos internos das malocas (*longhouses*) do noroeste amazônico[32], por exemplo, no arranjo circular do *xapono* não há uma hierarquia estabelecida ou qualquer predeterminação a respeito da posição das casas dos *përiomi* – como vimos, as "lideranças" do *xapono*, com um "chefe" principal e outros (um ou mais de um) correspondentes a cada facção familiar. Por outro lado, estas são, por vezes, as maiores casas do *xapono*, feitas de forma mais ampla e durável, embora isso não seja uma regra e costume, inclusive, ser aumentada após uma primeira casa mais ligeira ser construída junto de toda casa-aldeia, meses ou anos depois. Ao mesmo tempo, para além de uma certa hierarquia, é comum que estas sejam casas mais populosas, com amplo número de parentes e afins que ali habitam, já que o *përiomi* costuma ser o chefe do grupo familiar mais expressivo (em escala) do *xapono* pela habilidade própria de organizar o trabalho coletivo dos genros que irão construir sua morada.

É essa geografia dinâmica do parentesco que também orienta a responsabilidade pela construção das casas de cada família, levadas a cabo, sobretudo, pelos genros atuais ou pretendentes e pelos filhos ou netos da casa. No caso de um casamento uxorilocal, no qual o homem muda para o *xapono* e para a casa da família da noiva, por exemplo, é comum que após alguns anos o casal saia dessa casa e retorne para o *xapono* onde habita o grupo familiar do marido, se reintegrando na seção familiar virilocal e construindo sua própria casa. Nesse caso, o casal provavelmente terá seus filhos novos demais para o trabalho na construção ou para outros casamentos, de modo que é o marido que deverá se responsabilizar pela construção da nova casa da família, contando eventualmente com a ajuda de seus irmãos. No entanto, se o grupo familiar de sua esposa construir uma nova casa ou mudar de *xapono*, o casal pode voltar para a casa da família da noiva para que o genro possa trabalhar para o sogro na construção da sua nova morada, tarefa essa que pode ser coordenada junto dos demais genros ou cunhados, mas que demanda grande dedicação sob auspício do sogro e chefe de família. O mesmo trabalho duplo de construção das casas ocorre também quando o casamento se dá nos contornos do próprio *xapono*, em que o jovem marido deve construir sua casa e, quando necessário, trabalhar detidamente também na construção da casa de seu sogro, assim como na abertura e no cuidado cotidiano de suas respectivas roças, até que a família se organize e, de forma autônoma, tenha seus próprios genros e seus próprios roçados.

A construção das casas – baseado nas minhas experiências práticas com interlocutores-construtores do Pukima Beira e do Pukima Cachoeira – decorre, então, da seguinte maneira: após cortar e carregar os primeiros troncos e toras para a aldeia, aqueles que servirão de esteios para a nova morada, deve-se posicioná--los em seus devidos lugares, cavar suas valas com cerca de um metro terra adentro e socá-los contra o solo. Uma vez nivelado e concluído o processo de colocação dos esteios, tampam-se as valas e o acabamento é feito com o pé ou com um pilão impro-visado, prensando, apertando e ajustando a terra e o piso ao redor. O número de esteios, assim como a modulação dos vãos de sua implantação, a espécie ideal de madeira (mais ou menos durável) e o comprimento de suas peças, variam em função do tipo, do tamanho e da intenção da durabilidade da casa. Como veremos mais adiante, um exemplo concreto de uma casa no Pukima Cachoeira poderá elucidar essa descrição. Esses ele-mentos, que correspondem aos pilares da casa, segundo meus interlocutores, são nomeados genericamente de *totahima*. Como vimos no capítulo "Tapiri", esse termo pode indicar de maneira metafórica as "mulheres", sendo aquelas que penduram suas redes nesses postes, que podem também se referir especifica-mente aos postes do fundo da casa. Outros termos, no entanto, podem ser utilizados para distinguir os pilares dos fundos da casa (*xikã*), *xikã nahi*, e os da frente da casa, face ao meio do *xapono* (*xapono heha*), *heha nahi*. Como se nota, *nahi*, aqui, é utilizado não enquanto termo genérico para casa, como tam-bém é possível, mas como classificador nominal que designa os elementos de madeira utilizados na construção da casa, em fun-ção de sua organização espacial e da oposição entre os fundos e a frente do espaço doméstico.

Plantados os esteios, a estrutura (*yahi*) é travada com as vigas longitudinais (paralelas aos fundos e à frente da casa), *pariparima,* e as transversais, *rereorewë*. Sobre essas últimas, apoiam-se os tirantes da tesoura do telhado, *payihiorewë*, que irão suportar a viga longitudinal da cumeeira, chamada também de *pariparima*. Assim, apoia-se sobre a viga da cumeeira e as longitudinais as varas utilizadas como caibros do telhado de duas águas, *hõrõhõrõma*, que ultrapassam cerca de um metro o alinhamento das vigas da frente e dos fundos da casa e, com isso, fazem um generoso beiral,

protegendo das chuvas a estrutura e o interior da casa, aumentando a durabilidade da madeira.

Há ainda uma outra viga (ou travessa) que pode ser colocada nas casas, que não tem função estrutural, mas ritual. Chamada também de *pariparima*, esta é colocada de forma longitudinal um pouco abaixo da viga de cumeeira, amarrada com cipó nos tirantes da tesoura do telhado e são pintadas com motivos gráficos, como as linhas sinuosas com pontos ou pequenos círculos intercalados entre suas curvas – como sequenciais casas-aldeias na beira de um rio caudaloso – e pintadas com urucum, alternando linhas e pontos de preto ou vermelho, ou com uma base vermelha em toda a viga e as linhas e pontos em preto. A função das vigas, no âmbito do *reahu*, é pendurar os muitos cachos de banana que, na madrugada anterior ao desfecho da festa, serão utilizados para fazer o mingau de banana. Encerrando o *reahu*, o mingau será consumido junto com as cinzas dos ossos do corpo falecido e festejado. Esses cachos, distribuídos em linha em toda a extensão da frente da casa,

FIG. 21 (*à esquerda*): *Pilar (*totahima*) adornado com arranjos de penas de gavião para* reahu *no Pukima Beira 2023. Foto do autor.*

FIG. 22 (*ao lado*): *Viga longitudinal (*pariparimi*) adornada para uma festa funerária* reahu *passada no Pukima Beira, 2021. Foto do autor.*

FIG. 23 (*acima*): *Viga longitudinal (*pariparimi*) preenchida por cachos de bananas para a festa* reahu *que se aproximava. Abaixo, duas estruturas triangulares do* ihira *da casa de Leonel no Pukima Beira, 2019. Foto do autor.*

constituem uma espécie de frontão vegetal na casa do dono da festa, isto é, aquele parente, normalmente consanguíneo, que organiza os preparativos do *reahu*, incluindo, em especial, o arranjo com os convidados, a caçada coletiva e a provisão de bananas e pupunha (ou mandioca, para fazer beiju, a depender da época). Esse frontão vegetal, portanto, não só indica no *xapono* quem está providenciando o festejo como também se transforma numa espécie de cronômetro que determina o início da festa, com a dança de apresentação dos convidados *praiai*, de acordo com o tempo de maduração das bananas. As bananas são fixadas nessa viga pelos talos amarrados com cipó, uma ao lado da outra, e alinhados pela parte de cima, e quanto mais bananas houver e quanto mais carregada estiver a viga adornada com esse fruto, mais prestígio adquire o dono da festa. Assim, evidenciam não só a capacidade produtiva de sua roça e de seus familiares corresidentes, como também a extensão e a potência de sua rede de relações com outros *xapono* aliados que podem também fornecer mais bananas (e também mandioca e pupunha) para a festa à qual foram convidados. Após a festa e depois que todas as bananas foram consumidas com o mingau, as vigas são mantidas, por vezes, com a mesma função de pendurar cachos de bananas para madurar e serem consumidos pela família e, em outros casos, com funções diversas, transformando-se, por exemplo, em estantes ou suporte para penduricalhos variados. Aos poucos a pintura de urucum perde a coloração, embora em um futuro próximo a viga possa ser retomada, readornada e recarregada para uma nova festa.

De volta aos componentes estruturais da casa, os telhados possuem inclinações variáveis, mas sempre entre trinta e quarenta e cinco graus, sendo essa a inclinação média adequada para o tipo de cobertura com palha. Nas casas com telhado de duas águas não simétricos (*mohepoorewë*), como veremos no exemplo a seguir, os caibros *hõrõhõrõma* dos fundos da casa mantêm o mesmo ângulo, mas são mais compridos e, caso prolongados, chegam próximos do chão. Todos esses elementos são amarrados com cipó titica (*masimasima, Heteropsis flexuosa*). No caso da estrutura principal de pilares e vigas, os nós de cipó são em forma de "x", *okaoyakiraorewë*, enquanto os caibros podem ser amarrados de forma mais simples em forma de "/", *okaorewë*, tal como vimos na descrição dos *yāno*, os tapiris na floresta.

Sobre os caibros, as ripas onde serão fixadas as palhas de cobertura podem ser feitas de duas formas. A primeira, tida como a solução tradicional, consiste em fiadas de cipós titica, espaçadas umas das outras cerca de vinte centímetros. Os cipós são esticados entre os caibros, envolvendo-os com uma volta e, quando necessário, emendados a outros para que completem a extensão total da cobertura. No caso do rio Marauiá, as folhas mais abundantes na floresta e mais utilizadas para a cobertura das casas são as das palmeiras ubim (*komixë, Geonoma baculífera*), embora por vezes, como alternativa à escassez de ubim, se utilize também folhas da palmeira caraná, curuá (*yawatoa*), sororoca (*këtipa*), buçu (*toutou*) e açaí (*wāima henaki*). Nessa solução com os caibros-cipós, as folhas de ubim são colocadas muito próximas umas das outras, com o talo de uma encostando no talo da outra, resultando em uma cobertura mais resistente e mais bem acabada que, consequentemente, demanda um maior número de fardos de palha, além de mais trabalho para sua coleta e para seu transporte da floresta para a casa-aldeia. Para fixação destas nos fios de cipó, então, o talo da folha é dobrado, de modo que a parte do talo que foi dobrado dá a volta em um cipó e a ponta é apoiada sobre a linha de cipós abaixo. Assim, as linhas de cipó e folhas são travadas em sequência pelas que vêm imediatamente acima, uma pesando sobre a outra e segurando o conjunto. A outra técnica de colocação da palha parece ter sido, portanto, apreendida mais recentemente, mas, no geral, é vista como a solução menos durável, já que permite um maior espaçamento entre as folhas e, com isso, mais chances de deterioração do telhado com o tempo. Para essa alternativa se utiliza ripas de paxiúba (*Socratea exorrhiza*) apoiadas sobre os caibros, e as folhas de ubim são colocadas nas ripas com uma amarração na qual o talo da folha envolve a ripa e, com uma dobra, amarra-se nele mesmo. Essa técnica é chamada de *yãtõrimano*, sendo que *yãtõri-* é a raiz verbal de *yãtõriai*, verbo intransitivo que significa "enrolar-se, envolver-se ao redor de algo" e, nesse caso, ao redor das ripas, que indica também um estado, justamente, *yãtõrimano*, aquilo que foi "amarrado dessa maneira"[33].

Em ambas as técnicas, o processo de cobrir as casas é bastante trabalhoso e, assim como ocorreu na mudança do Pukima Beira

FIG. 24: *Jamanxim (cesto ou mochila feita de palha e cipó) para carregar folhas de ubim (komixë) no Pukima Beira, 2019. Foto do autor.*

em 2016, faz com que as famílias se organizem em pequenos mutirões para coleta, transporte e colocação das palhas. Depois que a palha é cortada e carregada, é fundamental que o telhado seja trançado o quanto antes para que ela seque e se assente na própria cobertura; caso contrário, pode se tornar muito quebradiça e mesmo totalmente inutilizável. O processo de coleta e transporte desses fardos para cobrir uma pequena casa, por exemplo, pode ser repetido uma dúzia de vezes e é feito da seguinte forma: as folhas são localizadas, cortadas e amontoadas numa pequena clareira na mata, distribuídas em pilhas sobre um tipo de jamanxim (cesto ou mochila feita de palha ou cipó). Para esse processo, faz-se uma estrutura engenhosa de paus fincados no solo para que as folhas não deslizem para os lados ao serem empilhadas sobre o jamanxim que está no chão. Esse jamanxim tem um formato oval, feito com um cipó grosso e flexível com cerca de três centímetros de diâmetro, e é trançado com cipós titica, como uma mandala, do tamanho das costas de um adulto. Uma vez pesado o bastante, as palhas são amarradas no jamanxim com o mesmo cipó titica, e uma casca de árvore, como uma faixa, é adicionada para que se carregue a pesada mochila, apoiando-a na testa ou no peito. Ao fim, é hora de caminhar de volta à obra.

Em alguns casos é notável também que, sobre a cobertura de palha, sejam colocados uma série de paus, mais ou menos do comprimento da água do telhado e de tipos e espécies quaisquer, apenas apoiados sobre as folhas, para que evite que fortes ventanias prejudiquem a fixação das palhas, aumentando, assim, durabilidade do telhado. Esse tipo de problema com fortes ventos costuma ser agravado quando as casas possuem telhados de apenas uma água e, como observei acima, é também uma das razões para a atualização da forma da cobertura com teto de duas águas. Além disso, conforme relata Cocco, nos antigos *xapono* com casas de tetos de uma água (*upraorewë*), eram colocados na ponta superior dos telhados uma série de cipós que permitiam que os moradores da casa, ameaçados pelos fortes ventos, os puxassem para baixo, aterrando a estrutura e segurando o teto, literalmente, com as próprias mãos. Outra solução, relatada pelo mesmo autor, para o mesmo tipo de casa e para o mesmo problema, são folhas de palmeiras que, colocadas na parte alta dos telhados, em fardos, além de protegerem da incidência solar

4. CASA-ALDEIA 123

ou de chuvas de vento, funcionam também "decorativamente e têm a finalidade de pesar sobre a extremidade do teto para que o vento não o levante"[34].

Diferentemente dessas casas de apenas uma água, o que se faz nos *xapono* do Marauiá na atualidade é algo como a "solução eclética", tal como dito por Cocco[35]. No entanto, essa solução transforma o "*yahi* clássico" ("tipo tapiri", *upraorewë*) não nas "casas tipo 'racional'" – que nas palavras de Cocco correspondem a "uma morada ao estilo crioulo e típica do território do Amazonas [Venezuela]"[36] –, mas em uma forma atualizada dele mesmo. Especificamente o que Cocco se refere como a "solução eclética" são as casas com telhado de duas águas, chamadas de *mohepoorewë*, com a frente da casa aberta ao meio do *xapono* e com os fundos, tal como no "*yahi* clássico", fechados (por distintas razões que veremos a seguir). Nessa solução, as casas são mais bem protegidas das intempéries – da chuva, do sol e da umidade – e também são mais bem aquecidas pelas fogueiras domésticas no centro dos triângulos de redes, protegendo e esquentando os habitantes do frio da madrugada. No geral, a maioria das casas (*yahi*) dos *xapono* do rio Marauiá segue esse modelo, muito embora algumas casas apresentem também fechamentos diversos na parte da frente.

No entanto, há uma outra solução em prática no Alto Marauiá que gera uma configuração "eclética" distinta da anteriormente descrita. Como observado acima, trata-se das casas em que os telhados de duas águas (*mohepoorewë*) não são simétricos, pois o lado dos fundos, tal como no "*yahi* clássico" ("tipo tapiri"), onde se situam as redes e as fogueiras, é prolongado até perto do chão e fechado com palha ou ripas de madeira, enquanto o lado interno é mais curto, abrindo-se para o meio do *xapono* (*xapono heha*), mas ainda protegendo das intempéries a frente da casa. Essa solução, por conta da aba prolongada do telhado, demanda maior coleta de materiais e, consequentemente, gera mais trabalho. Além disso, como também resulta numa construção mais sólida e mais durável, essa solução implica uma maior estabilidade no novo local de moradia. Por isso, essa solução costuma ser construída apenas na segunda casa de uma família, ou seja, aquela subsequente à primeira casa construída após a mudança para uma nova clareira, já que nesse movimento inicial de mudança o

FIG. 25 (*ao lado*): *Casa de forno em construção no Pukima Cachoeira, 2020. Foto do autor.*

FIG. 26 (*acima*): *Detalhe de uma casa em construção no novo Pukima Beira, 2016. Foto de Daniel Jabra.*

trabalho se expande também para a limpeza do meio do *xapono* e a abertura de novas roças. Esse tipo de dinâmica, então, confere ao *xapono* um movimento contínuo de construção das casas. Esse movimento, ainda, reflete o fato de que, como as casas são "individuais" e não unidas umas às outras, permite-se que cada grupo familiar faça esse processo de construção e reconstrução em tempos diferentes, expandindo a duração da obra do *xapono* de acordo com as expectativas de permanência naquela localidade. Logo, os *xapono* estão sempre em obras.

Um exemplo desse processo pode ser notado pela mudança do grupo do *xapono* Pukima Beira em 2016, que pudemos acompanhar e auxiliar. Naquele momento, as primeiras moradas foram construídas de forma mais provisória, com casas menores feitas de materiais mais frágeis e de forma mais ágil, simplificando o processo construtivo. Inclusive, aventava-se na época a possibilidade de logo se mudarem, pois haviam, de certa forma, desaprovado a nova clareira, dados os limites topográficos do terreno para possíveis expansões do *xapono* no futuro. Diziam, inclusive, que já estavam abrindo outra clareira, ao passo que a atual nem havia sido completamente limpa. Anos depois, entre 2019 e 2020, o plano mudou e o *xapono*, estabilizado naquele

FIG. 27: *Casa vazia com grande banco (rotikëotima) no Pukima Beira recém-abandonado, 2016. Foto de Daniel Jabra.*

local, apresentava outra configuração. As pequenas casas improvisadas com telhado de uma ou duas águas foram refeitas e se transformaram em casas mais amplas (prontas ou ainda em construção), seguindo a solução assimétrica e "eclética", embora até minha última viagem em 2023 se aventava, não sem discordâncias e conflitos latentes, a possibilidade de se mudarem novamente.

Outro exemplo do mesmo processo pode ser descrito com a construção da segunda casa de Moisés, segundo *përiomɨ* do Pukima Cachoeira, levado a cabo sobretudo por dois de seus genros, os quais pude auxiliar na manufatura do fechamento da casa com tramas de palha em 2019. Nesse caso, a primeira casa da família do *përiomɨ* havia sido construída em 2014, quando esse grupo se mudou para a atual localidade. A casa foi construída com teto de duas águas, com área reduzida e com materiais mais frágeis, de modo que, em 2019, já apresentava sinais de deterioração, em especial da cobertura de palha. A segunda casa, então, vinha sendo construída de forma mais vagarosa e mais cuidadosa, também com o telhado de duas águas, mas em sua solução "eclética", isto é, com a aba dos fundos prolongada quase até o chão. O ritmo e o cuidado próprio dessa segunda construção decorrem simplesmente do fato de que a família podia, nesse ínterim, habitar com tranquilidade a pequena casa antiga, além de prosseguir com suas tarefas diárias e regulares de subsistência, enquanto os genros, dedicados quase que inteiramente à construção da nova

FIG. 28: *Casa de Moisés, segundo përiomi do xapono Pukima Cachoeira na época, em construção, atrás da primeira casa, mais temporária, 2019. Foto do autor.*

grande casa, tocavam o trabalho de construção. Essa segunda casa vinha sendo construída atrás da primeira, alargando o círculo do *xapono*, junto de outra casa vizinha também em processo de reconstrução e seguindo a mesma lógica. A previsão de conclusão da grande casa, situação que caminhava para o fim durante nossa estada e trabalho coletivo, era bastante objetiva: a casa seria destruída, a palha porventura reaproveitada para alguma cobertura temporária, ou queimada, e a madeira simplesmente viraria lenha.

Com a solução "eclética", como a da casa de Moisés, não só a atualização da estrutura física do "*yahi* clássico" se torna visível – aperfeiçoando a solução dita tradicional das casas "tipo tapiri" para uma solução contemporânea, mais ampla e sobretudo mais durável –, como também a atualização da organização do interior da casa. Apesar das mudanças formais e construtivas das moradas do Alto Marauiá, a organização espacial do interior das casas (*yahi*) se mantém, como veremos, não de forma fixa, mas transformada. Assim, o interior das casas poderia ser dividido em três partes que, quando multiplicadas pelo círculo do *xapono*, se organizam de forma concêntrica. Na fronteira com o "meio do *xapono*" (*xapono heha*), o terreiro central de terra batida (de que voltaremos a falar mais adiante), está a área chamada de *hato nahi heha*, traduzível como o "pátio da casa". Essa tradução possível evoca, assim, o sentido mais "púbico" ou "coletivo" dessa área que, nas casas atuais de duas águas *mohepoorewë* ("ecléticas" ou não), corresponde à aba interna (no caso das casas sem fechamento frontal ou com o fechamento recuado) do telhado, enquanto nas antigas casas "tipo tapiri" (*upraorewë*) correspondiam ao beiral em balanço e à parte mais alta do telhado, área menos protegida das intempéries e, portanto, de estada mais transitória e diurna.

Nessa área de soleira tem-se a visão integral do círculo de casas do *xapono* e é de onde se emitem as vozes dos diálogos *kãwãamou* (como veremos no capítulo "Viver junto"). Nela também é onde costumam estar localizados os bancos (*rotikëotima*) dos pajés (*hekura*), utilizados nas sessões de pajelança *hekuramou*. Os bancos são estreitos e baixos e permitem que, durante o *hekuramou*, estes se sentem como se estivessem de cócoras. Em outras ocasiões, os bancos são de uso comum e circulam pelas diferentes áreas do interior da casa e, inclusive, de uma casa à outra. Feitos de toras esculpidas ou de tábuas serradas de madeira, os bancos têm dimensões variáveis, desde longos bancos que atravessam longitudinalmente as casas, comportando vários pajés durante uma ampla sessão de pajelança, até bancos pequenos e portáteis, pouco maiores do que uma palma de mão. Nesse sentido, entende-se também a forma alternativa pela qual esse espaço de soleira pode ser nomeado, *tikeorewë*, algo traduzível como o "lugar onde se senta".

A área de soleira ou o "pátio da casa" (*hato nahi heha*) condensa, assim, o caráter liminar e de passagem tanto no que diz respeito ao espaço arquitetônico quanto às agências xamânicas caracterizadas pelas capacidades de conexão e mediação com os seres-imagem ancestrais (*hekura*). Se no espaço arquitetônico do *xapono* o estado liminar é o que marca a passagem entre o claro e escuro ou o dentro e fora, na ação xamânica a mediação se dá entre o visível e o invisível ou o humano e o extra-humano. Esse estado liminar mediado pela ação xamânica é expresso espacialmente no âmbito da iniciação xamânica *taamayõu*. Nesta, para possibilitar e estimular a migração dos primeiros *hekura*, que são chamados e invocados desde os picos rochosos até o corpo do iniciando, situado nos bancos da soleira da casa, os pajés mais experientes tratam de traçar um "caminho dos espíritos", delineado com os próprios pés em movimento ou, eventualmente, sulcando um rastro linear no pátio central do *xapono*. Como relata Lizot sobre esse mesmo processo:

[Os xamãs] arrancam o mato e limpam os detritos, as folhas mortas e os gravetos do solo, traçando assim um caminho que chega exatamente entre as pernas afastadas do iniciado. A partir de então, os xamãs utilizarão em seu ofício apenas esse caminho, e suas idas e vindas incessantes farão com que tenha a aparência de um caminho frequentado, atravessando diametralmente a praça central. A atenção dos *hekura*, desde as cavernas rochosas na floresta que moram, será desviada. Eles serão atraídos, guiados para a abertura que lhes foi consagrada, conduzidos para esse caminho novo pelos xamãs que os encarnam e levados ao peito de Rikōmi [o nome do jovem que está sendo iniciado], sua nova morada.[37]

Além do caminho em si, para que a mediação se efetive é necessário atentar-se para a limpeza tanto do espaço do "pátio da casa" (*hato nahi heha*) quanto do "pátio do *xapono*" (*xapono heha*), tarefa feita de forma minuciosa antes das sessões de pajelança, conectando a liminaridade entre as categorias sensíveis do claro e escuro e do visível e invisível às noções de limpeza e de visibilidade dos *hekura* por meio do cuidado com essas áreas defronte às moradas.

É também nesse espaço de soleira – permeado por uma série de valas no solo que drenam as águas da chuva, conduzindo-as aos fundos pelos vãos entre as casas – onde cotidianamente se caminha ao visitar uma casa vizinha ou ao intentar atravessar o *xapono* de lado a lado. Desse modo, quando houver uma sobreposição do movimento do caminhante com o do pajé sentado fazendo o *hekuramou*, deve-se passar sempre, como marca de respeito, por trás dos pajés, e nunca pela frente, evitando atrapalhar ou interromper os canais de diálogo com os espíritos auxiliares *hekura*. Essa caminhada com o intuito de atravessar o *xapono* sempre deverá, no entanto, ser realizada de forma perimetral e circular, de modo que uma travessia diametral do meio do *xapono* é potencialmente vista como abrupta e agressiva, expondo o caminhante ensolarado não só aos olhares de todos, diferente do caminho seguido pela sombra do beiral dos telhados, como também causando certa consternação naqueles que assim o recebem. Como

4. CASA-ALDEIA

FIG. 29: *Detalhe do encontro da viga transversal dos fundos* (pariparimɨ) *com o pilar* (totahima), *amarrado com nó de cipó em "x"* (okaoyakiraorewë), *e caibros* (hõrõhõrõma) *amarrados sobre a viga com cipós passando sobre e ao redor destes, na área da casa conhecida por "os fundos da casa" ou "o baixo da casa"* (hato nahi xɨka). *Na casa em construção de Moisés, no Pukima Cachoeira, 2019. Foto do autor.*

sugere Beatriz Perrone-Moisés, falando sobre o pátio central das aldeias timbira do Brasil Central, trata-se assim de espaços que são como uma "marca geométrica da conexão" e, no caso do pátio central (ou também do *xapono heha*), de um jeito ou de outro, "é preciso atravessá-lo para ir ter com gente do 'outro lado'"[38].

Mais ao interior da morada, na parte posterior do *hato nahi heha* ("pátio da casa"), onde se situam as estruturas chamadas de *ihira* e onde se penduram as redes familiares, está a área mais reservada da casa, chamada de *nahi huxomi* ou *huxomihami*, possivelmente traduzido por "interior da casa", como uma oposição, portanto, ao *hato nahi heha*, o "pátio da casa". Essa área, que corresponde ao espaço familiar habitado pelos triângulos de redes e pelo fogo doméstico, se situa então mais ao fundo (*huxomi*) da estrutura da casa (*nahi*), entre a cumeeira do telhado – no caso das casas de duas águas ("ecléticas" ou não), ou na parte mais média deste, no caso das casas com teto de uma água – e os fundos.

Na parte traseira do espaço familiar, e especialmente nas casas "tipo tapiri" ou nas soluções contemporâneas e "ecléticas", onde o

FIGS. 30, 31 e 32: *Dois tapiris (yãno) recém-desocupados em viagem rio acima no Marauiá, 2020. Foto do autor.*

teto baixa quase até o chão, é onde se situa o último espaço, chamado de *hato nahi xīka*, "os fundos da casa" ou "o baixo da casa". Nessa área, seja colocando nas palhas da cobertura baixas do telhado ou no fechamento da pequena parede dos fundos, é onde se costuma armazenar, de modo mais resguardado, objetos e coisas diversas de uso pessoal ou familiar (além do próprio espaço superior do *ihira*, o "jirau" sobre o triângulo de redes). É daí também que partem os caminhos que adentram à mata e saem, possivelmente, de cada uma das casas. Estes são acessados tanto por pequenos vãos ou portas no fechamento dos fundos da casa, quanto pelos próprios intervalos entre duas casas. Essas trilhas ligam as moradas às roças familiares, aos igarapés e aos rios e aos caminhos de caça e aos caminhos que levam a outros *xapono*. Do lado externo, na área chamada de *xīkaxīka a roxi*, áreas de fronteira entre a floresta

e os múltiplos caminhos que a adentram e o lado externo das casas do círculo do *xapono*, podem ainda ser complementadas com uma paliçada, afastada alguns metros dos fundos da casa e uma espécie de corredor de passagem, feita com paus intercalados e fincados na terra ou com tramas de palha. O objetivo de tais paliçadas, menos comuns atualmente, é proteger os habitantes do *xapono* e das casas de eventuais ataques guerreiros ou, também, de ataques de espíritos maléficos ou de seres *onkã*.

Os *onkã*, traduzidos como "inimigos", são um outrem radical, violento e monstruoso que anda em bandos e é pintado de preto, mas, à diferença dos *hekura* potencialmente perigosos, como ressalta Marielza Pukimapiwëteri, do Pukima Beira, estes "são gente mesmo". Segundo ela, os *onkã* podem inclusive estar no próprio *xapono*, o que reforça o sentido mais geral de "inimigo", mas com mais frequência nos *xapono* dos outros, presentes assim durante viagens para outras regiões ou comunidades potencialmente inimigas. Mesmo assim, os ataques acontecem no mato, sobretudo contra pessoas sozinhas e desacompanhadas e, após isso, somente o corpo destruído é encontrado. Os *onkã*, por sua vez, nunca estão sozinhos, mas sempre em grupo. Marielza disse já ter visto e descreve especificamente que eles possuem muitas pulgas nos pés, dando-lhes um aspecto repugnante. Ela contou que, quando era criança, durante uma saída de *wayumɨ*, enquanto acampavam no mato, subiu em uma árvore, brincando com suas colegas e, ao escalar o tronco, olhou para um caminho que dali saía e avistou um grupo de muitos *onkã*, pintados de preto com carvão (como a pintura guerreira) e adornados com braçadeiras de papagaio e rabo de arara. Ela desceu rápido da árvore e chamou a sua tia, mas, ao voltar acompanhada, estes já haviam desaparecido. Os ataques dos *onkã* são sempre brutais, quebram os ossos e o pescoço, esmagando-os com violência e o corpo cai no mato, morto. Assim, como conta Marielza, ao saírem sozinhos para o mato, sob o risco de serem atacados pelos *onkã*, os homens têm sempre de informar as suas esposas sobre os caminhos que irão seguir para o caso de não voltarem ao *xapono* e serem resgatados vivos ou mortos.

Dentre outras classes de perigos potenciais, como os diversos feitiços e venenos *hëri*, os *onkã* são costumeiramente utilizados pelos interlocutores do Marauiá como argumento para as casas serem atualmente fechadas (os fundos, mas também as laterais e frentes), com fechamentos de palha trançada (curuá ou açaí, por exemplo), técnica chamada de *tiëno tiëno* ou *yãtõrimano*, ou de materiais diversos (ripas de paxiúba, tábuas serradas, pau a pique, dentre outros). Esses interlocutores ressaltam o "medo de *onkã*" que, potencialmente, coloca sobretudo a família em risco, pois podem capturar e atacar suas filhas e filhos pequenos e "por isso a casa fechada e a porta", como me disse certa feita André, do *xapono* Pukima Beira. Esse argumento complexifica, portanto, as leituras de que as casas yanomami passam a se fechar com o tempo de contato e com diferentes soluções em diversas regiões do território, de acordo com escolhas particulares relacionadas a preocupações com o aumento da posse de objetos de valor adquiridos com os Poowëteri, o "povo do machado"[39].

FIG. 33: *Casa com todos os lados fechados com palha e porta reaproveitada do antigo posto de saúde no Pukima Beira, 2019. Foto do autor.*

No entanto, não se deve descartar nas leituras sobre esses processos de transformação das casas uma interferência direta e violenta por meio da ação missionária. Se no rio Marauiá esta nunca foi assim tão explícita – dados não só a época e o perfil dos padres que lá estiveram, mas também a falta de registro e documentação desse tipo de atitude –, na região do Maturacá, onde consta uma presença histórica mais intensa da missão salesiana, há registros da imposição de uma reorganização espacial radical. A partir de 1971, com a chegada de um novo padre italiano na missão, os indígenas foram forçados a deixar de habitar as casas coletivas, associadas a práticas pecaminosas e imorais, e foram induzidos a viver em casas unifamiliares, reclusas das demais por fechamentos laterais e cobertas por telhas de alumínio distribuídas pelos próprios salesianos[40]. Métodos análogos são compartilhados e por vezes abertamente expostos, ainda, por distintas missões e missionários em suas atuações com diversos povos indígenas. Relembremos a conhecida passagem relatada por Claude Lévi--Strauss em *Tristes Trópicos*, que descreve o *modus operandi* dos missionários salesianos entre os Bororo, no Brasil Central:

A distribuição circular das cabanas em torno da casa-dos-homens é de tal importância, no que se refere à vida social e à prática do culto, que os missionários salesianos da região do rio das Garças logo aprenderam

FIGS. 34 e 35: *Feixes de curuá (yawatoa) trazidos da floresta e processo de trançado do fechamento com palha em técnica conhecido por* tiëno tiëno *ou* yãtõrimano, *no xapono Pukima Cachoeira, 2019. Foto do autor.*

que o meio mais seguro de converter os Bororo consiste em lhes fazer trocar sua aldeia por outra onde as casas são colocadas em fileiras paralelas. Desorientados em relação aos pontos cardeais, privados da planta que fornece um argumento a seu saber, os indígenas perdem rapidamente o sentido das tradições.[41]

Entre os Dessana do Alto Rio Negro, cujas icônicas malocas comunais foram praticamente extintas na década de 1950 pela atuação violenta, intensa e sistemática dos missionários, transbordam relatos de padres, bispos e monsenhores bradando contra as ditas "casa do diabo". Tidas como "perigosas", espaço da "promiscuidade", palco de "danças orgiásticas que duravam dois dias e duas noites seguidas" e do temível "gás carbônico" – argumento de caráter higienista utilizado em decorrência da fumaça das fogueiras acesas no ambiente fechado da maloca, apesar de eficientemente ventilada pelas portas frontais e traseiras, aberturas superiores e vãos dos fechamentos de palha, como relatado por diversos autores –, as primeiras iniciativas dos missionários se concentram em destruir as moradas tradicionais e promover a construção de casas individuais, aos moldes (precários) da dita civilização, em suma, para "ser bonzinho, rezar sozinho"[42].

Embora não se descarte o argumento materialista nos diálogos com os interlocutores do Marauiá, que apontam também os "furtos" e "sumiços" de materiais de valor monetário (motores, gasolina, ferramentas etc.) e uma certa influência (ainda que mais indireta) missionária, vê-se com as narrativas dos seres *onkã* que a transformação dos fechamentos das moradas integra uma lógica ainda mais complexa e dinâmica[43]. Nesta, inclusive, outras razões são elencadas por variados interlocutores, como uma forma de evitar a proliferação de insetos (como os mosquitos piuns), de manter o calor do fogo durante as madrugadas frias ou de manter certa privacidade em relação às crianças do *xapono* ou às ávidas demandas de visitantes de outros grupos nas visitas intercomunitárias para efetuar trocas. Mais do que uma simples decorrência do contato ou certa "caboclização", trata-se, assim, de uma transformação com múltiplas facetas e possivelmente variável, por exemplo, em função não apenas de um sistema sociopolítico e intercomunitário próprio (expresso por meio das trocas), mas também de uma perspectiva xamânica e extra-humana (com a ameaça dos *onkã*). Além disso, mesmo quando as transformações decorrem

4. CASA-ALDEIA

de conflitos cotidianos (como os furtos), uma vez que estes não sejam bem atenuados, elas podem levar o grupo à eventual dissolução e mudança. Como diria o *përiomi* do Pukima Cachoeira, Adriano, referindo-se originalmente à obra e aos materiais demandados para o telhado da escola (*hiramotima nahi*, "casa da escola" ou a "casa do ensinar") em seu *xapono*, mas a partir de uma analogia com a constituição da casa (*yahi, nahi*) yanomami: "Quando a casa por cima ficar diferente, o corpo continua do jeito que é. [...] Quando chegar o telhado eu não vou ficar diferente, não vou ficar com o corpo do homem branco, o jeito que nós nascemos continua. Dentro não muda de jeito nenhum. Mudou por cima, dentro não vai mudar. Nunca, nunca vai mudar."

Os fechamentos frontais podem, entretanto, gerar interferências significativas – embora nunca notadas de modo explícito pelos meus interlocutores como um incômodo ou algo do gênero – no decorrer da festa funerária *reahu* ou no âmbito de visitas e outros grupos no *xapono* residente. As danças *praiai* que permeiam esses encontros consistem, basicamente, em circular dançando e cantando pelo meio do *xapono* (*xapono heha*), fazendo pequenas paradas na frente de uma das casas e, assim, se exibindo, provocando e interagindo com seus moradores. Com isso, nas casas fechadas frontalmente, tais trocas são interrompidas e, mesmo assim, os visitantes-dançarinos mantêm as paragens, muito embora abreviadas. Tal interferência transforma a lógica da visibilidade do meio do *xapono* (*xapono heha*), mas, como notamos anteriormente, certas casas recém-construídas no Alto Marauiá (especificamente, tal como notei, nos *xapono* Pukima Beira, Pukima Cachoeira e Ixima) têm inventado soluções alternativas[44]. Dentre essas alternativas, algumas casas têm sido construídas com o fechamento frontal recuado, mantendo na soleira do meio do *xapono* uma área coberta e aberta como uma espécie de varanda. Com esse fechamento recuado, ao mesmo tempo que se mantém um certo resguardo do interior das casas, conserva-se também a abertura para o exterior (ou o interior do *xapono*, no caso), o que permite que a área da morada conhecida por *hato nahi heha*, o "pátio da casa", seja reinventada e atualizada durante o *reahu* ou, noutro contexto, durante as pajelanças *hekuramou*.

Essas transformações da morada que privilegiam o resguardo doméstico, desde a separação das casas em unidades menores até os fechamentos enquanto proteção contra seres extra-humanos potencialmente perigosos, podem ser pensadas como estratégias de reduzir conflitos inerentes à vida social da comunidade e da casa-aldeia. Como nota Kaj Århem sobre os Makuna da Amazônia colombiana, a mudança das malocas para casas unifamiliares eram associadas a uma forma de "evitar os 'problemas' e 'tensões' (*oca*, literalmente, 'discussão', 'conflito') da maloca multifamiliar"[45] – mudança essa que era vista como uma nova forma de organização espacial e socialidade, mas, ao mesmo tempo, padronizada de acordo com o modelo anterior da vida na maloca, de modo que a aldeia de casas segmentadas era vista e concebida, assim, como uma grande maloca, expandida e explodida. Tal estratégia se refletia, então, na consequente redução das fricções entre ágnatos próximos e, com isso, atenuava as "tendências disruptivas da maloca"[46], as "sementes da fissão [*seed of fission*] [...] inerentes à comunidade da maloca"[47].

A reflexão de Århem ecoa também entre interlocutores do Marauiá que, em ocasiões distintas, me resumiam as motivações que os levaram a fechar as casas – movimento análogo à mudança da maloca para a casa unifamiliar – como forma de propiciar, em suma, "menos barulho", "menos briga" e "menos confusão". Tais estratégias ou transformações buscam, portanto, lidar com as configurações atuais do "padrão de agregação e desagregação"[48] que configura a produção do espaço social yanomami. Mesmo assim, como argumenta Alejandro Reig, as sementes da fissão, que este aponta como um "acúmulo intrínseco de tensão e excesso dessa configuração de socialidade"[49] tornam-se eventualmente incontroláveis, atravessando os fechamentos e quaisquer outras estratégias espaciais ou materiais, de modo que "surgem conflitos que os forçam a se desagregar e a se mover, se reagregando posteriormente em diferentes configurações e ciclicamente reiniciando a configuração de seus espaços"[50].

O mesmo argumento em torno do barulho – parte do trinômio "menos barulho", "menos briga" e "menos confusão", tal como citado acima – foi dito a mim por um interlocutor do Jutaí durante uma rápida paragem em seu *xapono*, no decorrer da viagem rio acima com o grupo do Pukima Beira em 2019. O *xapono* estava em obras e um jovem professor de lá, atento à nossa curiosidade, nos guiava pela reforma em andamento. O que nos chamava a

4. CASA-ALDEIA

atenção, entretanto, era o fato de que as novas casas que estavam sendo construídas na mesma área não só aumentavam o perímetro do círculo antigo de moradas, o que era de se esperar, mas, justamente, distorciam o formato circular da implantação das casas em um novo formato quadrangular, pré-configurado como em um projeto em escala real com estacas fincadas no chão marcando o local de implantação das casas em duas bandas do retângulo. Respondendo à minha indagação sobre o (suposto) novo formato, dizia ele que "quadrado é melhor, as casas ficam mais longes umas das outras" e, dessa maneira, "têm menos barulho" e, por extensão, menos conflito e mais condições de permanência. Para que as casas tivessem então um maior distanciamento, mais do que a forma, crescia também a escala do *xapono*, em que o novo traçado praticamente dobrava a clareira de tamanho, fazendo com que parte das novas casas se sobrepusessem aos roçados contíguos ao antigo círculo da casa-aldeia. Surpreendido também pelo tamanho da clareira e do trabalho envolvido, perguntei sobre a possibilidade de se mudarem num futuro próximo, ao passo que ele respondeu dizendo que simplesmente não pensam em se mudar, mas, pelo contrário, em "aumentar 1, 2, 3, 4, 5, 6, 7 vezes" o perímetro – agora quadrangular – das casas, expandindo-o para fora de modo sucessivo. Paralelamente, na mesma aldeia, mas fora do perímetro das casas, uma nova e grande escola estava sendo construída ao lado do posto, reforçando, assim, a intenção de ali permanecer.

Intrigado com a forma de ângulos retos – enquanto pensava que, de todas as transformações dos *xapono* no Marauiá, o círculo era uma constante –, os interlocutores do Pukima Beira e Cachoeira, quando assuntados por mim sobre tais práticas, sempre eram discretos ao extremo para tratar do assunto em relação, digamos, ao *xapono* dos outros. Dentre as respostas mais evasivas, dizer que "eles é que sabem" era, isso sim, uma constante – algo que, apesar da brevidade, reflete bem o regime de autonomia política de cada *xapono* e, com isso, evitava fofocas que, em certos casos, podem levar a sérios conflitos. Outro interlocutor do Pukima Beira, um pouco menos discreto, certa vez me disse: "Precisa ver bem de quem é esse pensamento, se é yanomami ou se tão colocando esse pensamento neles". E uma interlocutora do Pukima Cachoeira disse: "Estão fazendo como na cidade." Ela mesma, no mesmo contexto, me atentou ao fato de que na língua Yanomamɨ sequer há palavra para "quadrado", forma esta que eu me esforçava em explicar o princípio. A ausência difere, no entanto, da forma circular ou triangular, expressas na língua enquanto verbos de estado. Respectivamente, *ximorewë*, palavra utilizada para traduzir a forma geométrica "círculo", é um verbo de estado formado a partir da raiz verbal *ximore-* (com o sufixo de estado *-wë*) que, enquanto verbo intransitivo, *ximoreaɨ*, por exemplo, quer dizer "traçar um círculo, girar em torno de"[51]. E *turekewë*, que traduz "triângulo", advém da raiz verbal *tureke-* que, como verbo intransitivo *turekeaɨ*, significa "afinar"[52], sentido que se completa quando relacionado aos lados do triângulo que afinam em direção à ponta.

Ainda sobre o tal *xapono* quadrado, outro interlocutor do Pukima Cachoeira, o professor Mauro Pukimapɨwëteri, explicou-me que, na verdade, os grupos que hoje habitam a região do Médio e Baixo Marauiá, derivados do antigo *xapono* Pohoroa (referido atualmente como Pohoroa Centro, assim como ao antigo Pukima Centro) – e com uma relação mais estreita com os missionários salesianos e mesmo com os *napë pë* da cidade, o que me levou naquele momento a hipóteses precipitadas sobre a passagem do círculo ao quadrado – constroem suas casas-aldeias dessa forma há tempos, "desde o Hayanae". Segundo esse interlocutor, tais formas de *xapono* assim "sempre existiram" e "os *patapata pë* já faziam assim antes", de forma que, com a reforma no Jutaí, todos os *xapono* derivados do antigo Pohoroa atualmente se configuram em formas mais quadrangulares.

Embora não sejam grupos com os quais estabeleci meu trabalho de campo diretamente, as variações formais desses *xapono* fazem pensar sobre os sentidos e as lógicas que configuram o *xapono heha* e o próprio *xapono,* em termos de sua morfologia e, sobretudo, em termos daquilo que faz de um *xapono* um *xapono* de fato. Com isso, se não é o círculo de casas aquilo que permanece, fundamentalmente, por meio das múltiplas variações e transformações formais, o que poderia ser? A pergunta, de certa forma, é também um reflexo da maneira pela qual os modos de construir e habitar yanomami têm sido sistematizados e descritos na vasta literatura etnológica sobre esse povo que, de um modo geral, têm nas formas e expressões circulares

FIG. 36: *Sobreposição das casas, ainda em obras e com os esteios marcando as futuras construções, dispostas com ângulos retos e em planta quadrangular no xapono Jutaí no médio rio Marauiá, 2019. Foto do autor.*

do habitar, no mínimo, um destaque marcado. Em uma passagem da tese de Reig, por exemplo, a ênfase dada à circularidade do *xapono* se faz notável:

> A circularidade da aldeia permitiria dois tipos de inscrição [*inscription*] de atitudes e práticas sociais, uma fixa e a outra dinâmica: um olhar radial e concêntrico em direção à praça [o *xapono heha*, "meio do *xapono*"] e o outro ao *yãno* [no dialeto da região, equivalente ao termo *xapono* do Marauiá], em um registro sociopolítico, que fixa e controla o comportamento das pessoas, posses e trocas; e um grande senso sociocósmico das trocas cíclicas entre os lares de parentes e aliados, entre as pessoas e outras pessoas e espíritos, predominantes após mudanças espaciais. Círculos, triângulos e esferas (e semiesferas) aparecem repetidamente como formas elementares de construção do espaço [*space-building*], apreensão e ordenação da vida social [*apprehension and attitudinal ordering of social life*].[53]

Dito de forma abreviada, as ideias apresentadas por Reig em torno da "circularidade da aldeia" produzem relações interessantes entre a forma circular e os intrincados regimes de visualidade e de relações sociopolíticas que o *xapono* propicia. No entanto, sugiro que a partir da reflexão provocada pelos *xapono* quadrados Pohoroapïwëteri possa ser mais produtivo – e menos essencializante – compreender o *xapono heha* e o *xapono* em si, para além do círculo como modelo físico ou geométrico, mas como um modelo conceitual.

A ideia deriva, em suma, do problema da circularidade levantado por Sylvia Caiuby Novaes em um estudo clássico sobre a arquitetura Bororo do Mato Grosso do Sul, em que, de certa forma, atualiza a reflexão de Lévi-Strauss apontada em *Tristes Trópicos* sobre o mesmo povo e sobre o mesmo ponto, tal como mencionado anteriormente. Como indica a autora:

> Se o contato com a sociedade envolvente forçou uma modificação na disposição das casas (funcionários da FUNAI construíram as novas aldeias, não levando em conta a disposição circular, os missionários tentaram interferir na organização social bororo, introduzindo a aldeia em ele) não chegou, no entanto, a alterar a forma pela qual os Bororo concebem a sua sociedade e a relação entre seus membros. É por isso que a forma circular continua sendo o modelo utilizado para expressar o modo pelo qual eles se representam. Mesmo quando situados em aldeias com casas dispostas em ruas, eles apontavam para as casas como se elas estivessem dispostas em círculo, descrevendo deste modo as relações sociais entre seus moradores.[54]

Resguardadas as particularidades sociais e históricas, o que o exemplo Bororo demonstra como interessante a este trabalho é o modo pelo qual a circularidade enquanto modelo da organização social e espacial excede simultaneamente a configuração física e geométrica e se estabelece como um modelo conceitual.

Entre os Sanöma, um dos subgrupos yanomami, por exemplo, as casas são em geral construções retangulares, com telhados de duas águas, várias em número e dispostas de maneira aparentemente aleatória, sem uma orientação clara e definida e sem conformar os amplos terreiros circulares em seu centro. Nesse contexto, conforme Alcida Ramos: "Os rituais dos mortos, as discussões acaloradas, as grandes sessões xamanísticas, os debates interfamiliares e intercomunitários, os duelos e muita brincadeira de criança têm lugar no espaço fora das casas, transformado em "praça" cerimonial sem contornos físicos bem delimitados."[55]

Segundo informação verbal de Ramos, os Sanöma não possuem quaisquer registros de que chegaram a habitar casas coletivas

4. CASA-ALDEIA

circulares, cônicas ou troncônicas, embora em uma breve menção de Sílvia Guimarães em torno de uma narrativa mítica sanöma sobre a árvore dos cantos (tema transversal às narrativas yanomami no geral, mas que não detalharei neste trabalho) nota-se que "os antigos parecem fazer uma *'yano'* ou *'xabono'* ao redor da árvore, onde as famílias fazem seus fogos domésticos e no meio, onde está a árvore, acontecem os cantos e danças"[56]. Segundo Kenneth Taylor, os espíritos auxiliares dos pajés sanöma residem em "grandes casas comunais nos peitos dos xamãs"[57].

Na língua sanöma, o termo correspondente à *xapono*, "casa--aldeia", é *sai a*. Assim como em yanomamɨ o termo *sai a* não se restringe meramente à construção física das casas, pois inclui uma concepção de espaço alargada da casa-aldeia, aglutinando em si todos os demais níveis do espaço habitado dentro das clareiras: o compartimento familiar, a construção, o terreiro, a comunidade e a aldeia como um todo[58]. No entanto, há uma interessante relação homófona – isto é, uma relação entre duas ou mais palavras que, sendo diversas no significado, se pronunciam do mesmo modo – entre o termo sanöma para a festa funerária e o termo yanomamɨ para casa-aldeia: *sabonomo* (por vezes grafado também como *xaponomou*[59]). O termo corresponde semanticamente ao termo *reahu* ("festa funerária") em yanomamɨ, e também no sentido ritual de um modo geral e, apesar de pequenas variações, as festas seguem a mesma estrutura entre ambos os subgrupos. Já na língua yanomamɨ, *xaponomou* (note-se que /x/ e /s/ se assemelham fonologicamente) significa algo como "fazer, construir, reparar ou manter um *xapono*". Como vimos, o termo *xapono* não só se refere à construção e à estrutura da casa, mas também ao conjunto dos espaços familiares, distribuídos em torno do vazio central, que compõem o grupo. Nesse sentido, ao celebrarem o morto e se reunirem com os aliados, os Sanöma "fazem o *xapono*", "fazem a comunidade"[60], de modo que, para "além da celebração do morto, o termo *sabonomo* [*xaponomou*] enfatiza a necessidade de se reunir ou estar com outros [...]"[61]. Sendo o *reahu* um momento de rememorar e esquecer ("pôr em esquecimento"[62]) o morto e de selar alianças, resolver conflitos familiares, engajar-se em novas relações afetivas e criar ou reforçar a diplomacia entre as aldeias, o *sabonomo* (*xaponomou*), justamente, "faz o *xapono*" na medida em que reforça e consolida alianças e assim faz, constrói, repara e mantém os grupos. Desse modo, de acordo com Ramos, ao "fazer o *xapono*" os Sanöma concebem para si o espaço cerimonial que "se algum dia existiu em suas vidas, hoje se deixa antever no imaginário do não cotidiano"[63].

Com isso, proponho pensar o *xapono* como não restrito a uma forma geométrica específica, mais ou menos circular, mas compreendendo-o como um modelo conceitual em que o "meio do *xapono*" (*xapono heha*) opera como elemento lógico e relacional, gerador de sentido às múltiplas configurações da casa-aldeia e como aquilo que abre espaço, fundamentalmente, à sociabilidade yanomami. Sobre esse ponto, questionado certa vez sobre "por que o *xapono* é redondo?", Maurício Iximawëteri forneceu uma resposta precisa, desviando do problema geométrico e, apontando justamente para uma lógica relacional em que o modelo conceitual da "circularidade" do *xapono* é a própria condição da sociabilidade yanomami:

> Por que o *xapono* é redondo? Porque nós Yanomami precisamos morar na coletividade. Para quê? Para conversar com os outros, com as outras pessoas, trocar as ideias, para não maltratar as pessoas. Para comer junto, para oferecer às pessoas. Para decidir juntos, para se programar juntos, para lutar juntos. E para convidar e organizar as festas. Para fazer os convites, todo mundo tem que participar, decidir junto, resolver junto. Não queremos morar todos divididos. Se a gente se dividir, como que a gente vai se comunicar? Como que resolve? Precisamos resolver os problemas na coletividade. Todo mundo tem que participar, todos os jovens, idosos, mulheres, crianças. Crianças precisam conversar com as outras crianças. Se separar as crianças, nunca vão conversar, ou como que vão conversar? Ninguém vai saber as histórias dos avós, dos bisavós, das línguas, dos diálogos. Para evitar isso a gente mora na coletividade. Para, entre nós Yanomami, nos ajudar, para não sofrer.

Atento também à tradução feita pelos próprios Yanomami do termo *xapono heha* por "meio do *xapono*", pode-se notar que mais do que uma forma política e geométrica em particular – como a noção de *méson* ("meio"), definindo o que é público em oposição ao privado, materializada no espaço geométrico e democrático da pólis pela cidade centralizada na praça da ágora[64] –, o que a tradução por "meio do *xapono*" sugere é um centro, não geométrico nem vazio, mas um espaço intermediário entre as casas e as distintas seções familiares, marcado pela relações de coletividade inscritas no espaço. Essa coletividade, como se refere Maurício Iximawëteri, é tanto produzida e mediada quanto entrecortada pelas relações de influência e de posição marcadas pelo parentesco e pela aliança por meio da constante dinâmica de agregação e desagregação. Além do mais, trata-se de um espaço liminar entre as relações humanas e extra-humanas agenciadas pelos pajés por meio do diálogo e do engajamento com os seres-imagem *hekura*. É nesse sentido que podemos compreender o *xapono* e o meio do *xapono* para além do círculo como modelo físico, isto é, além de uma diferença extensiva e geométrica, mas como um modelo conceitual que permite uma reunião, de forma intensiva, em torno de algo e com alguém.

A diferença entre o extensivo (o geométrico) e intensivo (das relações, das afecções) do meio do *xapono*, contudo, se faz mais clara com esse breve paralelo com o que propuseram Gilles Deleuze e Félix Guattari em *Mil Platôs*:

Se há uma "geometria" primitiva (protogeometria) é uma geometria operatória [intensiva] em que as figuras nunca são separáveis de suas afecções, as linhas de seu devir, os segmentos de sua segmentação: há "arredondamentos", mas não círculo, "alinhamentos", mas não linha reta, etc. Ao contrário, a geometria de Estado [extensiva], ou melhor, a ligação do Estado com a geometria [ver, por exemplo, Lévêque; Vidal-Naquet, 1997], se manifestará no primado do elemento-teorema, que substitui formações morfológicas flexíveis por essências ideais ou fixas, afectos por propriedades, segmentações em ato por segmentos predeterminados.[65]

No entanto, diferentemente do que pressupõem Deleuze e Guattari, nesse caso, trata-se menos de uma protogeometria do que de uma contrageometria, já que esta (a "primitiva") não antecede a outra (a "de Estado", "democrática"). O meio do *xapono*, ao contrário da forma fixa ou ideal, é potencialmente disforme no sentido geométrico (ou contrageométrico), mas não no sentido relacional. Neste, o *xapono heha* é, de certa forma, o negativo, o resultado (nunca concluso, mas contínuo), a expressão espacial das conjunções e disjunções, dos conflitos e das alianças, dos movimentos e da permanência, das contingências e das estratégias. Em torno do limpo da clareira, organizam-se as casas, não em oposição ao centro "público" e geometrizado (*méson*), mas ao redor do todo habitado. Como o revés da sombra habitada, é o meio iluminado que contém o povo nele mesmo.

O caráter intensivo e luminoso do meio do *xapono* – seja nas variações menores ou maiores deste (análogas, em escala, à passagem de uma zenital a um pátio, e do pátio a uma praça) – tem também uma dimensão fundamental. Por meio dele, limpo (*au*) e claro (*heruxi*) – por vezes, insuportavelmente claro, quando muito limpo e muito iluminado pelo sol – é que são criadas as condições ou, literalmente, os caminhos para que os pajés estabeleçam diálogos e alianças com os seres-imagem *hekura*. Como me disse Adriano Pukimapɨwëteri, um *xapono* pode ter diferentes formas, no entanto, o que não pode faltar ou, por extensão, o que faz de um *xapono* como algo de fato, é a presença dos pajés *hekura*: "Um *xapono* sem *hekura* é muito perigoso, vem muita coisa ruim. O *hekura* cheira paricá e espanta as coisas ruins do *xapono*." Com isso, Adriano me explicava que, sem os *hekura*, a permanência do grupo enquanto grupo, mas também num determinado local, seria simplesmente impossível e insustentável dado o tanto de "coisa ruim" a que estariam sujeitos, sem o controle ou a mediação dos *hekura*.

Para que essa conexão entre os pajés e seus espíritos auxiliares se efetive, é o cuidado com a limpeza do meio do *xapono* que deve ser feito diariamente, já que os seres-imagem *hekura* têm completa aversão à sujeira. Essa limpeza, logo, deve ser feita pelos pajés que, como explicou-me Adriano, "devem cuidar do meio do *xapono* para não espantar os espíritos; os *hekura* ['espíritos'] não gostam de cheiro de cocô". Assim, os pajés (mas não só) diariamente limpam as áreas defronte às suas casas ou às casas em que irão se sentar para cheirar o paricá (*epena*) e cantar durante o *hekuramou*. Eles retiram com cuidado caroços de frutas, cocôs de cachorros, gravetos e impurezas diversas do solo e também o varrem; com isso, desvelam uma camada de terra ainda mais limpa e mais clara. O brilho (*herexi*) do meio do *xapono* limpo (*au*) opõe-se, assim, à sujeira (*ahi*) e à escuridão (*mi ruwë*), tal como a da mata cerrada (*paimi*). Esse brilho, ainda, é potencializado pelo efeito do *epena* que, como me relatou o pajé Cassiano do Bicho-Açu, promove uma sensação de "iluminação", ao passo que quando "você olha para o chão, de tão claro, você não vê as rachaduras [da terra batida seca], pois ele fica bem limpinho e liso". De forma análoga, conforme descreve Pedro Cesarino sobre os Marubo da Amazônia Ocidental, a categoria *shavá* – cujos sentidos nessa língua pano abrangem aspectos temporais (dias e épocas), espaciais (terreiro, casa, aldeia e espaço) e luminosos (claridade,

4. CASA-ALDEIA

luminosidade) – ressalta a dimensão fundamental dessa "forma de abertura no tempo-espaço para a existência luminosa em sociedade"[66]. Em oposição à mata fechada (*ni tsokoska*) e à escuridão (*vakíshka*), associadas aos espectros dos mortos, o que a categoria *shavá* aponta é para a centralidade da limpeza, do brilho e da luminosidade como condição para a socialidade, expressa de forma notável pela imagem da clareira na floresta: "imagem de um espaço que, aos poucos, oferecerá as condições para o estabelecimento daquela temporalidade marcada pela vida entre parentes"[67].

A "espacialidade luminosa" da clareira da aldeia pode, assim, ser vista como condição para a socialidade e também, como aponta Cesarino, para a capacidade de "estabelecer uma relação de extensão com os agentes que vivem em tais lugares [singularmente luminosos], com os quais um humano vivente pode eventualmente produzir relações"[68]. Da mesma forma, pela limpeza do meio do *xapono*, tanto por um esforço coletivo para a abertura de uma nova clareira quanto um esforço individual e que antecede uma sessão de pajelança, por exemplo, os reflexos da luz do sol se intensificam e, por intermédio de tal luminosidade, é permitido que os *hekura* venham ou desçam, tornando-se visíveis aos pajés engajados no *hekuramou*. Como assinala Eduardo Viveiros de Castro: "a qualidade primordial da percepção dos espíritos é, assim, sua intensidade luminosa"[69]. Essa qualidade se faz explícita também por meio das narrativas míticas, como essa narrada por pajés Parahiteri, coletada e traduzida por Anne Ballester, que diz:

No início, havia os que ensinaram os Yanomami a morar. Os espíritos existiam e eram parecidos com os Yanomami. Os espíritos não foram obra de ninguém. Eram assim, como os Yanomami. O *xapono* deles era tão limpo como o meu, não era fechado. Moravam juntos. Dizem que moravam assim sem ninguém os ter ensinado. Eles viviam em um *xapono* igual ao meu. Eles andavam sempre no limpo. Eles faziam amizade, conversavam e se visitavam. [...] Se eles morassem ainda no limpo, todos vocês, rapazes, cantariam: ea, ea, ea! Todos vocês seriam pajés. Hoje, os espíritos não são mais visíveis, pois não moram mais no limpo. Eles dançavam, faziam festas no limpo, como os Yanomami. Eles dançavam como dançam os Yanomami, no limpo.[70]

Assim, a limpeza é ressaltada não só como uma característica primeira do *xapono* e do *xapono heha*, mas também como marca distintiva entre os tempos da visibilidade completa (anterior à distinção entre os seres visíveis e invisíveis, os *hekura*) e das condições ideais para se tornar pajé (pela habilidade de ver os espíritos). E como me disse Cândido, *pata hekura* ("grande pajé") do Pukima Cachoeira, o limpo terreiro à frente de sua casa, caminho pelo qual os *hekura* passam, ainda longe de tocar o chão, é limpo como "uma pista de pouso", onde, segundo traduziu seu filho Claudio, "fica o seu avião, bem na frente da casa dele". É "como um aeroporto", e de lá, com ele, "ele consegue ir longe, para muitas cidades e muitas outras moradas", traduzia Claudio. Por isso que, dizia-me Cândido, quando eu o via em sonho, era ele mesmo, pois ele conhece muito e, por isso, pode ir muito longe.

A limpeza desvela a característica elementar do *xapono*, a experiência luminosa. Em outra passagem da mesma narrativa, conta-se sobre o *xapono* mítico que: "Apesar de ser um *xapono*, ele era muito brilhante, como um espelho, possuía uma luz própria."[71] Essa imagem do *xapono* de luminosidade extrema, ao mesmo tempo como o lugar limpo onde quem moraria logo se tornaria pajé, se relaciona também com o relato de dois interlocutores pajés do Pukima Cachoeira, Francisco e Claudio, ambos irmãos de Adriano e filhos iniciados por Cândido. Contou-me Claudio que, ao cheirar o *epena*, o *hekura* vê, durante o *hekuramou*, o *xapono* envolto em uma intensa luminosidade: "As casas, todas, com muitas cores, como um arco-íris". E Francisco diz que de tão brilhante, luminoso, limpo e colorido, "você pensa até que vai escorregar de tão liso". Diz também que ao longo do *hekuramou*, desde o processo de iniciação xamânica, a experiência visionária é como "fogos de artifício ou flashes de câmeras fotográficas". Segundo Francisco, durante a iniciação, a intensa luz, e com ela os *hekura*, vêm por cima da cabeça do pajé que o inicia, "como se tivesse ali uma tela de TV; dá medo". Fala, ainda, conforme lhe contava Cândido, que se ali, no espaço do *hekuramou*, "tiverem fotógrafos escondidos, vai queimar a câmera deles".

O conhecimento dos pajés é, assim, mediado pelo brilho intensivo dos caminhos dos *hekura*, estes que adentram o *xapono heha* vindos desde uma luminosidade extra-humana, transformando o espaço do terreiro. Como indica Viveiros de Castro – cujo argumento se expande dos yanomami para os povos indígenas amazônicos –, a relação entre iluminação e conhecimento não trata, entretanto, "de uma concepção de luz como distribuindo relações de visibilidade-cognoscibilidade em um espaço extensivo [...], mas da luz como intensidade pura, coração intensivo da realidade que estabelece a distância inextensa entre os seres – sua maior ou menor capacidade mútua de devir"[72]. Por intermédio da luz, em sua maior potência, a capacidade de devir. E através do meio do *xapono*, limpo e brilhante, o caminho ao invisível e à multiplicidade intensiva própria dos *hekura*. Como sugere Viveiros de Castro, entrelaçando enfim sentidos aqui expostos da limpeza, da luminosidade e, também, da visibilidade (e seu oposto) dos seres-imagem: "Aquilo que é normalmente invisível é também o que é anormalmente luminoso. A luminosidade intensa dos espíritos indica o caráter supervisível destes seres, que são 'invisíveis' ao olho desarmado pela mesma razão que a luz o é – por ser a condição do visível."[73]

Um *xapono* com *hekura*, então, é um *xapono pei a yai*, "uma casa-aldeia verdadeira", conforme me explicou Adriano. Isso, por exemplo, se vê quando falece um grande pajé, *pata hekura*. E ali onde ele é queimado, em uma grande fogueira no meio do meio do *xapono*, é colocado um pau, de madeira dura e adornado na ponta com penas de rabo de arara e montes de penas de papagaio, pintado de urucum, todo desenhado de linhas sinuosas e pontos intercalados e, ao fim, emplumado com penas brancas de gavião. O pau ali fica, como uma estaca pouco maior do que uma pessoa, no meio do *xapono*, até que no aniversário de sua morte, com os adornos já desgastados – carcomidos pelo tempo, porém intocado –, pode ser refeito e reenfeitado. Assim como o que se usa no *taamayōu*, a iniciação xamânica, esse pau é chamado de *pei maki*, palavra que indica tanto as "rochas", "montanhas", "picos rochosos" como, também, as "casas dos espíritos". E como explica Adriano, "o *pei maki* indica que aqui tem casa de espíritos". É um *xapono* verdadeiro.

PARTE 3

5.
Viver Junto

> *Cuando la noche llegó a su fin, los ruidos de la*
> *mañana reemplazaron a los de la noche, y los ancianos*
> *ordenaron: – ¡Hijos, levántense! ¡Ya es de día!*
> *¡Váyanse a cazar, a matar presas!*
>
> JACQUES LIZOT et al., *Los Pueblos Indios en sus Mitos 4.*

No tempo dos ancestrais, havia uma grande liderança chamada Koparisini, o ancestral Gavião (gavião-azul, *Buteogallus schistaceus*). Contam os pajés Parahiteri que foi ele quem "dividiu a terra onde nós moramos" e, além disso, foi ele quem "ensinou a morar" na região "onde eles [os ancestrais *no patapi*] moravam antigamente"[1]. A perspectiva sobre o morar, expressa no mito, é digna de nota. Segundo registrado e traduzido por Anne Ballester, conta-se que "nessa terra ele [Koparisini] fazia o *kãwãamou* e transmitiu esse ritual; ele os mandava se reunirem e nos ensinou, assim, a nos reunirmos em nosso *xapono*"[2]. O *kãwãamou* (ou *patamou*, literalmente "agir como um velho/ancião"), transmitido para os Yanomami pelo ser-imagem Gavião (Koparisini), consiste em uma prática cotidiana na vida social. Nela, o falante dirige o discurso ao povo do *xapono* não só para estimular e organizar atividades comuns, mas também para compartilhar notícias, planos ou conflitos.

O *kãwãamou* é feito no espaço da aldeia, o *xapono*, e em acampamentos temporários na floresta, os *yãno*, em expedições de caça e coleta coletiva *wayumi* ou durante viagens pela mata, de modo que pode ser reproduzido sempre que o grupo se encontra junto. Essa prática pode ser considerada uma variante das conhecidas falas ameríndias de chefe, ainda que não seja necessariamente restrito aos chefes ou líderes de facção familiar, os *përiomi*. As falas dos *përiomi* e dos *patapata pë* são, entretanto, as mais reconhecidas como "falas boas" e "falas fortes", já que articulam melhor o ritmo e o estilo próprio do *kãwãamou*, além de terem mais conhecimentos das histórias do tempo dos antepassados, sendo que são estas que estabelecem os parâmetros para organizar as atividades do grupo. *Patapata pë,* a saber, pode ser traduzido, assim como é feito no Marauiá, por "velho" (*patayoma,* "velha"), bem como por "ancião/anciã", "grande homem/mulher" e, como dizem, "os postes da casa", mais associado à sabedoria e ao conhecimento e menos à idade.

Como conta Davi Kopenawa, é comum que os velhos, inclusive, não deem nenhuma instrução durante o *kãwãamou* (*hereamuu,* na língua yanomam), mas apenas discorram "com sabedoria" e falem "somente para que seus ouvintes possam ganhar conhecimento", nomeando os antigos feitos e todas "as antigas florestas onde seus pais e avós viveram, descendo aos poucos das terras altas"[3]. Já os pajés falam sobretudo do tempo dos antepassados, anterior à distinção humano-animal: "No primeiro tempo, nossos ancestrais viraram outros, transformaram-se em veados, antas, macacos e papagaios."[4] Dessa forma, narram as histórias antigas e "é assim que ensinam as coisas para as pessoas comuns; para as pessoas que não conhecem os ancestrais animais, nem todos os mundos distantes, cujas imagens não são capazes de fazer descer"[5].

Noutra série de narrativas míticas, a origem do *kãwãamou* é também associada à origem da noite, inaugurada pela morte de Titiri – o "demônio da noite", relacionado ao antepassado mítico do mutum (*Crax alector*) – por Horonami, o "primeiro dono da floresta"[6]. "Dono" em yanomami pode ser indicado por meio do mesmo sufixo *-teri* que, como vimos anteriormente, pode significar também o "habitante de" ou "povo de", determinando o *xapono* ou o grupo local daquele a que se refere, como Wãhaawëteri. Num sentido mais cotidiano *-teri* é então posposto ao objeto, como *mokawateri* (*mokawa,* "espingarda"), o "dono da espingarda". Nesse sentido, o sufixo indica, assim como no uso relacionado ao grupo local ou ao local de moradia, algo que forma parte de um conjunto maior, mas que está relacionado a

5. VIVER JUNTO

alguém em específico. Já ao se referir a um personagem mítico ou espírito auxiliar xamânico – um ser-imagem dos tempos primeiros – "dono" pode ser indicado como *porewë*, como em *Iwariwë kãɨ wakë porewë*, "Jacaré (o ser-imagem, dado o sufixo "espiritizador" *-riwë* em *iwa,* jacaré) dono (*porewë*) do fogo (*kãɨ wakë*)". Ou ainda, tal como traduzido por Ballester, sobre a história de Horonamɨ, como "a história do primeiro dono da floresta" (*urihi a rë ponowei të ã)*[7], onde o "dono" é indicado pela raiz verbal *pou* ("possuir", "ter", "guardar"), conjugado aqui no sentido de "aquele que possuía" (*-nowei*) e possivelmente traduzível, de modo mais literal, como "a história daquele que possuía a floresta". Nos últimos dois casos, o idioma da propriedade privada é equívoco e no lugar deste é o idioma do dono-mestre – constituinte da socialidade amazônica – que define seus contornos principais. Assim, cabe a Horonamɨ, não a simples posse, "mas sim as capacidades de conexão com o campo virtual de saberes, baseadas nas tarefas de citação, mediação e transmissão"[8] e a capacidade de gerar uma "ação eficaz sobre esse mundo"[9].

Em uma das versões do mito conta-se que foi Horonamɨ que

procurou aquilo que nos permite dormir. [...] Ele procurou sem desistir, procurou, procurou e acabou encontrando essa coisa perto de sua moradia. A cauda da coisa já estava visível, pendurada em um galho [...]. A noite estava empoleirada em cima de uma árvore não muito distante. Parecia com um mutum empoleirado [...]. Assim era a escuridão. Apesar de a noite parecer um mutum, Horonamɨ conseguiu encontrá-la. A noite também cantava como um mutum. [...] Quando Horonamɨ flechou o mutum da noite, apesar de estar perto da sua moradia e de retornar correndo, ele também sofreu, porque anoiteceu de uma vez. [...] Naquela noite, os Yanomami também sofreram. [...] Havia então três pajés: o avô, o avô mais novo e o cunhado, e eles esquartejaram a noite, fazendo reaparecer a luz do dia [...][10].

E em outra versão a narrativa termina assim: "Quando a noite chegou ao fim, os sons da manhã substituíram os da noite e os velhos ordenaram: 'Jovens, acordem! Já é dia! Vão pro mato, vão caçar!'"[11]

Com o fim da primeira noite, esquartejada pelos pajés (numa versão) e anunciada pelos sons da manhã vindos da floresta (noutra versão), o crepúsculo da manhã é também acompanhado das vozes dos velhos, substituindo os roncos da noite e orientando os mais jovens a despertarem e irem para o mato. Na transcrição original do mito em yanomami, recuperada e analisada por Javier Carrera Rubio a partir da versão registrada por Jacques Lizot, é notável que a fala dos velhos *patapata pë* que encerra a narrativa, reproduzida em discurso direto, remeta precisamente ao estilo da retórica típico da abertura dos diálogos *kãwãamou*: *"ihiru pë, / pë ta hokëtou haitaru!"* ("jovens, / acordem já!")[12]. Como pontua o autor, a orientação dos velhos para que os jovens despertem e saiam para caçar pode parecer óbvia, mas tratando-se de um período anterior à estabilização do tempo e, portanto, do cotidiano e das normas sociais e morais, a fala do primeiro *kãwãamou* orienta o desenrolar da vida social ao passo que explicita o valor da palavra, especialmente a dos velhos, na alvorada do dia[13]. E assim como "a noite também cantava como um mutum", o amanhecer passa a falar, num certo sentido, como um velho.

Kopenawa conta que "para ser capaz de proferir os discursos em *hereamuu* [*kãwãamou*] com firmeza, é preciso conseguir a imagem do gavião *kãokãoma* [falcão-caburé, *Micrastur ruficollis*], que tem uma voz potente"[14]. A imagem, ou o ser-imagem, gavião *kãokãoma* é conhecida entre os yanomam (subgrupo de Kopenawa) como Kãomari. Segundo Kopenawa, ela desce "por conta própria, não é preciso ser xamã" e transmite suas afecções para o falante: "Ela indica à nossa garganta como falar bem. Faz surgir nela as palavras, umas depois das outras, sem que se misturem ou percam sua força. [...] Com ela, nossa língua fica firme, não falha [...]."[15] Falar bem se refere, nesse contexto, à sabedoria de proferir exortações longas, potentes, vigorosas e efetivas, mobilizando o povo do *xapono* para as atividades diárias e, além disso, transmitindo conhecimentos antigos e dos antepassados. É por uma "ética da dialogicidade"[16] própria, então, que se sustenta o jeito correto de viver, como narra o mito de origem da noite.

Entre os Yanomami, a mesma espécie de falcão apontada por Kopenawa é conhecida como *kãwãmãri* ou *kãõmãri* – daí o nome, *kãwãamou*. O sufixo *-mou* (assim como *-muu* em yanomam), como vimos, transforma o substantivo em verbo e, nesse caso, poderia ser traduzido como "agir como um falcão-caburé". A correspondência da espécie entre a fala de Kopenawa sobre a imagem de Kãomari e a raiz do termo *kãwãamou* é notável. O falcão-caburé, conhecido mais pelo seu chamado do que realmente é visto, costuma repousar quieto e solitário, empoleirando-se no interior da mata e geralmente não faz sobrevoos. O seu chamado se assemelha, entretanto, a um latido agudo, sendo emitido especialmente no início da manhã e no fim do dia, assim como o *kãwãamou*.

"Agir como um falcão-caburé" não deve aqui ser entendido como uma simples forma de identificação, como uma correspondência de relações, tampouco como mera semelhança, imitação ou reprodução plena. Ao contrário, seguindo a lógica do devir de Gilles Deleuze e Felix Guattari, "agir como" talvez seja melhor compreendido como uma modulação – processo no qual a variação de dois pontos implica uma mudança, em um terceiro ponto distinto do primeiro e do segundo, como uma mistura cromática[17]. Nesse sentido, "agir como um falcão-caburé" implica uma modulação de afecções associadas não só à loquacidade da fala do falcão, mas também ao domínio dos cantos, ao traquejo com a voz dos outros (as outras línguas) e à capacidade de liderar.

Tal operação se assemelha àquelas agenciadas por diferentes espécies de pássaros em diversas sociocosmologias indígenas, com destaque ao japim (*ayakorã, Cacicus cela*), considerado entre os Ashaninka do Alto Juruá, assim como entre os Yanomami, por exemplo, como um poderoso xamã[18]. Os japins são pássaros que

FIG. 37: *Ninhos de japim (ayakorã, Cacicus cela) pendurados em uma árvore alta da floresta, na beira do alto rio Marauiá, 2019. Foto do autor.*

FIG. 38: *Amanhecer no Pukima Cachoeira, 2019. Foto do autor.*

partilham do apreço pela vida coletiva e vivem em ninhos-malocas de palha de palmeiras em forma de bolsa e pendurados nos galhos, em grandes comunidades aéreas-arbóreas. Em especial, os japins apresentam uma excepcional capacidade de "imitar" – no sentido da modulação acima descrito – os cantos, os chamados e os ruídos de diversas outras espécies animais, razão pela qual são frequentemente considerados como um pássaro poliglota ou, como ouvi certa vez de André, do *xapono* Pukima Beira, um "pássaro gravador".

Além do mais, não deixa de ressaltar aos ouvidos a aparente relação entre a vocalização do gavião-azul (*Buteogallus schistaceusi*), associado ao antepassado mítico Koparisini que vimos acima, e a retórica Yanomami evidenciada pelo *kãwãamou*. Refiro-me ao modo pelo qual as exortações proferidas pelos *patapata pë* são realizadas que, do ponto de vista estilístico é, digamos, semelhante à frequência do canto dessa ave. Em algumas falas – cujos temas já pontuamos – e ao fim das sentenças, as palavras costumam ser finalizadas com um estribilho, sem função semântica, possivelmente transcritas como *auuueee*, de modo que o *a* é entoado com uma breve exclamação em *crescendo* (isto é, com aumento da intensidade sonora) e segue com prolongado *diminuendo* (numa redução progressiva da intensidade sonora) no *uuueee*. O recurso é utilizado também em outros contextos, como na chegada de convidados a uma festa funerária, e normalmente direcionado ao *xapono* como um todo, como no caso do *kãwãamou*. Ao que parece, *auuueee* transmite um efeito ainda maior de encorajamento, estímulo e incitação, que é algo que se espera das exortações do *kãwãamou,* diferente de meras ordens ou comandos. Esse efeito se soma ainda ao uso comum do morfema imperativo permissivo *ta* – como no exemplo anterior, "*ihiru pë, / pë ta hokëtou haitaru!*" ("jovens, / acordem já!") – que, conforme aponta o linguista Henri Ramirez, diminui "a força da ordem"[19] – de modo que poderia ser traduzido também como "jovens, podem acordar já!" –, como é comum na política ameríndia, "que parece rechaçar, de maneira sistemática, o uso da voz autoritária"[20].

Entretanto, a correspondência ou o "agir como" (*-mou*) o gavião-azul indica, nesse caso, mais um "mimetismo ontológico" do que um "mimetismo sonoro". Bruce Albert, em "A

5. VIVER JUNTO

Floresta Poliglota" (*La Fôret polyglotte*), expõe essa formulação para pensar o modo pelo qual os pajés "se identificam" com a imagem de *Ayakorāriwë*, o Japim, ser-imagem dos tempos primeiros e de importância singular no xamanismo yanomami e amazônico de modo geral[21]. A identificação permite, portanto, que os pajés façam dançar e descer essas imagens dos ancestrais animais na forma de espíritos auxiliares. Ao mesmo tempo, o pajé adota as suas potências associadas à sua imagem essencial, as suas subjetividades e suas expressões vocais e, no caso de *Ayakorāriwë*, ao menos entre os pajés yanomam, trata-se do "único espírito que permite aos xamãs regurgitar à vista de todas as plantas de feitiçaria e os objetos malignos que eles extraem do corpo dos doentes"[22]. No caso do *kāwãamou*, as correspondências entre a vocalização do gavião-azul e do falcão caburé e as falas dos *patapata pë* poderiam ser também entendidas como um possível modo de identificação, um "mimetismo ontológico". O modo de identificação parte, nesse caso, do pressuposto de que diferentes seres possuem diferentes línguas – como estes concebem suas vocalizações para si mesmos – e, de forma análoga à diplomacia xamânica, esse modo de comunicação sugere "uma estética política comum que atravessa fronteiras ontológicas"[23].

Como no mito de origem da noite ou conforme os hábitos do falcão-caburé, o mais comum é que as exortações do *kāwãamou* sejam feitas na hora do orvalho, bem no início da manhã. As falas começam na penumbra da noite, antes da alvorada. Durante seu desenrolar, que acompanha o amanhecer do dia, uma verdadeira névoa de orvalho evapora dos tetos de palha aquecidos pelas fogueiras domésticas e pelo sol nascente, envolvendo o *xapono* numa densa bruma. Em outros momentos o *kāwãamou* pode ser feito também após o anoitecer, quando as famílias estão reunidas nas casas, em volta das fogueiras e descansando nas redes. As vozes são emitidas num volume apenas um pouco mais alto do que o regular, e gritos ou exclamações em voz alta se fazem presentes apenas quando a gravidade do assunto extrapola o controle preciso da fala de chefe. Em ambos os períodos, a fala ora se mistura ao sonho daqueles que ainda não despertaram, ora se confunde com diálogos no íntimo descanso noturno e, discretamente, passeia pelo *xapono*, adentrando de maneira involuntária as moradas, os ouvidos e os pensamentos de todas e todos. Como diz Kopenawa: "Os grandes homens arengam as pessoas de suas casas durante a noite e elas, mesmo que permaneçam em silêncio e pareçam estar dormindo, escutam com atenção. Ao nascer do dia, seu espírito desperta e dizem a si mesmas: '*Haixopë!* Aquelas eram boas palavras! Vamos responder seguindo os seus conselhos!'"[24]

O tom de voz é, portanto, modulado seguindo a escala do *xapono*. Ao mesmo tempo, poderíamos pensar que talvez seja o *kãwãamou* que define, na verdade, a escala ideal do *xapono*, isto é, aquela em que o som, sem grandes esforços, navega pelo terreiro central e adentra o conjunto de todas moradas. No *kãwãamou* a fala é emitida a partir das soleiras das casas ou, em outros momentos, desde o meio do *xapono*. Em ambos os horários em que a fala é feita, dificilmente a pessoa que fala de pé está completamente visível, seja pela escuridão da noite, seja pela delicada luz nascente da alvorada. Para além da não visibilidade do emissor, a fala circula e serpenteia pelo espaço e o *xapono* adquire também uma dimensão acústica, evidenciando a disposição circular da casa-aldeia e da clareira em que se situa. A clareira do *xapono* é exígua, rodeada e restrita pelas árvores da floresta, e o som das falas do *kãwãamou* reverbera no interior dos limites do terreiro, de forma que "o meio do *xapono*" (*xapono heha*) se transforma numa espécie de amplificador, intensificando não apenas as falas. mas também todos os "ruídos [*noises*] que constituem a vida Yanomami em comum"[25].

É essa polifonia amplificada pela floresta, destacada aqui nas falas do *kãwãamou*, que representa um papel central na construção da sociabilidade yanomami, conforme propõe Carrera Rubio. Segundo o autor, são as palavras e os sons que circulam pelo *xapono* que transmitem um senso de "proximidade [*togetherness*]", avivando e eliciando as relações estabelecidas dentro do grupo local por intermédio dessa polifonia e (a partir de Alan Passes) dos "ruídos da coexistência [*loudness of coexisting*]"[26]. Assim como faz Alejandro Reig[27], ampliando essa proposição de Carrera Rubio para pensar também os aspectos sensoriais e corporais na construção desse espaço de sociabilidade, sugiro uma leitura adicional à ideia dos "ruídos da coexistência" como forma de constituição da espacialidade do *xapono*. Nesse sentido, ressalto a possibilidade de pensarmos a produção do *xapono* a partir das modulações sonoras e das dimensões políticas e acústicas da fala, especialmente a fala do *kãwãamou*.

5. VIVER JUNTO

Diferentemente dos diálogos cerimoniais Yanomami, o *kãwãamou* é sobretudo orientado para dentro, ou seja, é dirigido àqueles que são exclusivamente corresidentes do *xapono*, articulando temas que pertencem ao dia a dia daqueles que se põem a viver juntos. O contraste entre a "linguagem de dentro" do *kãwãamou* e a "linguagem para fora"[28] é dado em comparação aos diálogos cerimoniais conhecidos por *himou* e *wayamou*. Estes têm sua origem associada também ao mito de origem da noite. Assim conta Kopenawa:

Foi Titiri, o espírito da noite, que no primeiro tempo ensinou o uso do *wayamuu* e do *yãimuu* [mesmo que *wayamou* e *himou*, em yanomami]. Fez isso para que pudéssemos fazer entender uns aos outros nossos pensamentos, evitando assim que brigássemos sem medida. [...] Então, Titiri disse a nossos ancestrais: 'Que essa fala da noite fique no fundo de seu pensamento! Graças a ela, vocês serão realmente ouvidos por aqueles que vierem visitá-los.'"[29]

Nesse trabalho não detalharei a prática dessas formas de diálogo "para fora" (*himou* e *wayamou*). Apenas a introduzo aqui como forma de contraste ao diálogo *kãwãamou* ("de dentro") para evidenciar o sentido deste, mais do que discorrer sobre os outros. Como sintetiza José A. Kelly Luciani, enquanto o *kãwãamou* articula um conteúdo moralizante, direcionado internamente para a criação de uma disposição coletiva e que

procura evitar a degradação da convivialidade em briga, conflito e divisão, os diálogos *wayamou* [feitos de noite e considerando o himou como uma variante diurna deste] podem ser vistos como dispositivo para converter relações de troca suspeitas em outras mutuamente proveitosas, ou pelo menos para apaziguar o status mútuo de comunidades social e geograficamente distantes[30].

Os diálogos "para fora" costumam, então, ser realizados em ocasiões de visitas, sejam visitas voltadas para troca, sejam no âmbito de festas funerárias *reahu* ou em assembleias e encontros políticos entre associações yanomami (como forma atual e atualizada dessa forma de diálogo), e são orientados para estabelecer relações de troca e resolução de conflitos. Nesses diálogos, hóspede e anfitrião se põem frente a frente, de cócoras e movimentando-se sobre as pernas agachadas, trocando toques e falas metafóricas e ritmadas sobre lugares habitados no passado, eventos míticos, registros de relações mútuas, previsões e intenções de trocas, conflitos e alianças possíveis. Em suma, se os diálogos "para fora" são formas eventuais e cerimoniais de troca (troca de palavras e premissa para troca de coisas[31]) e de manutenção das relações entre grupos aliados, o *kãwãamou* volta-se para "dentro", tanto na forma quanto nos temas, e é o que "faz as pessoas [do *xapono*] sentirem que não estão sozinhas; como um importante componente diário das práticas de convivialidade, essa arte verbal comunica o sentimento de pertencer a uma comunidade"[32]. E, assim, faz o *xapono*: expressão espacial do viver junto, construído pelas práticas de convivialidade, regidas e mantidas pela palavra.

A ideia sintética de "viver junto" – que em Yanomami se diz *yaiprou*, verbo intransitivo com sentido de "dispor-se a viver junto"[33] – vai ao encontro com a perspectiva de Peter Rivière sobre a organização social e espacial dos povos das Guianas, que sugere pensarmos o espaço habitado (*settlement*, na categoria mobilizada pelo autor) não apenas do ponto de vista geográfico ou de sua constituição física e formal, mas também como "um conjunto de pessoas vivendo juntas no mesmo lugar"[34]. Esse "viver junto" (*yaiprou*) pressupõe, contudo, certa instabilidade – própria de uma dinâmica socioespacial de sucessivas agregações e desagregações, mudanças e fissões, contatos e conflitos – e que deve ser controlada, justamente, pela palavra. "Viver junto" é, assim, uma condição provisória e que deve ser mantida, no caso, pelo intermédio da fala do *kãwãamou* como forma de manutenção das relações de convivialidade no *xapono*. Philippe Descola, tratando dos diálogos cerimoniais do povo Achuar da Amazônia equatoriana e peruana, indica algo análogo, em uma elegante síntese: "Estar junto, para os Achuar, é antes de tudo estar junto com alguns, contra alguns outros, numa coagulação efêmera do vínculo social."[35] E Pedro Cesarino, comentando esse trecho, destaca a provisoriedade da aglutinação desse coletivo possível que se dá, sugestivamente, de modo distinto do "mito da universalidade do coletivo, precisamente o mito da democracia"[36].

A provisoriedade de "viver junto", então, oscila entre o reunir-se (*kõkãmou*) e o separar-se (*xetekou*) por meio dos fluxos de relação que se fazem, desfazem e refazem no tempo e no espaço. Esse fluxo pode ser visto de maneira condensada, por exemplo,

5. VIVER JUNTO

no processo cíclico de mudança e construção de um novo *xapono* após a fissão de uma parcela do grupo local por um conflito familiar: a separação que leva à dispersão para, em seguida, renovar o ciclo por meio de uma reunião, que leva à concentração e assim por diante. É nesse sentido então que momentos de mais estabilidade pressupõem momentos de mais instabilidade – e vice-versa, de modo que, antes de um genérico coletivismo (primitivo ou universal), trata-se na verdade de um "mundo perenemente dividido por forças de agregação e desagregação" – assim como o mundo Kanamari da Amazônia Ocidental analisado por Luiz Costa[37].

Como sugere Rivière, a casa (ou o *xapono*, em nosso caso) pode ser pensada como "uma comunidade estável, desde que apenas por um momento, no que de outra forma é um mundo de arranjos sociais fluídos"[38]. Caso contrário, se a instabilidade se mantém e os conflitos se agravam, o grupo pode vir a dividir--se e o *xapono*, abandonado, sujeito à consumação orgânica pela floresta ou pelo fogo. A partir dessa lógica penso também que é a fala que faz o *xapono*, dado que nessa condição efêmera a palavra dos líderes ou dos velhos – especialistas do jeito de viver – é essencial para a manutenção do sentido e da condição de viver junto (*yaiprou*). Assim, se uma "liderança bem-sucedida deriva de uma habilidade de manejar as redes sociais que constituem a povoação [*settlement*] e a comunidade"[39], é também por meio da fala que se constitui o espaço do *xapono*, moldado a partir da escala e potência da palavra. Dessa forma, assim como são as narrativas antigas que informam o jeito de viver e que sustentam "o jeito de pendurar redes", penso que é a palavra em si, serpenteando pela clareira habitada, que dá ao *xapono* seu sentido essencial, sua sempre efêmera coesão social e espacial, da forma circular à escala medida pela voz.

Como ensina a história de Koparisini, morar é reunir-se pelo diálogo, por meio do qual as relações são mantidas, ordenadas e, literalmente, circuladas. No *kãwãamou*, contudo, o diálogo se estabelece na escala do *xapono* e os interlocutores, que podem ser múltiplos, vez ou outra replicam as falas dos locutores principais. A fala do *kãwãamou* é, assim, apenas aparentemente monológica, pois além de eventuais, distantes e fragmentárias *back channel responses* – expressões padronizadas, como exclamações de concordância, que transmitem a atenção da audiência e dos interlocutores ao que é dito pelo locutor –, podem também partir de distintos pontos dos círculos de casas do *xapono* respostas sobre o assunto em questão, reações a acusações ou contestações do que está sendo dito ou exortado, multiplicando as vozes do ato dialógico no espaço da clareira. Nesses casos, a soleira das casas ou o meio do *xapono* se abre para outros falantes que, um por vez, se intercalam no *kãwãamou* estendido. Tanto na chave do diálogo quanto das exortações feitas pelo *përiomï* cotidianamente, o *kãwãamou* se configura como uma estratégia de resolução de conflitos e um meio de aliviar a tensões internas ao grupo local, organizando a vida e as relações no *xapono*, permitindo, ao fim, que ele se mantenha junto. Como observa Jacques Lizot, "velhos e líderes são diplomatas: sem nenhum poder de coerção, eles esforçam-se para convencer pela palavra e pelo exemplo. Sua autoridade é moral"[40]. Eles são, pois, "os postes da casa". Dessa maneira, é pela palavra que o *xapono,* no sentido de grupo de pessoas vivendo juntas, é conduzido para o devido "caminho do comportamento moral [*path of moral behavior*]"[41] ou, melhor dizendo, ao "nosso jeito de ser" (*yama kï rë kuaaïwei*).

Essa forma de diálogo ecoa uma formulação de Hélène Clastres, tratando da fala de um chefe entre os Guarani, que se pergunta: "Do que fala, com efeito, o chefe nos discursos cotidianos que a tribo espera? Ele expressa a tradição. Ele expressa aquilo que faz o 'nós' no qual uma sociedade particular se reconhece."[42] A ideia reverbera, literalmente, entre os Yanomami. Adriano, *përiomï* do *xapono* Pukima Cachoeira, sobre esse ponto certa vez me disse: "A informação que eu pego, eu tenho que distribuir [...] quando eu estou aqui fica tudo certo, quando eu saio daqui dá problema." A função do *përiomï*, ou do chefe, é, portanto, colocar a informação (em sentido amplo) para circular (literalmente, inclusive) e orientar o correto "jeito de ser", pontuado pelas ações e tarefas do cotidiano. Dentre as informações circuladas para esse fim, reside como pano de fundo a "tradição" ou, como sugere Cesarino ao se referir aos diálogos *tsãiki* dos Marubo, as "referências a um passado prototípico"[43]. Segundo o autor: "Sem a garantia desse pano de fundo, a sociedade tenderia a se esgarçar e a se dispersar em uma miríade de parcialidades desconectadas."[44] Nesse mesmo sentido é que, por meio do *kãwãamou,* o *përiomï* conduz o *xapono* e o respectivo

5. VIVER JUNTO

grupo local para um ponto comum de proximidade e bem-estar, aglutinando "parcialidades potencialmente dispersas entre si, tal como um corpo aglutina duplos ou componentes da pessoa"[45]. Sem isso, como alerta Adriano, "dá problema" – no limite, operando a passagem da concentração à dispersão.

É por meio desse pano de fundo prototípico, então, que na ausência da "abstração do comum" os diálogos – tal como o *kãwãamou* ou o *tsãiki* marubo – são capazes de "garantir a integridade das redes sociais a partir de sua própria fluidez molecular, de sua conectividade pelas relações de vizinhança, de sua instabilidade constitutiva" e, enfim, "garantir a continuidade dos vínculos entre grupos locais"[46]. Como destaca Carrera Rubio, o *kãwãamou* "contribui para a criação, por meio da linguagem, de um verdadeiro senso de comunidade"[47]. Assim, é pela linguagem, a fala e a palavra, enunciada com sabedoria pelos "postes da casa" (*patapata pë*), que a comunidade e o *xapono* se constituem e se mantêm não só enquanto grupo, mas também enquanto espaço construído e moldado continuamente em função do viver junto (*yaiprou*). Em suma, o que o *kãwãamou* faz é "afirmar aquilo que faz o ser mesmo da sociedade"[48]: viver junto (*yaiprou*), o nosso jeito de viver; no *xapono*, na terra-floresta, como sempre vivemos.

Viver só, ao contrário, é a negação da sociabilidade e da humanidade; pressupõe o silêncio e, com isso, a ausência dos ruídos da coexistência que fazem e animam a vida no *xapono*. Esse contraste pode ser evidenciado por meio da narrativa mítica sobre Pore (ou Poreawë e Porehimi, como dizem em outras regiões), "espírito fantasma" dos tempos primeiros e "dono" das primeiras bananas cultivadas. O mito poderia ser resumido da seguinte maneira (e vale notar que em diversas versões ele e o mito de origem da noite de Titiri compõem uma só narrativa[49]):

Foi o Fantasma [Pore] que fez aparecer as bananeiras. Elas vêm do Fantasma. Por que ele as fez aparecer? Porque ele tinha um filho, que ele tinha de alimentar. Ao ouvir a voz do filho do Fantasma, Horonami [o "primeiro dono da floresta", como vimos] descobriu a sua moradia e pegou com ele umas mudas de bananeiras. O Fantasma não tinha outros parentes. [...] Quando não existia nem roças, nem Yanomami, depois de Horonami pegar as bananeiras, ao chegar ao seu *xapono*, ele deu nomes a elas, deixando com isso o ensinamento de como plantar as bananeiras. Ele as pegou para nós as termos.[50]

Pore, em todas variações do mito, encarna a antissociabilidade de diversas maneiras. Como na versão apresentada acima, diz--se que Pore "não tinha outros parentes", mas apenas um filho, o que decerto constitui um *xapono* fora do comum. Em outra versão, registrada por Lizot, a história começa assim: "Seu nome era Pore [*Revenant*, no original] e ele morava sozinho, para lá, naquela direção."[51] E noutra, também registrada por Lizot, Horonami relata o seu feito aos seus parentes, indo à busca da morada e da roça de Pore: "Eu me perdi na região Yakërë, em uma terra distante onde nenhum Yanomami vive. Eu roubei algumas bananeiras em uma roça."[52] Seu isolamento, "onde nenhum Yanomami vive", vai ao encontro com a imagem de alguém que mora só e, como aponta Carrera Rubio em outros mitos que apresentam a figura de Pore, também se ressalta o fato de que ele não tinha fogo e nenhuma fumaça era vista saindo de sua casa, de modo que sua morada era terrivelmente fria e a comida que oferecia aos seus visitantes era inadequada, talvez crua[53].

Em todos os casos, o que o retrato de Pore revela é uma oposição radical ao devido "caminho do comportamento moral [*path of moral behavior*]"[54]. A antinomia torna-se nítida pelo *xapono* de Pore, sem fogo e só. Em suma, um estranho *xapono* onde vive-se só, e não junto; um *antixapono*, decerto. O modo de habitar de Pore constitui-se, assim, numa negação da humanidade. Habitar numa terra onde "nenhum Yanomami vive" é o oposto daquilo que todo mundo é. Como indica o sufixo *-teri* – posposto aos nomes pessoais vinculados ao *xapono* que pertence, como em Adriano Pukimapiwëteri –, alguém só pode ser coabitante de um *xapono*, vinculado a uma rede de outros *xapono* (*yahiterimi*), numa região específica, com nome e com gente junta, sejam aliados ou inimigos, em algum canto da terra-floresta *urihi*. Morar só, por outro lado, é morar em silêncio. Não por acaso, um dos aspectos mais ressaltados de Pore é a sua estranha fala, sua voz medonha e, essencialmente, o fato de que ele não fala direito. Pore ainda é retratado como sovina e, não fosse o roubo de Horonami, as bananas não existiriam: "Nossos antepassados e os antepassados dos *napë* não comeram banana desde o início. Hoje, tanto os *napë* quanto os Yanomami plantam bananas, a partir do ensinamento de Horonami."[55]

A relação entre não falar corretamente e a sovinice de Pore é determinante. Como indica Lizot[56], os Yanomami estabelecem

5. VIVER JUNTO

uma equivalência entre a troca de palavras e a troca de bens, como vimos no caso do *wayamou*. Nos diálogos cerimoniais, assim como em contextos mais gerais, a habilidade de falar bem é referida como *aka hayu;* e o seu oposto, referindo-se àqueles que não falam corretamente, como *aka porepɨ*, que significa, literalmente, "ter a língua de fantasma". *Aka hayu* refere-se, no entanto, também à habilidade e à participação ativa nas trocas, indicando aquele que sabe "fazer um pedido ou uma exigência como é devido"[57]. *Aka porepɨ*, por outro lado, indica os mudos, os estrangeiros que não falam a língua yanomami, quem não sabe proceder nas trocas e "dá objetos sem receber nada em troca", quem não participa corretamente do *wayamou* e, de forma extremada, quem é "incapaz de participar de diálogos cerimoniais"[58]. Pore, epítome daqueles que falam como "fantasma", contraria, nesse sentido, a moral propriamente humana e os ideais do viver junto (*yaiprou*). Como resume Carreira Rubio: "Esse é um tipo de vida particular que, para os Yanomami, é sintetizado por uma vida de comunidade; é uma vida social dependente de uma socialidade adequada, uma que leva para uma boa convivialidade; é uma vida que tem que ser constantemente socializada e, portanto, criada e mantida dialogicamente pelos meios apropriados de comunicação."[59]

O anti*xapono* de Pore aponta ainda para outro desdobramento extremo à forma ideal de sociabilidade yanomami. Vazio e silencioso, o *xapono* é associado à falta das condições que possibilitariam a vida comunitária e, por extensão, à ausência de vida – a morte. A associação com a morte é também feita com a própria figura de Pore, dado que é conhecido por ser o "dono" das bananas, fruta que é diretamente associada aos procedimentos funerários da festa *reahu*. Como na versão da narrativa registrada por Luis Cocco, teria sido Pore que ensinou os Yanomami a cremar, triturar e tomar as cinzas dos ossos com mingau de banana, como é costume entre diversos grupos yanomami, sendo assim relacionado ao ensinamento de como fazer o *reahu*[60]. Essa relação entre Pore, sua casa vazia e a morte extrapola as narrativas míticas e ecoa também em situações oníricas e cotidianas e, como aponta Carreira Rubio, torna-se de diferentes maneiras um "sinônimo de morte"[61].

Certa feita, conversando sobre sonhos com o *përiomɨ* do Pukima Cachoeira, ele deu um exemplo interessante dessa associação entre casa vazia e morte e contou que no "tempo do sonho" sonhar com uma casa em chamas, com toda a estrutura e todos os pertences pegando fogo, pode ser um indicativo de que algum parente próximo está em perigo e pode vir a morrer, de modo que os pajés devem imediatamente ser comunicados para rastrear a fonte do perigo e, à sua maneira, controlá-lo. De forma complementar, um excerto do relato de Helena Valero, situado no momento em que um grupo familiar que habitava o *xapono* de frente à sua morada se mudou, deixando vazia aquela parte da casa-aldeia, também exemplifica bem essa associação: "É melhor também irmos embora; aquela parte do *xapono* que está na minha frente foi esvaziada. Quando é assim, a doença aparece, *pore* chega, os *hekura* inimigos vêm e levam as crianças."[62]

Pore, mencionado por Helena Valero, não se refere ao antepassado mítico Pore (Poreawë, Porehimi), mas aos espectros potencialmente perigosos que vagueiam pela floresta e pelas clareiras habitadas. Estes correspondem ao *pei no uhutipɨ* – a "imagem" ou "componente imaterial" – das pessoas que, ao morrer, se transformam em *pore*. De maneira complementar, segundo a escatologia yanomamɨ, outro componente imaterial da pessoa se transforma após a morte. Trata-se do *pei mɨ ãmo,* que significa, literalmente, "o centro" (em oposição ao invólucro corporal *pei sikɨ*) e indica o "princípio vital" da pessoa que, ao morrer, se transforma em *no porepɨ,* a "alma" ou o "duplo" da pessoa que migra para o *xapono* celeste dos mortos. Os espectros *pore* podem protagonizar aparições agressivas onde quebram os joelhos e a espinha dorsal dos humanos, capturam o *pei mɨ ãmo* ou a boca das pessoas, deformando-a e debilitando seus órgãos vocais[63].

São nos lugares que deixaram de ser habitados, como menciona Helena Valero, que os espectros *pore*, além de outras ameaças, podem se manifestar. No entanto, para além de sinônimo, a morte é, não raro, a própria razão para mudança de um grupo familiar ou do grupo local como um todo, abandonando o *xapono*, deixando-lhe vazio ou em chamas. Colocar fogo em todas as casas é uma estratégia de lidar com os espectros e seres-imagem perigosos, assim como as indesejadas memórias da ou das pessoas que ali faleceram e com rastros de epidemias *xawara* que, por exemplo, podem ter levado muitos à morte naquele determinado local (como malária, tuberculose ou sarampo, associadas ao contato com os *napë*, e atualmente agravadas pela violenta situação do garimpo ilegal).

Assim como nos procedimentos funerários yanomami, onde os corpos são cremados em uma grande fogueira no centro do *xapono* e os ossos reservados para as festas funerárias *reahu*, atear fogo nas casas afasta os espectros *pore* e seres-imagem *hekura* perigosos, associados aos rastros dos mortos que ali habitavam em diferentes momentos do tempo. Essa prática varia de caso a caso e, no caso de uma morte isolada, nem sempre a casa da pessoa e da família é queimada, diferentemente de todos seus pertences de uso pessoal e do seu próprio corpo. No Marauiá, em específico, costuma-se também atear fogo em todo o *xapono* após a mudança de um determinado grupo e o abandono da antiga aldeia. Como conta o *përiomi* Adriano Pukimapiwëtëri, quando o grupo do Pukima Cachoeira, que habitava rio acima até 2014, se mudou para o atual *xapono*, todas as casas foram queimadas como forma não só de afugentar os *pore* que vagavam por ali, mas também as memórias dos falecidos, dado que muitos morreram (por causas diversas, ao que me parece) naquela localidade.

Durante a época de colheita da pupunha, sobretudo, são frequentes as idas ao antigo *xapono* para colher os frutos, e o *përiomi*, especificamente, ainda mantém na região do sopé da serra grandes roças de banana. Ao atravessar o meio do antigo *xapono*, na vasta clareira de cerca de cem metros de diâmetro, não se vê praticamente nenhum rastro das antigas moradas e, aos poucos, a capoeira cresce no antigo terreiro e a floresta avança pelas bordas. A preocupação atual é, no entanto, de que a ampla clareira possa vir a ser usada como pista de pouso de helicópteros de garimpeiros ilegais. Como forma de afugentar possíveis invasores, mas não apenas, o *përiomi* e o povo do *xapono* pensam em construir novas casas, mais ligeiras e menos duráveis, e transformar o antigo *xapono* num "*xapono* secundário" (*porakapi xapono*). Essa prática de ter dois *xapono* é algo tradicional entre os Yanomami, como conta Adriano. Nessa segunda morada eles poderiam abrir novas roças e voltar a morar na região do sopé da serra, mas dessa vez temporariamente, durante certos períodos do ano.

Noutra ocasião, logo após acompanharmos o processo de mudança do grupo do Pukima Beira para um novo *xapono* rio acima, em 2016, voltamos ao *xapono* recém-abandonado, junto de três jovens, para buscar medicamentos e equipamentos do

FIG. 39: *Pukima Beira recém-abandonado*, 2016. Foto de Daniel Jabra.

posto de saúde que também foi deixado para trás. Adentrar o seu terreiro central, observando a um só tempo todas as casas esvaziadas, era, de certa forma, como se adentrássemos uma aldeia fantasma. O *xapono* estava completamente vazio e silencioso. Uma condição inimaginável se comparada com um *xapono* cheio de vida e cheio de gente. Lá, de fato, não era mais um *xapono*. Não à toa, os Yanomamɨ que estavam conosco foram para lá de objetivos. Foram até o posto, pegaram tudo o que era necessário, deram uma olhada de longe e voltaram ao barco.

Eram muitas as razões enunciadas naquele momento sobre a mudança rio acima entre os moradores do Pukima Beira. As explicações abordavam não só o baixo desempenho das roças e da distância cada vez maior para localizar áreas férteis e abrir novas clareiras, uma vez que estavam naquele local desde a década de 1990, mas também a quantidade de mosquitos ou a falta de espaço no *xapono* para casas de novas e jovens famílias. Entretanto, todos compartilhavam do argumento de que, com o tempo prolongado habitando aquele mesmo local, foram muitos os que ali morreram, de modo que o *xapono* era permeado de memórias dos entes falecidos e, com isso, da constante ameaça de indesejados encontros com espectros *pore*. Assim, nota-se que além de o *xapono* vazio ser "sinônimo de morte", como aponta Carrera Rubio[64], é também a morte a própria razão para que o *xapono* se esvazie por meio da fissão de um ou alguns grupos familiares – como foi o caso do grupo do atual Pukima Cachoeira, que deixou essa mesma localidade do antigo Pukima Beira por conta da epidemia de malária e das mortes dela decorrentes – ou da mudança do grupo local como um todo –, como fez o grupo do Pukima Beira em 2016. Como diz Carrera Rubio, "falar de casas é falar das pessoas que vivem nelas"[65], de maneira que, uma vez invertida a proposição do vínculo entre as casas e as pessoas (vivas, no caso), se complexificam e se reforçam as associações entre as casas vazias e o tema da morte.

Foi na noite de uma festa funerária *reahu* que o *përiomɨ* Adriano Pukimapɨwëtëri me contou, com muita preocupação, sobre como os Yanomamɨ da região de Maturacá (os ditos Kohoroxitari) estavam lidando com os corpos dos mortos. Estávamos hospedados na casa do *përiomɨ* do *xapono* Raita, onde se situava a festa, e Adriano reforçava o valor e a importância das festas *reahu* para os Yanomamɨ, dizendo que "por pouco o que aconteceu no Maturacá também não aconteceu aqui no Marauiá". Ele se referia ao fato de que "no Maturacá já não fazem mais *reahu*" (com exceção, em alguns casos, quando o morto é um ancião) devido à forte presença dos missionários salesianos que, se não proibiram, desvirtuaram moralmente a prática e estimularam o sepultamento dos corpos em vez da cremação e do consumo das cinzas dos ossos. Opondo-se aos ditos Kohoroxitari, assim dizia: "Tá vendo como nossa tradição está forte e viva?" Adriano contava-me que, na última vez que esteve lá (por conta de uma assembleia, ao que parece, dado que evitam visitar a região com medo de ataques vingativos dos pajés de lá), ficou consternado com as sepulturas atrás das casas dos mortos que lá habitavam. Preocupado, dizia-me o quão perigoso era aquilo, uma vez que o *pore* dos mortos jamais deixaria os vivos em paz, perturbando a vida, o bem-estar e a estabilidade do grupo.

Como dizia Adriano, os próprios Yanomamɨ (que também se autodenominam por Yanonamɨ, como alguns mais velhos do Marauiá) contam que nas serras do Pico da Neblina, chamado de *yaripo*, "há vários fantasmas de Yanonamɨ que morreram e não puderam ser cremados, assim como de garimpeiros que foram assassinados, sendo muito comum ouvi-los à noite vagando e emitindo sons de lamento e, frequentemente, demonstrando agressividade"[66]. Contam os Yanomamɨ do Marauiá que logo que "o coração e a respiração param, a pessoa [ou o *no porepɨ*, o "duplo" da pessoa] sobe pelo caminho" que a levará até o *xapono* dos mortos. No entanto, para que o caminho seja efetivamente trilhado, desviando em definitivo dos desejos nostálgicos do *no porepɨ* de retornar junto aos seus, é necessário que seus ossos e suas cinzas recebam um tratamento ritual e funerário apropriado. Como nota Albert, essa passagem do *xapono* daqui para o de lá não é absolutamente definitiva e durante todo o período do luto e do *reahu*, ou seja, até que todas as cinzas dos ossos dos mortos tenham sido ingeridas ou enterradas (como costumam fazer outros grupos yanomami, diferente dos Yanomamɨ do Marauiá), a pessoa em sua forma espectral continua a se manifestar movida pela nostalgia[67]. Nostalgia esta que se constitui como um traço da ausência e da distância decorrente das cisões entre duplos e corpos e que, se não for devidamente manejada, nesse caso, por meio do *reahu*, tais traços (vestígios ou rastros) da pessoa acabam por gerar uma conjunção dolorosa e perigosa entre vivos e mortos. Como também nota Albert, é "o retorno indesejável do espectro do morto a partir dos 'vestígios' [*unokë*] de sua existência terrestre que alimenta sem cessar a nostalgia dolorosa a ele vinculada"[68].

No caso do Maturacá, onde os procedimentos não estavam sendo seguidos de maneira apropriada, como ressalta Adriano, esse perigo é latente, constante e aparentemente irresolúvel. Os ossos são considerados como componentes *parimi* do corpo, pois são os elementos mais resistentes e duráveis e, assim, são associados à permanência, à indestrutibilidade e ao eterno. Uma vez enterrados, os ossos demoram anos para se desintegrarem por completo e o espectro da pessoa pode colocar as comunidades em um período de extrema fragilidade e perigo, onde se abre para uma potencial confusão escatológica entre os vivos e os espectros dos mortos. Essa confusão se refere ao fato de que, se os mortos não seguem efetivamente seus caminhos, passa a haver uma junção, ou uma falta de distinção, entre dois mundos que deveriam permanecer essencialmente separados. Maria Inês Smiljanic, comentando a mesma situação de arrefecimento das práticas funerárias na região do Maturacá, diz o seguinte: "O mundo retraiu-se a ponto de tornar-se um cosmos condensado onde todas as categorias de seres competem por ocuparem o mesmo espaço, o que suscita forte

5. VIVER JUNTO

reação por parte dos Yanomami, pois a presença dos mortos entre os vivos é prenúncio do fim da sociedade."[69]

O retorno dos mortos ao espaço do *xapono* tem um eco direto nas narrativas míticas yanomami. Segundo uma versão registrada por Lizot entre os Yanomamɨ, a situação ocorria com frequência durante os tempos primeiros até que, por conta do voo repentino e espalhafatoso de um grande e mítico inhambu-açu (*Tinamus major*), os espectros *no porepɨ* voltaram definitivamente à aldeia dos mortos[70]. Em outra versão, registrada por Albert entre os yanomam, o retorno dos mortos ao *xapono* celeste se deu pelo canto do inhambu-açu, que estava guardado num cesto no interior de uma morada e cujo chamado é emitido regularmente no crepúsculo, anunciando o anoitecer e operando no mito como um elemento de conexão entre noite e dia, vida e morte[71]. Nessa versão, entretanto, o rompimento definitivo da conexão entre céu (mortos) e terra (vivos) decorreu da ação do ancestral do papagaio-moleiro (*Amazona farinosa*), que cortou o cipó mítico, situado nas cabeceiras de um igarapé na montanha, por onde os mortos refaziam os caminhos de volta do céu à terra[72].

Em ambas narrativas os espectros insistem em retornar ao *xapono* de seus familiares e performar, para o assombro dos vivos, suas atividades cotidianas, questionando a queima de suas moradas e de seus pertences e, inclusive, se perguntando sobre seus próprios ossos reservados nos cestos, nublando, de fato, a separação entre mundos. Os familiares vivos se esquivam, no entanto, em contar a verdade aos mortos. Na versão registrada por Lizot, por exemplo, a narrativa termina da seguinte maneira:

A mãe manteve a filha [o "duplo" da filha] sentada perto dela na beira da rede, abraçando-a. Mas quando de repente chegou o silêncio, ela apertou os braços em vão; apenas madeira carbonizada permaneceu em suas mãos. No exato momento em que o grande inhambu-açu voou, o papagaio respondeu a uma das perguntas da mulher morta, dizendo: "Esses são seus ossos queimados."[73]

Nota-se, portanto, que a pergunta feita ao papagaio, que até então apenas observava a cena empoleirado e quieto, indica indiretamente que teria respondido a uma pergunta semelhante à feita pela criança que desaparece dos braços da mãe: "Mãe, o que tem dentro do cesto?", ao passo que a mãe, desajeitada, responde: "É um condimento que estou guardando."[74] A simultaneidade do retorno definitivo dos mortos, assustados pelo voo do inhambu-açu, e a constatação do duplo da mulher sobre seus próprios ossos queimados, reforçam o sentido das práticas e dos cuidados com os ossos dos mortos, destinados a assegurar a correta passagem ao *xapono* celeste e a manter a devida separação entre os dois mundos. É notável, entretanto, o que resta nos braços da mãe: madeira carbonizada, como uma marca, digamos, da perecibilidade da vida e dos corpos humanos que, à diferença dos ossos – componentes *parimi* ("duráveis", "imperecíveis") do corpo –, queimam como madeira.

Os eventos narrados pelos mitos se assemelham, de certa maneira, a uma conhecida história contada pelos Pukimapiwëteri do alto Marauiá. Numa das vezes que a escutamos, Cláudio, pajé do Pukima Cachoeira e irmão de Adriano, contou que um jovem pajé do Manakapiwëi (grupo Momohiteri, que recém migrou para o lado brasileiro da fronteira), certa feita, estava muito doente e faleceu. Na verdade, os parentes julgaram que ele estava morto, mas passaram a estranhar: "Dizem que ele voltava." Com o estranhamento, seu corpo foi posto num cesto e "ele parecia não querer morrer". Durante algum tempo o jovem oscilava entre a vida e a morte e, como contam, foi "resgatado" por um pajé, "até que voltou". "Dizem que lá", no *xapono* dos mortos, "ele viu tudo" e, de modo inusitado, voltou para contar a história. De volta à vida, ele contou que ao ali chegar foi conduzido por um parente até sua nova morada. O relato, inclusive, dialoga com a descrição feita certa vez por Hipólito, o *përiomi* do Pukima Beira, contando que, ao subir pelo caminho dos mortos, já na metade do trajeto, os parentes (também falecidos) do morto vêm buscá-lo e juntos atravessam diametralmente o meio do grande *xapono* dos mortos, sendo ele conduzido direto para sua casa, de modo a evitar conflitos com os outros parentes mortos do recém-chegado. O jovem pajé do Manakapiwëi diz, no entanto, que ao chegar lá não foi aceito pelo *përiomi* do *xapono* celeste, pois ele não estava totalmente morto e "não se poderia misturar as coisas; daí, voltou", conforme nos relatou o pajé do Pukima Cachoeira.

O desfecho com o retorno à terra dos vivos inverte, portanto, a relação entre vivos e mortos. Se os mortos são normalmente tratados de modo a garantir a clara distinção ontológica com os vivos, por intermédio dos procedimentos funerários adequados, nessa história o que se nota é um movimento contrário, de retorno por parte do suposto morto, mas ainda mantendo a alteridade definitiva entre mortos e vivos, pois "não se poderia misturar as coisas". A inversão escatológica também se manifesta, todavia, de outras maneiras, pois o *xapono* dos mortos é visto como contendo uma sociabilidade e também uma espacialidade semelhante à dos humanos, exceto que tudo é dotado de uma "qualidade superlativa"[75]. A alteridade radical com os mortos implica, assim, uma inversão da vida na terra somente no que diz respeito à sua qualidade essencial, dado que os meios pelos quais as coisas se efetuam são potencialmente análogos. Como contou-me o *përiomi* do Pukima Beira, para lá vão todos, a não ser aqueles que foram muito sovinas enquanto vivos; estes, indesejados mesmo entre os mortos, que não o aceitariam entre eles, vão "para outro lugar, para lá do céu, onde só tem fogo". Disse que assim que a pessoa passa a não respirar direito, ou quando se agrava o quadro da doença, "os parentes de lá [os espectros dos mortos, *no porepi*] já começam a fazer a comida e a preparar a casa para sua recepção". Lá, contou-me, "eles abrem roça, tem floresta, e tudo mais", e o *xapono* dos mortos "é como o daqui, de palha, mas é grande, grande mesmo". Outros interlocutores do Pukima Beira reafirmavam a dimensão superlativa do *xapono* dos mortos. Situado "atrás do céu", como relatam, há apenas um *xapono* para todos os Yanomami, de todas as gerações, e por isso sua escala espectral grandiosa, de modo que cada família tem a sua própria casa dentro do grande círculo habitado, como uma replicação simétrica, embora aumentada e condensada, das moradas na terra. As casas, por sua vez, são como as daqui, mas assim como os frutos da floresta e os cultivos das roças celestes, "não acabam nunca", isto é, jamais perecem.

Esse *xapono* único, simétrico, superlativo e imperecível dos mortos se diferencia radicalmente do *xapono* vazio e silencioso de Pore, associado ele próprio à morte. No entanto, a associação da morada de Pore se torna mais nítida com o perigo, com a eminência ou a própria memória da morte e dos falecidos, como vimos acima, e se inverte por completo ao se tratar do próprio *xapono* celeste dos mortos. Lá, de forma singular, simétrica, mas elevada à potência máxima, vão todos (ou quase todos) e todos moram juntos, de modo que o princípio da sociabilidade do *xapono*, o "viver junto" (*yaiprou*), é extremado. Em outras palavras, se o *xapono* de Pore é justamente a negação da humanidade e, por isso, um anti*xapono*, o *xapono* dos mortos é seu oposto, uma hipérbole da humanidade, mas em sua forma espectral *no porepɨ* e *parimɨ*, isto é, eterna e sem fim. A hipérbole do viver junto acompanha, portanto, a própria potência de conflitos familiares, lembrando do que conta o *përɨomɨ* do Pukima Beira: ao passo que o recém-falecido chega à metade do caminho para o *xapono* celeste, seus parentes vêm logo buscá-lo, conduzindo diretamente à sua morada e, assim, evitando conflitos que poderiam se dar de imediato, bastando sua presença (espectral) perante os olhares raivosos dos demais parentes, afins e potenciais inimigos.

A relação entre o tamanho do *xapono* e a potencial instabilidade da relação com a proliferação dos conflitos familiares não se restringe ao superlativo *xapono* celeste, pois se replica, diminuída, também em sua versão terrestre. Inclusive, o aumento populacional do grupo local – resultante de um largo momento de estabilidade social, política e espacial, que pode estar vinculado à maior sedentarização decorrente do contato – é equivalente ao aumento dos conflitos familiares e, portanto, da instabilidade do viver junto. Paradoxalmente, o que se nota é o movimento cíclico de estabilidade, crescimento, instabilidade, fissão e, de novo, estabilidade – como demonstrado pelos movimentos que conformaram os atuais (e em contínua transformação) arranjos socioespaciais do rio Marauiá. A situação tende a se tornar ainda mais aguda quando, acompanhando o crescimento de grupo familiares bilaterais, novas lideranças emergem e disputam o espaço da palavra e da organização do grupo com o *përɨomɨ* considerado o principal. Na configuração política do *xapono* é comum haver mais de um *përɨomɨ* e, como notamos acima, costuma haver (de forma esquemática) um *përɨomɨ* para cada facção familiar (ou grupo familiar estendido). Com o crescimento dos grupos familiares, estes tomam, nesse sentido, um lugar de proeminência até que, uma vez que os desacordos atinjam seus limites, resulte na fissão dos grupos e de seus respectivos chefes e, junto deles, um possível abandono do *xapono*.

Como nota Rivière falando dos povos das Guianas, mas em consonância com o caso dos Yanomami: "Quanto mais bem-sucedido for o líder, mais populosa sua comunidade será, mas paradoxalmente no seu sucesso jazem as sementes do seu próprio fracasso."[76] Destituída de seu caráter moralizante (entre o sucesso e o fracasso), que não me parece ser o caso entre os Yanomamɨ, a síntese de Rivière resume bem as formas parciais de mediação e gestão da coesão do grupo local do *xapono* e, em outras palavras, o regime de autoridade não autoritária dos *përiomɨ* yanomamɨ. Essa propriedade dos líderes, não é, evidentemente, exclusividade dos *përiomɨ yanomamɨ*, como há tempos demonstrou Pierre Clastres em *A sociedade contra o Estado*, mas acredito que adiciona uma camada a mais no sentido do "viver junto" (*yaiprou*), explicitando os conflitos inerentes e complementando o que observamos antes sobre a sua forma intrinsecamente instável, cuja estabilidade é sempre parcial e momentânea.

É também o que observa Catherine Alès sobre os Yanomamɨ, dizendo que: "Quanto maior é a casa, maior a quantidade de líderes que pode haver."[77] O aparente paradoxo reside no fato de que, se o *përiomɨ* é capaz de manter a coesão e o bem-estar do grupo de forma exemplar por meio da manutenção da prática do *kãwãamou* e, assim, com a contínua orientação dos rumos e gestão dos conflitos no interior do grupo, em vez de isso aumentar seu poder ou autoridade; este é, pelo contrário, colocado em xeque, já que aumentam também os líderes e as vozes que circulam pelo *xapono*, potencialmente discordantes, provocativas e combativas.

Apesar das vozes dissonantes serpenteando pelo *xapono*, os limites dos conflitos se dão com o fim do diálogo e com a escassez da fala, ou seja, quando esta já não é mais o suficiente e a comunicação, enfim, cessa. Na escala das relações pessoais e cotidianas, é também o silêncio daqueles que repousam na rede, com o olhar fixo e a boca calada, o maior indicador de raiva e chateação. Colocado em diálogo com os sentidos do silêncio do anti*xapono* de Pore, o que se destaca é o silêncio como forma de antissociabilidade por excelência, algo que no caso do mito nega a humanidade e a possibilidade de constituição de uma comunidade, comunidade esta que só pode existir enquanto uma comunidade de vozes. No caso de um conflito generalizado no interior do grupo local, por sua vez, e seguido do ponto em que o diálogo perde a eficácia, resta a alternativa da troca de agressões ou, ainda pior, a fissão de um ou mais grupos familiares, rompendo por completo a estabilidade de determinada comunidade, cindindo-a e fragmentando-a junto de suas formas atuais de afinidade e aliança.

Os *përiomɨ* trabalham, fundamentalmente, para que isso não ocorra e, como conta Alès, os Yanomamɨ com os quais trabalhou costumam designar os líderes como os que atingiram um *"pufi wakakawë"*, isto é, um espírito ou um pensamento lúcido e transparente. Não necessariamente os *përiomɨ* precisam ser anciões. Assim como em outras partes do território yanomami, no Marauiá, após o contato com os *napë*, há uma tendência de rejuvenescimento dos *përiomɨ*, passando dos *patapata pë* aos mais jovens que também partilham de um "pensamento lúcido" e, sobretudo, possuem um domínio adicional da palavra, pois falam português e têm melhores condições de negociar e se comunicar com os *napë*. Como no caso do Pukima Cachoeira, Adriano foi estimulado a frequentar a escola e a aprender a língua portuguesa pelo seu pai, Cândido, um dos antigos *përiomɨ* entre os Pukimapɨwë-teri. Assim que atingiu uma fala lúcida e propriamente "forte", como costuma dizer, sucedeu seu pai e passou a representar a liderança do *xapono* dentro e, em outros contextos, também fora dele. No entanto, é ainda fundamental a posição dos mais velhos, "os que mantêm a casa forte [*nano rofote rë huëpouwehei*]", como registrado por Alès[78]. Manter a casa forte corresponde a manter o grupo ou a comunidade forte, no sentido da permanência e da estabilidade. Logo, a associação com os *patapata pë* ("os postes da casa", "os que mantêm a casa forte") se dá pelo fato de que são estes que a habitam há mais tempo, ou seja, são como as raízes do grupo e da casa e, portanto, são estes que, por meio da palavra e das exortações públicas, mantêm a estabilidade do *xapono*. Como relata Alès: "Os Yanomami dizem que em uma casa são eles [os *patapata pë*] que 'protegem', 'defendem', 'preservam' a sua *urifi* [mesmo que *urihi*, "terra-floresta", em outro dialeto e grafia], o habitat, incluindo, nesse sentido, tanto o território quanto os seus habitantes."[79]

São nos discursos *kãwãamou* onde essa função conservadora do "espaço da chefia"[80], no sentido de manter a unidade do grupo, adquire, dessa forma, seu caráter essencial, exercida tão somente pela palavra. Ao mesmo tempo que há um "processo permanente de cisão" – enquanto "técnica" por excelência de recusa das sociedades indígenas em "ser grande", como diz Clastres[81] –, há também um desejo de manutenção da unidade e da estabilidade do grupo local, ao menos até o ponto em que o conflito é controlável. Nesse sentido, como também sugere Clastres, o discurso dos *përïomï*, assim como dos *patapata pë*, é um discurso "conservador" e "contra a mudança"[82], o que é nítido no *kãwãamou*, que faz amplo uso do argumento essencialmente "conservador", referindo-se aos modos pelos quais os antepassados faziam e viviam, trabalhando e vivendo da forma correta e verdadeira, juntos e em paz. É o que diz Alès, ao se referir à razão de ser dos longos, e por vezes exaltados, monólogos no *kãwãamou*: "Se os velhos nutrem um sonho, é o de viver tranquilamente e em paz (não importa o quão impossível isso possa parecer). Eles querem explicitamente permanecer na mesma área o maior tempo possível, uma intenção expressa pela afirmação 'viver (no mesmo lugar) pacificamente' [*to live quietly*, na tradução original], *përïaï onowë*."[83] É esta, afinal, a condição de ser humano: viver junto e pendurar redes, fazendo parentes e fazendo o *xapono*, dialogando e brigando, se juntando e se dividindo, morrendo e fazendo festa.

6. Casa-Montanha

Frente a las ruinas imperiales el cacique Iyëwei-teri manifestó: – ¿No ves? Estas son las casas que antiguamente hizo Omawë.

LUIS COCCO, *Iyëwei-teri.*

As pupunheiras, com seus grandes cachos de frutos, são amplamente cultivadas nas roças em torno dos *xapono* ("casa-aldeia"). Caminhando pelo mato identifica-se uma antiga clareira doméstica quando habitada pelo círculo de pupunheiras, como uma espécie de marcador espacial (*spatial marker*)[1], que indica a permanência de um grupo e a presença de um antigo *xapono* num local onde a construção em si pode, inclusive, ter desaparecido integralmente, queimada ou consumida pela floresta. O cultivo da pupunha é antigo na Amazônia e, segundo o biólogo Charles Clement[2], estima-se que essa espécie de palmeira tenha começado a ser domesticada há dez mil anos, tanto pelos frutos quanto pela sua madeira; ademais, todas as partes da planta podem ser aproveitadas, da raiz às folhas. Durante o "tempo da pupunha" (*raxa tehë*), entre dezembro e fevereiro aproximadamente, na época de seca, os frutos são muito apreciados e constituem uma das mais importantes fontes da alimentação dos Yanomami. A planta se desenvolve rápido e segue por cerca de vinte anos produzindo frutos, de modo que, pela sua agilidade, se adequa bem à dinâmica de mudança dos *xapono*. Mesmo que a roça tenha sido abandonada, são constantes os deslocamentos até as antigas clareiras para coletar os grandes cachos de *raxa*, mantendo ativas as visitas aos antigos *xapono* e expandindo ainda mais a rede de caminhos e clareiras percorridos por cada grupo local.

Segundo Jean-Pierre Chaumeil, como a pupunheira faz com que os grupos retornem periodicamente às antigas roças para sua farta coleta, a palmeira é associada por diversos povos amazônicos à memória dos mortos, aos espíritos e aos ancestrais[3]. Entre os Yanomamɨ as pupunheiras promovem o mesmo tipo de movimentação, mas não são associadas diretamente a nenhum vínculo ancestral, e o círculo de pupunheiras ao redor de uma aldeia abandonada costuma inclusive perdurar mais do que as próprias casas, já que estas costumam ser queimadas quando o *xapono* é abandonado justamente para apagar as memórias dos locais antes habitados, em geral associados aos parentes que ali faleceram no decorrer dos anos. Essa memória indesejada, que pode trazer dor e sofrimento aos aparentados, deve então ser destruída. As casas, deliberadamente, desaparecem. E ficam os círculos de pupunhas, assim como ficam os círculos de paricá.

O paricá (*Anadenanthera peregrina*) ou *pararo*, como se diz em Yanomamɨ, é cultivado ao redor das casas e suas sementes são a base do preparo do *epena*, substância inalada pelos pajés. Em português, a espécie é mais conhecida como angico, e paricá é como os Yanomamɨ a chamam no Marauiá. Ela é bem conhecida nos países hispano-americanos como *yopo*, sendo utilizada por diferentes povos indígenas sul-americanos. Os pés de paricá costumam conformar um segundo círculo em volta do círculo de casas do *xapono* e normalmente não podem ser cortados, criando até mesmo empecilhos para a eventual expansão de uma aldeia, impedindo que esta cresça seu diâmetro. Não são em todas regiões do território yanomami que o *pararo* é cultivado; no Marauiá, os *xapono* são conhecidos por terem uma abundância de paricás, sendo um local em que a espécie se desenvolve bem. Acumuladas e guardadas em sacos ou potes, as sementes são coletadas de altos galhos e reservadas acima do fogo doméstico, secando e defumando, possivelmente, por longos períodos. As sementes de *pararo*, como contam os pajés, são a coisa mais valiosa dentre as trocas intercomunitárias, e visitas mútuas costumam ocorrer com o intuito de obter ou trocar tais sementes – com o povo do Marari, por exemplo, ávidos por conseguir alguns sacos das sementes secas para o preparo do *epena*.

6. CASA-MONTANHA

Mais do que recursos essenciais aos pajés, na perspectiva dos espíritos auxiliares *hekura* as sementes de paricá (*pararo*) são vistas como frutos de pupunha (*raxa*), "comida de espírito" (*hekura pani*), como dizem os pajés, e as árvores *pararo hi* são vistas como "casa de espíritos" (*hekura pë yahipi*), especialmente associadas à Ihamariwë, o ser-imagem Preguiça (*Bradypus tridactylus*) que apresentou a espécie e o preparo de suas sementes aos antigos. Assim, estes não só conformam o espaço da aldeia, como também constituem um segundo círculo de casas, casas de espíritos. Esse segundo círculo, como me disse Sérgio Pukimapiwëteri, do *xapono* Pukima Beira, indica que ali naquele *xapono* tem "muitos pajés *hekura*, pajés fortes, muitas casas de espírito". Não se trata, entretanto, de um simbolismo ou um sentido metafórico associado às pupunhas ou ao paricá, mas de duas referências, no sentido de dois referentes (extralinguísticos) possíveis, que bifurcam o enunciado em função da perspectiva. Nesse sentido, multiplicam e replicam o sentido do *xapono* por meio de uma variação posicional e escalar. Assim contou Sérgio: "Aquilo que vemos como paricá os *hekura* veem como pupunha. São as roças dos *hekura*."

Em uma longa caminhada até a roça de bananas de Adriano, cravada no plano inclinado de uma serra, o *përiomi* do Pukima Cachoeira contou-me sobre o ser-imagem Japim (*Cacicus cela*), dono das primeiras pupunhas, genro do ancestral Veado (Hayariwë; da família Cervidae):

Antigamente, Hayariwë morava em um *xapono* como o nosso. Um dia, mandou o seu genro Ayakorãriwë [Japim] buscar pupunhas para si. Mas o que o Hayariwë chamava de pupunhas [*raxa, Bactris gasipaes*], na verdade, eram frutos de paxiúba [*Socratea exorrhiza*]. Ayakorãriwë, inconformado, foi atrás de buscar pupunhas de verdade, comida de verdade, para seu sogro, junto de sua esposa. Voltaram ao *xapono* de Hayariwë com muitos cachos e com os cestos cheios de pupunha, mas ao entrarem na casa e mostrarem a Hayariwë, este ficou com muita raiva. Desceu da rede, cheirou paricá, e de tanta raiva começou a puxar a carne e os músculos da sua perna para cima, para a coxa. Sua esposa e sua filha fizeram o mesmo, puxavam toda a carne e também fizeram o mesmo nos braços. Se transformaram em veados e fugiram para o mato.

Com o equívoco, nota-se que a paxiúba, vista por Hayariwë como pupunha, não é cultivada, mas coletada e cortada no mato sobretudo para produzir ripas para os telhados das casas ou arcos.

FIG. 40: *Japim (ayakorã, Cacicus cela), o "pássaro gravador", domesticado no* xapono Pukima Beira, 2019. Foto do autor.

Ambas as palmeiras são da mesma família *Arecaceae* e compartilham de uma característica comum: a madeira dura e resistente. A paxiúba é, no entanto, associada ao universo da floresta e a pupunha, ao contrário, assim como o paricá, está relacionada ao espaço doméstico do *xapono* e das roças (*hikari të ka*). Em outra versão do mesmo mito de Hayariwë coletado por Jacques Lizot, os japins (*ayakorã*) possuem rabos amarelos (*Cacicus cela*) ou vermelhos (*Cacicus haemorrhous*), assim como as duas variantes dos frutos de pupunha cultivadas[4]. Na versão coletada por Luis Cocco adiciona-se ainda que assim que Hayariwë fugiu correndo para o mato já transformado em veado, isto é, em animal, ele "se converteu em um rochedo que tem a cor da pele do veado [...] de onde vêm agora os *hekura* que nós invocamos"[5].

Ayakorãriwë, o Japim, é também associado à conquista do fogo e, em algumas versões desses mitos de origem, é roubado de dentro da boca do Jacaré, Iwariwë. Com o fogo, também relacionado ao universo doméstico, veio uma espécie de maldição pela mulher de Iwariwë: "Vocês pegaram o fogo, então vocês chorarão quando cremarem os seus mortos, vocês sofrerão e chorarão pelos seus mortos cremados [...] Eu vou ao igarapé e ficarei feliz lá com meu marido para sempre [...] Vocês sofrerão com o fogo. Ele se tornará eterno. O fogo derreterá seus olhos!"[6] Sob o fogo, portanto, veio a sina: "É verdade o que ela disse, a esposa disse a

6. CASA-MONTANHA

verdade. Nós nos cremamos, nossa carne queima, ela falou certo. Se isso não houvesse acontecido, não nos cremaríamos."[7] Outra versão da narrativa coletada por Cocco registra também que, quando o autor do roubo chegou ao *xapono*, distribuindo o fogo a todos os Yanomami, ele deu um salto tão alto de tanta animação que acabou colocando fogo nas árvores da mata. Conforme a narrativa indica, é por isso que, além dos corpos, a madeira queima[8]. Em outra variação do mito, o recado foi similar: "Esse fogo que vocês tanto queriam [...] vai fazê-los sofrer. Deviam ter deixado tranquilo na boca de seu dono e haveriam sido felizes. Mas vocês roubaram algo *parimi* que os fará sofrer para sempre: todos vocês e todos os descendentes de vocês se queimarão com o fogo. Eu não quero ser queimada. Eu vou viver feliz sem fogo. Nunca o fogo tocará o meu corpo."[9] *Parimi* indica aquilo que é eterno, imortal e que não tem fim. Nesse sentido, *parimi* é associado à imortalidade dos *hekura*, os seres-imagem dos tempos primeiros cuja existência nunca cessa, mas, pelo contrário, se multiplica sem fim. No entanto, *parimi* pode também se referir a algo considerado como essencial e fundamental à conformação do universo yanomami. Ou, num sentido derivado desse, como algo que dispensa preocupação quanto à manutenção de sua existência, isto é, aquilo que permanece, que perdura e que continua sem fim, como o fogo, as casas – ou "o jeito de pendurar redes" – e os *hekura*[10].

Se a vida no *xapono* é animada pela aquisição da pupunha, o que permite não só seu cultivo para alimentação, mas também a realização da festa funerária *reahu*, onde grandes cestos são enchidos de pupunha durante o "tempo da pupunha" (*raxa tëhë*) e distribuídos aos convidados no fim da festa, o contraponto colocado pelos mitos é um fado incontornável: como a madeira, os corpos queimam e queimarão sempre. O fogo, elemento *parimi* da vida doméstica, é também seu próprio fim. As casas queimam como os corpos e, diferentemente das moradas dos *hekura*, como o rochedo gerado pela fuga de Hayariwë, são perecíveis e mortais. O equívoco do Veado e a façanha do Japim configuram-se, portanto, como "uma espécie de ferramenta lógica"[11] que opera a mediação entre pares de oposições fundamentais e constitutivas da atual humanidade: a vida breve e a existência perecível dos corpos de carne e osso associadas à madeira; e seu revés, os seres eternos *hekura,* infinitos e imperecíveis, vinculados às pedras e montanhas. Para estes últimos, a transformação foi estabelecida desde tempos imemoriais. No outro caso, a transformação, assim como o fogo ou a mortalidade, segue eternamente. Essa oposição figura de modo sistemático, inclusive, no léxico metafórico yanomami (com sua maior expressão nos diálogos cerimoniais *wayamou*), onde "como mortais, seres humanos são associados com a floresta, árvores e habitações; em outras palavras, com elementos corporais, em contraste com os imortais *hekura* que são assimilados às rochas"[12]. Como sistematiza Claude Lévi-Strauss, a partir dos mitos de origem da vida breve entre os Jê no Brasil Central: "A pedra, a rocha, aparecem, assim, como o termo simétrico e inverso da carne humana."[13]

Montanhas, pedras e rochas, assim como os picos e penhascos de rocha exposta, traduzem o termo *pei maki* – diferente de *hehu,* que é mais associado às serras e menos aos picos rochosos. *Pei maki* se refere também às casas-montanha dos *hekura,* plantadas no solo da terra-floresta pelo demiurgo Omawë, bem como aos paus adornados utilizados nos processos de iniciação xamânica *taamayõu,* compreendido ele próprio como casa-montanha dos *hekura* (retomaremos esse ponto adiante). Pedras e rochas, além de *pei maki,* são chamadas também de *maa ma,* incluindo aquelas em que habitam certos *hekura,* chamados eventualmente de *maa terimi,* o "povo da pedra". O classificador *ma* (de *maa ma*) designa em específico os objetos duros e, em alguns casos, tidos como imortais, como as pedras *maa ma* e o "povo da pedra" *maa terimi*[14]. Além do universo associado aos *hekura, ma* é um classificador que pode indicar outros elementos, como certos frutos duros e suas respectivas árvores – por meio do classificador *mahi,* nesse caso –, que não são imortais, mas que, pela dureza, devem ser cozidos e amolecidos para se tornarem comestíveis. As moradas rochosas dos *hekura* são, portanto, associadas à dureza, à solidez, à eternidade e ao imperecível. Como dizem os pajés, estas podem ser tanto de pedra como de metal, não só como os altos prédios das grandes cidades, mas também como as grandes árvores da floresta, de madeira dura e resistente (voltaremos nesse ponto adiante). Um exemplo de morada dura e vegetal é o próprio paricá (*pararo hi*), habitado por Ihamariwë, o poderoso e respeitado ser-imagem Preguiça que, com sua machadinha, é

FIGS. 41: *Pé de paricá (pararo, Anadenanthera peregrina) aos fundos da casa de do pajé Francisco no Pukima Cachoeira, 2020. Foto do autor.*

considerado "o grande guerreiro dos espíritos", como me contou Francisco Pukimapɨwëteri, pajé do Pukima Cachoeira.

Em oposição ao classificador *ma*, associado à dureza e ao imperecível, o classificador *hi* indica elementos de madeira e perecíveis. Esse classificador *hi* pertence ainda ao sistema taxonômico de diversas espécies vegetais, sobretudo arbóreas, assim como de espécies animais de peixes e larvas, que se alimentam de madeira podre ou de insetos ortópteros da família dos fasmídeos que, como grilos e gafanhotos, se assemelham a galhos, paus e folhas. Além do mais, refere-se também à madeira, de forma geral, como no termo genérico para "pau", *hii hi*. Por outro lado, enquanto nome utilizado de forma metáforica, *hi* pode se referir aos humanos falecidos e considerados, assim como a madeira, mortais e perecíveis[15]. De forma complementar ao classificador *hi*, o classificador *nahi* designa variadas espécies arbóreas e certos objetos derivados destas, como os elementos de madeira utilizados na construção da casa[16], sendo esta, possivelmente, referida também como *hato nahi*.

O mito sobre o surgimento dos pássaros a partir do sangue (*pei ɨyë pë*) de Naroriwë, o ser-imagem Mucura (gambá, *Didelphis marsupialis*), versa sobre os processos de diferenciação entre os seres e abre um caminho interessante para desdobrar essa oposição entre os diferentes tipos de moradas associadas às categorias do perecível e do imperecível – relacionadas, respectivamente, aos classificadores *hi* e *ma*. Nessa narrativa, em síntese, o sangue Naroriwë transformou os pássaros de seres humano-animais em sua configuração atual, bifurcada entre os pássaros animais *yaro* e os seres-imagem *hekura*. E, por intermédio da divisão da forma ancestral humano-animal e a respectiva especiação atual, introduziu aos *hekura* uma nova configuração de morada, situada e conformada pelas pedras e rochas da terra-floresta. A oposição entre ambas as classes de categorias sensíveis, perecível (da ordem da madeira) e imperecível (da ordem das rochas), é um par de ferramentas lógicas fundamental e transversal aos modos de pendurar redes yanomami, do tapiris às montanhas, tal como vimos até então. A partir daqui, este é o ponto em que iremos nos concentrar.

A história é assim: Naroriwë, o "feio" e "fedido", aprendeu com Hoarinɨ, o ser-imagem Irara (*Eira barbara*), a soprar veneno e substâncias mágicas *hëri* nos outros. Diz o mito que "depois de ter observado Irara soprar veneno, o feio aprendeu e logo soprou

6. CASA-MONTANHA

em Mel"[17]. Mel se refere, por sua vez, à Yamonamowãro, a imagem ancestral do mel doce das abelhas *yamonã ma*. A transformação humano-animal desse ser mítico está associada à outra série de narrativas em que ele é incinerado na fogueira funerária no meio do *xapono* e as cinzas de seus ossos se põem a voar, transformando-se em abelhas *yamonã ma*. Yamonamowãro, diferente de Naroriwë, era um líder tido como alguém muito bonito, elegante e cheiroso: "Onde ele passava, deixava seu perfume, pois o cheiro dele era como o dos cabelos das mulheres que os Yanomami acham tão bonitas que desejam ir aos *xapono* delas para se casarem."[18]

Hoarinɨ, o Irara, por sua vez, apresentou as substâncias *hërɨ* ao Naroriwë e, com isso, ensinou também os Yanomami a manipulá--las, o que se relaciona, inclusive, com um detalhe comportamental da irara enquanto animal onívoro e conhecido também em português como papa-mel, sendo este um de seus alimentos prediletos. Naroriwë, o "feio", tinha ciúmes das duas mulheres que admiravam a beleza e o perfume de seu marido Yamonamowãro e o seguiam por toda parte: "Ao avistar as duas mulheres, cheias de desejo e se dirigindo apressadas à casa de Mel [Yamonamowãro], Mucura [Naroriwë] se zangou. Ele era mesquinho e, assim, ensinará os feios a matar os bonitos. Indiretamente, as duas mulheres entregaram Mel à Morte."[19]

Raivoso, Naroriwë se apressou a pedir e pegar o veneno com Hoarinɨ, partindo obstinado à casa de Yamonamowãro, onde soprou e o matou. Em síntese, após o ocorrido e

ensinando o choro aos Yanomami, elas duas logo choraram, choraram, pensando nele. [...] Ele [Naroriwë] fugiu. As duas mulheres cremaram o corpo de Mel [Yamonamowãro] e, enquanto o cremavam, o feio fugiu para se esconder, como se fosse escapar. [...] Mucura [Naroriwë] se escondia na montanha, ele foi lá em cima, porque queria escapar. Ele subiu em uma árvore. A montanha era redonda como um jutaí [jatobá, *Hymenaea courbaril*], ele entrou lá, onde a montanha tinha uma fenda. Pretendia se trancar ali. Eles derrubariam a montanha para pegá-lo. [...] Chamaram os do grupo dos tucanos Parawari, porque o grupo das Maitacas não conseguiam. Os Araris [pajés-Arara] estavam tendo dificuldades com seus machados de pedra, que se destruíam. Apesar dos machadinhos dos Tokorari, todos sofriam por causa das ferramentas, que se quebravam em pedaços e não entravam na pedra. Chamaram os do grupo Parawari [...]. Eles chegaram e atacaram a montanha. [...] Para poupar esforços inúteis, eles amoleceram a parte interna da montanha, como se fosse uma árvore, com a força do pensamento. [...] Depois de amolecer a pedra, derrubaram uma parte. [...] A montanha era do tamanho de uma sumaúma [*Ceiba pentandra*]. [...] Fizeram outro buraco grande, para poderem continuar com a destruição da pedra. [...] Conseguiram fazer esse buraco porque os Parawari têm esse bico mais comprido, e que será mais comprido para sempre. [...] O bico do tucano empoleirado é, na verdade, seu terçado[20].

O local onde Naroriwë se escondeu varia entre as diversas versões registradas dessa longa narrativa. Na versão na qual me baseio e resumo aqui, narrada por pajés Parahiteri e coletada e traduzida por Anne Ballester, assim como nas versões de Jacques Lizot[21] e Franz Knobloch[22], Naroriwë se esconde numa grande rocha, redonda como o jatobá e grande como uma sumaúma. Na versão de Luis Cocco[23], por exemplo, o elemento montanha é substituído por uma grande árvore *mai kohi*. A espécie indicada nessa versão alternativa do mito se refere ao ipê, também conhecido como ipê-amarelo-do-cerrado (*Tabebuia ochracea*), cujas madeiras são de grande resistência, além de duras e pesadas, o que corresponde ao classificador *ma*, que designa objetos propriamente duros, como pedras, árvores e frutos. Esse classificador, como vimos, se associa ao universo dos *hekura*, imortais e, por sua vez, relacionados às pedras. Dessa maneira, se em um conjunto de versões se compara a escala e a forma da rocha onde Naroriwë se esconde com as grandes árvores da floresta, em outro a árvore onde está Naroriwë é dura como pedra, compartilhando dessa característica sensível e fundamental.

As relações mútuas entre as características sensíveis dos animais da atualidade e as propriedades e ferramentas míticas desses seres também são dignas de consideração. Assim como na versão Parahiteri foi necessário chamar os seres-imagem Tucano, Parawari – cujo comprido bico "é, na verdade, seu terçado"[24] –, na versão de Cocco se explica por que todos os pássaros que tentaram anteriormente derrubar a dura árvore possuem, desde então, bicos pequenos: "todos começaram a cortar com seus machados [isto é, seus bicos] até que estivessem todos gastos"[25]. Com a intervenção do Tucano, junto dos outros diversos pássaros ancestrais "tristes por estragar seus terçados", o trabalho surtiu efeito e "começaram a fazer a montanha balançar"[26]. Segundo a narrativa: "Só faltava o coração da montanha. Os terçados sendo curtos, esse pedacinho ainda resistia. Apesar de pequeno, o tronco

6. CASA-MONTANHA

da montanha não quebrou rapidamente."[27] Para concluir o feito, convocaram o poderoso Preguiça, Ihamariwë:

Queriam que ele puxasse a ponta da montanha, pois a montanha não caía. Preguiça esticou um fio flexível e puxava a montanha. [...] Com o fio, parecido com linha de pesca, ele puxou o cume da montanha. [...] A pedra começou a estourar, fazendo um barulho enorme; parecia cair um pedaço grande de céu. [...] Tuuuuuuuuuuuu, tëëërërërërë! [...] Eles destruíram Mucura. Todos os animais, as araras, os tucanos, os urus, os inambus, os mutuns, os jacus, os urumutuns, os mutuns-de-traseiro-vermelho e os jacamins eram gente. Todos juntos, pegaram aquele que foi destruído. Chegaram até o sangue de Mucura derramado no chão para se pintarem. [...] Todos os passarinhos são diferentes: uns são vermelhos, outros cinzentos, outros têm pálpebras cinzentas. As cores dos pássaros vêm daquele momento, quando se transformaram em animais, naquele mesmo lugar, com o sangue derramado.[28]

Transformados em animais, os pássaros e o próprio Preguiça que acabavam de se pintar com o sangue do Mucura tampouco retornaram aos respectivos *xapono*. Com o sangue, definiu-se, portanto, a separação de quando estes "eram gente" e "quando se transformaram em animais": "De tanto se pintarem com o sangue derramado, ele acabou e, depois de terminarem, logo voaram. Logo se transformaram. Eles ocuparam a floresta toda, não restou nenhum espaço."[29] Na versão coletada por Lizot há, entretanto, um desdobramento complementar no final dessa história. A transformação de gente-animal, como sugere essa versão, é apenas uma das facetas da narrativa, já que ao mesmo tempo se transformaram-se nos espíritos *hekura* e, portanto, ao migrarem para a floresta, animais e espíritos, largando o *xapono* próprio de uma certa humanidade mítica, passaram a habitar moradas outras. No caso dos espíritos, segundo a narrativa, foi a partir desse momento que as pedras e as rochas passaram a ser habitadas pelos *hekura*, pois até então eram completamente desabitadas:

"Vamos lá!" Eles se juntaram e transformaram-se em espíritos *hekura*. Um velho primeiro mandou os tucanos para irem viver nas rochas. "Você vai viver ali. Você vai viver naquela rocha. Você aí vai viver nessa daqui. Você vai viver nessa aqui." Ele mandou todos embora, inclusive um que parecia um velho e sábio homem. Um atrás do outro, ele mandou todos embora. "Vocês vão todos ocupar as rochas; a partir de agora vocês vão viver nas rochas", ele disse a eles.[30]

Nota-se que, assim como o líder Koparisinɨ (Gavião) deliberadamente dividiu a terra, transmitiu o *kãwãamou* e, assim, ensinou os Yanomami a morar no *xapono* (como abordei no capítulo "Viver Junto"), de modo simétrico e inverso, Naroriwë indiretamente dividiu os pássaros pelo seu sangue e introduziu aos *hekura* uma nova morada nas pedras e rochas da floresta. Pelo sangue, há, entretanto, outras correlações significativas, nesse caso, entre o mito sobre o surgimento dos pássaros pelo sangue de Naroriwë e o mito da origem dos Yanomami pelo sangue de Periporiwë (ver capítulo "Sangue da Lua"). Se no pensamento yanomami o sangue (*pei ɨyë pë*) corresponde a um componente fundamental da pessoa e fonte de energia vital[31], poderíamos especular por meio do mito que o sangue se trata também de um componente que opera a distinção entre espécies ou tipos "mais guerreiros" e "menos guerreiros", seja pelas cores e os locais em que é aplicado no corpo humano-animal, seja pela quantidade e os locais onde o sangue caiu no território. De modo complementar, no mito de origem da noite (ver capítulo "Viver junto"), é também o sangue de Titiri, "demônio da noite" associado ao antepassado mítico do mutum (*Crax alector*), que dá origem aos seres maléficos Weyari, os "demônios da manhã", e Kõimawë, o "falcão canibal"[32]. Assim como no mito do surgimento dos pássaros, então, o sangue enquanto substância vital se associa aos vivos e, por outro lado, o sangue destituído do corpo enquanto pintura ou gotas caindo do céu – também como no caso do ser da noite Titiri – se relaciona à transformação propriamente dita. Nessas narrativas, portanto, a função do sangue poderia ser lida enquanto operadora do estabelecimento da alteridade e da diferença, ou seja, a definição de um outro por meio de relações de contraste e distinção. Porém, pela mesma lógica que se diferenciam os corpos, diferenciam-se também as moradas – do *xapono* ao *pei makɨ* –, de modo que as transformações míticas e as operações lógicas, agenciadas pelas narrativas que analisamos, resultam, assim, na oposição fundamental entre os seres e suas moradas, associados às categorias do perecível e do imperecível.

Como ressalta Lizot, analisando o mesmo mito de Naroriwë, foi com esse direcionamento – e segundo complementa, dado por Ihamariwë (Preguiça) – para que os ancestrais humano-animais fossem morar nas rochas das montanhas que estes

6. CASA-MONTANHA

Banquinhos (rotikëotima) com recipientes de paricá (epena) e paricá do mato (yakoa), braçadeiras com penas de papagaio, terçado e brejeira de tabaco. Preparativos para o hekuramou do pajé (hekura) Cândido, na frente da casa de Francisco, área chamada de hato nahi heha, "pátio da casa". Foto de Daniel Jabra, 2020.

se converteram em seres imortais: "Esses seres viraram *hekura*, vivem nas pedras, nas paredes rochosas das montanhas, e por isso são imortais, pois a rocha, assim como a madeira que não apodrece, está associada à eternidade no pensamento indígena." As rochas transformadas em casa e que passaram a ser habitadas pelos ancestrais *hekura*, referidas também como o "peito das montanhas" (*pei pariki*, "peito"), foram assentadas no solo da terra-floresta durante a fuga e o desaparecimento mítico do demiurgo Omawë. São os "rastros" e as "obras" de Omawë (ou Omama, na língua yanomam): "Aquelas montanhas que vocês chamam de '*seha*' [distorção da palavra 'serra', em português] são os rastros que Omama deixou para trás durante o seu voo. Todas as muitas montanhas na floresta são obra de Omama."[33]

Essa história encerra o ciclo de feitos extraordinários do demiurgo Omawë (ou Omama) e poderia ser resumida da seguinte maneira: após a criação dos seres humanos e a estabilização e fixação da terra-floresta, Omawë desapareceu. Segundo uma das narrativas míticas a respeito dessa fuga, diz-se que, enquanto cuidava de sua roça, a fim de prover água para seu pequeno filho,

Omawë fura o chão, fazendo com que as águas de um lago do patamar subterrâneo jorrem aos céus, dando origem aos rios e determinando seus percursos, no momento em que iniciaram seu fluxo descendente, terreno abaixo: "Omama [Omawë] ordenou a floresta. Desde aqueles tempos os rios permanecem como Omama os fez. Antes não havia rios no patamar terreno; não havia água."[34] Em seguida, após ser avisado por seu filho sobre a ameaça de um certo ser maléfico sobrenatural, vindo da floresta na direção de Omawë e sua família (erroneamente confundido com o canto de um pássaro *Hypocnemis cantator*), Omawë fugiu pelos ares, voando acompanhado de seu irmão Yoasiwë e sua família: "Ele desapareceu assim para sempre. Ele já tinha nos tornado em yanomam [subgrupo do narrador desse mito], e foi por isso que foi embora e não pode mais ser visto."[35] Assustado com a suposta perseguição pelos seres maléficos, ele plantou imensas palmeiras de bacaba (*Oenocarpus bacaba*) a fim de ocultar seus rastros. As palmeiras se transformaram, imediatamente após serem arremessadas e plantadas por Omawë, nas montanhas e serras dispersas na atual terra-floresta habitada pelos Yanomami. De acordo com a narrativa sobre a origem das montanhas, teria sido esse ato, com o intuito de desorientar o ser que o perseguia, que fez com que a floresta tomasse o atual caráter inóspito, em oposição ao caráter acolhedor e doméstico das habitações yanomami: "Omama era um ser supernatural, e colocou a floresta em um mau estado durante o seu voo para desviar o perseguidor de seus rastros."[36]

Com a fuga, de acordo com as narrativas mencionadas, Omawë teve como destino final a região limítrofe da *urihi*, isto é, onde a floresta acaba, onde não há mais árvores, onde a terra se torna areia, onde o rio Orinoco acaba e mergulha no subterrâneo e, enfim, onde teriam sido criados também os *napë*. Segundo Adriano Pukimapïwëteri, esta é a região situada "nas bordas da terra [...] onde os rios e o céu entram dentro da terra, lá onde o céu é apoiado com fortes esteios de metal, que não enferrujam nunca" e onde Omawë atualmente mora, "onde ele segura o céu para que ele não caia". Foi com esse último feito de Omawë, portanto, que as casas-montanhas dos *hekura* foram criadas. Como ressalta Davi Kopenawa: "Omama criou as montanhas para esconder o caminho que tomou ao fugir. Elas não estão na floresta à toa. Embora pareçam ser impenetráveis aos olhos de quem não é xamã, na verdade são casas de espíritos."[37] No entanto, segundo Adriano, os *hekura* não moram apenas nas paredes rochosas das montanhas (*pei maki*). Como vimos anteriormente, é também nos pés de paricá (*pararo hi*) onde habita Ihamariwë e, de acordo com Adriano, os *hekura* "moram também nas cachoeiras, nas cabeceiras dos rios e remansos; nas grandes árvores da floresta, sumaúma, angelim". Adriano destaca, entretanto, que é nas montanhas onde moram os "pajés [espíritos *hekura*] perigosos" (como vimos no capítulo "Terra-Floresta"), como Ɨrariwë (Onça). Segundo Francisco Pukimapɨwëteri, irmão de Adriano, é ainda nas cabeceiras dos rios onde mora Moturiwë, ser-imagem das águas ou dos aquíferos (como as águas subterrâneas que Omawë mobilizou para fazer emergir os rios): "Moturiwë é quem faz e deixa a água limpa, potável; mas os brancos não sabem disso e por isso destroem."

O que se ressalta com essas múltiplas possibilidades de morada dos *hekura* na terra-floresta, para além das paredes rochosas é, contudo, justamente o caráter de dureza e, consequentemente, de permanência (*parimi*) de tais locais: das grandes árvores (extensíveis, inclusive, ao uso do morfema *ma*, associado às rochas) às cabeceiras de rios, cachoeiras e aquíferos permeados de rochas, pedras e seixos de distintas naturezas. Essa diversidade de moradas (*hekura pë yahipɨ*, "casas de espíritos") possíveis reflete a multiplicidade intensiva dos inúmeros tipos de seres-imagem (*hekura*) que habitam a terra-floresta e que podem ser convocados enquanto aliados dos pajés, sendo cada um deles diferenciados pelo pensamento mítico e xamânico por meio de uma infinidade de minuciosas descrições sobre suas características, qualidades e potências. Essas descrições extrapolam os limites deste trabalho, mas, como aponta Alejandro Reig, constituem-se de forma geral em um "armamento versátil" passível de ser mobilizado pelos pajés e que reflete esse complexo "sistema de qualidades sensoriais", relacionadas, assim, ao "envolvimento íntimo com a materialidade do ambiente"[38]. Envolvimento notável, por exemplo, por meio dos múltiplos locais de morada associados ao sistema de qualidades e potências específicos a cada um dos seres, como exemplificado pela breve descrição de Moturiwë.

Concepções análogas em torno das montanhas e das rochas como moradas extra-humanas e imperecíveis – em oposição às perecíveis moradas humanas – são presentes em diversas sociocosmologias indígenas. Entre os Tukano, do Noroeste Amazônico, as montanhas são concebidas como grandes malocas, de feições uterinas, e como moradas dos animais de caça da floresta[39]. Entre os Trio, da região das Guianas, as encostas rochosas, penhascos e montanhas são concebidas, de forma análoga aos Yanomami, como casas de espíritos e dos animais dos tempos primeiros[40]. Como notam Janet Carsten e Stephen Hugh-Jones sobre os povos das Guianas e, dentre eles, os Trio:

Não há posses ancestrais herdadas e nenhuma unidade social duradoura que perdure além da vida dos líderes que constroem as casas com as quais as comunidades se identificam. As únicas casas duradouras são as montanhas, as moradas dos espíritos invisíveis [*invisible spirit beings*]; as povoações humanas [*human settlements*] são apenas evidências transitórias dessas casas permanentes.[41]

Entre os Ye'kwana, conta-se que a casa que o demiurgo Wanadi construiu para si – a primeira maloca (*atta*) conhecida por Attawanadi –, a fim de demonstrar aos Ye'kwana como se constroem as verdadeiras casas coletivas (*atta*), ainda pode ser vista em meio à floresta sob a forma de uma montanha cônica localizada no centro do território[42]. De acordo com Peter Rivière, referindo-se à região das Guianas e especificamente aos Ye'kwana, "há em toda a região uma associação comumente feita entre rochas e montanhas (frequentemente consideradas como casas de espíritos ou donos da caça), permanência e durabilidade, e o mundo invisível"[43]. Mas, nesse caso, para além da casa-montanha mítica de Wanadi e a sua dupla contraparte invisível, obra do mesmo demiurgo, os Ye'kwana afirmam que todas as malocas (*atta*) possuem um duplo invisível[44]. Como argumenta Rivière, as moradas humanas (ou as "povoações", "settlements") "são fenômenos fugazes [...]; são descontinuidades espaciais e temporais em um mundo visível que é, em certo sentido, contingente a uma realidade invisível [...]; são a evidência visível, mas efêmera de uma continuidade invisível"[45].

De modo distinto da maloca ancestral e protótipica (Attawanadi) dos Ye'kwana, as potencialmente infinitas moradas dos *hekura* (*hekura pë yahipi*) nas montanhas (*pei maki*) e noutros lugares rochosos ou duros não são concebidas como protótipos das moradas humanas (*xapono*), embora os *hekura* partilhem da mesma sociabilidade e, com isso, do mesmo modo de habitar que os Yanomami, ainda que de modo invisível aos olhos da gente comum e não pajé. Nesse sentido, assim como o círculo de paricás (*pararo hi*) que rodeiam o espaço do *xapono* é visto pelos *hekura* ("espíritos" e pajés) como as roças e as casas de Ihamariwë, as "casas de espíritos" (*hekura pë yahipï*) bifurcam os referentes possíveis e multiplicam o sentido da sociabilidade e habitabilidade do *xapono* não por meio de uma cópia prototípica, mas de uma variação posicional e escalar.

Entre os Yanomami, os *xapono* tampouco possuem duplos invisíveis, como é o caso das malocas (*atta*) ye'kwana. No entanto, por intermédio dos pajés *hekura* – essenciais na constituição do *xapono* – e das moradas de seus espíritos auxiliares (*hekura pë yahipï*) construídas em seu peito (como veremos adiante), é estabelecida uma conexão entre o *xapono*, "a evidência visível, mas efêmera" e sua "continuidade invisível" e imperecível, nos termos de Rivière[46]. Logo, essa conexão não se dá como na forma-duplo, relacionando o *xapono* a um duplo externo e invisível, mas por meio de uma multiplicidade interna, no sentido de uma variação posicional e escalar em que dentro de um mesmo *xapono* (perecível) há potencialmente inúmeros outros *xapono* (quase imperecíveis, como veremos), já que pode haver tantas "casas de espíritos" (*hekura pë yahipï*) quantos pajés houver. Cada uma destas, ainda, contém não só muitas casas dentro de si (como em um enorme *xapono*), como também são parte de uma rede muito mais complexa de outras "casas de espíritos". Nesse sentido, é pela iniciação xamânica que o pajé (*hekura*) acessa a contraparte invisível e imperecível do *xapono*, isto é, as "casas de espíritos" (*hekura pë yahipï*) situadas em seu próprio peito e, como relatam os pajés, feitas tanto de pedra quanto de metal.

Uma concepção próxima a esta, em que a mediação com a contraparte invisível e imperecível da morada visível e perecível é pautada pelo corpo do pajé, pode ser notada também entre os Guarani Mbya. Segundo Daniel Pierri, as "cidades celestes" habitadas pelos demiurgos são feitas de pedra e concreto, assim como a cidade dos brancos e, por essa razão, são idealmente impereciveis e eternas[47]. Assim, "a figura das *táva* [ruínas das antigas missões jesuíticas] ocupa um papel de destaque na mediação entre o mundo terrestre e os mundos celestes justamente por sua imperecibilidade"[48]. Como relata Pierri:

Em uma das explicações que obtive sobre esse tema, um interlocutor me explicou que as *táva* foram no passado casas de reza (*opy*), como qualquer outra, com as paredes de madeira preenchida por barro, e a cobertura vegetal, mas que se transformaram em casas de pedra no momento em que o rezador que nela praticava seus rituais conseguiu atingir o estado de *aguyje* [transformação do corpo do pajé em um corpo imperecível e imortal]. Transformam-se simultaneamente em imperecíveis, nessa versão, o corpo do recém-tornado Nhanderu Mirĩ [este termo refere-se aos homens que se tornaram divindades] e aquele da sua casa de rezas (*opy*), que ficaria na terra como exemplo.[49]

Entre os Yanomami, por outro lado, é pela iniciação xamânica (chamada de *taamayõu* entre os Yanomami do Marauiá) que o iniciado se torna, ele próprio, *hekura*. Com isso, a "imagem" (*no uhutipi*) da pessoa adquire também uma dimensão eterna, já que, depois da morte do corpo, sua imagem essencial pode ainda ser convocada por outros pajés *hekura*. Ao mesmo tempo, é com o primeiro *taamayõu* que a "casa dos espíritos" (*hekura pë yahipi*) será feita pelos *hekura* no peito do pajé. Mas, apesar das descrições sensíveis e virtualmente materiais dessas casas sendo de pedra ou metal, assim associadas à dureza e à durabilidade, tais moradas não resultam ou se replicam em uma versão terrena, como as *táva* nas narrativas guarani mbya, tampouco são exatamente ou totalmente imperecíveis, pois os seres *hekura* demandam do pajé uma contínua manutenção de seu corpo-casa e, com isso, das relações com seus espíritos auxiliares, isto é, aqueles que já o habitam. Tal manutenção se dá, por exemplo, por outros processos de iniciação (*taamayõu*) em que o pajé pode se engajar, mas também pelo uso contínuo do *epena* e da prática constante do *hekuramou*. Além disso, com a morte do pajé, sua casa de espíritos tem um fim determinado, tal como o corpo, mesmo que num plano virtual. Como explica e resume Kopenawa:

Quando um xamã [pajé] fica muito velho e não quer mais viver, ou quando está muito doente e perto de morrer, seus *xapiri* [*hekura*] se afastam dele. Ele então fica sozinho e vazio, antes de se apagar como uma brasa de fogueira. Depois, uma vez abandonada, sua casa de espíritos desaba por si mesma. É assim que acontece. Os *xapiri* de um xamã vão embora quando seu pai morre. Voltam para onde viveram antes, nos morros e montanhas da floresta e nas costas do céu. Só voltam para os humanos muito tempo depois, para dançar para um outro xamã, muitas vezes filho do xamã que deixaram.[50]

Assim, nota-se que as casas dos espíritos – ou a imagem das casas no corpo-casa do pajé –, apesar de sua escala e materialidade durável (como veremos em detalhes a seguir), tem um tempo de vida determinado e, portanto, quase imperecível, cujo fim é consonante com a existência perecível do corpo do pajé em que se situam, bem como com a possibilidade do pajé de manter e cuidar da relação enquanto vivo e ativo. No entanto, os *hekura* – os seres-imagem feitos espíritos auxiliares – permanecem em uma virtualidade latente e implicam, assim, tanto um controle de suas potências pelos outros pajés – no âmbito da morte e do rito funerário do pajé morto, quando podem se mostrar potencialmente perigosos e raivosos –, como também a possibilidade de serem, num certo sentido, capturados ou abrigados em outros corpos-casas de forma cíclica e contínua.

O processo de iniciação xamânica *taamayõu* consiste, essencialmente, na transmissão de conhecimentos, cantos e casas ("casa de espíritos", *hekura pë yahipɨ*) entre o pajé mais experiente – o "professor", como dizem no Marauiá – e a pessoa que pretende se iniciar pela primeira vez ou aprofundar seu conhecimento – o "aluno"[51]. De início, trata-se de preparar o corpo do "aluno" por meio de uma dieta e de prescrições alimentares específicas e rigorosas. Controlado pelo pajé "professor", o "aluno" passa a ter uma dieta restrita a líquidos, conforme me explicou o pajé Francisco, do Pukima Cachoeira, com pequenas doses de vinho de bacaba, açaí, pupunha ou buriti. Além disso, adere a prescrições em torno da higiene, ficando restrito de tomar banho e também ter relações sexuais. Essas prescrições preparam o corpo que será iniciado de acordo com as orientações dos pajés mais experientes, e se acentuam quando do consumo de grandes doses de *epena* durante todos os dias do *taamayõu,* que costuma durar em torno de uma semana. Com essas medidas intenta-se que o corpo do pajé esteja limpo para tornar-se atrativo aos *hekura,* que têm aversão à sujeira e às impurezas terrenas (como notamos no capítulo "Casa-aldeia", na descrição do *xapono heha,* o "meio do *xapono*"). Garantidas assim as condições de limpeza, o futuro pajé deve se enfeitar, pintando-se de urucum, colocando seus adornos e emplumando a cabeça com penas de gavião para então iniciar o *taamayõu.*

Após as prescrições voltadas ao preparo do corpo, nos primeiros dias do *taamayõu* o processo de limpeza do interior de

seu corpo segue mediado pelo "professor" e pelos primeiros seres-
-imagem *hekura* que são convocados ao pajé que se inicia. Como
nota Maria Inês Smiljanic, as imagens das plantas são os primeiros
hekura convocados ao pajé em iniciação pelo "professor", como
os seres-imagem das palmeiras bacaba – aquelas plantadas pela
fuga do demiurgo e que deram origem às montanhas – e espécies
próximas do ubim que, se no plano cotidiano servem para cobrir
as casas e tapiris, no processo de iniciação xamânica, conforme a
autora, "constituem o primeiro abrigo construído para os espíritos auxiliares durante a iniciação"[52]. Como me explicou Francisco,
falando sobre sua própria iniciação, o *taamayõu* "começa com
uma limpeza feita pelos *hekura*, como a limpeza de uma roça, para
preparar o terreno da casa que será construída no corpo do pajé".

Segundo uma narrativa de Cândido, grande pajé do Pukima
Cachoeira – mediada pela tradução livre feita por Francisco, seu
filho e também seu "aluno" –, no início os pajés "fazem a limpeza, como do tamanho desse *xapono*, bem limpinho mesmo,
para poderem vir os espíritos no corpo da pessoa". Nessa narrativa sobre o processo de iniciação xamânica, Cândido estabelece
uma correspondência entre "o curso de pajé" (*taamayõu*), o "como
fazer as casas" (*yãatamotima*) e, não por acaso, a "construção de
uma escola" – justamente o tema da assembleia que terminava
há pouco (conforme mencionado na "Apresentação" deste livro).
De noitinha, começando a história, ele dizia assim:

Para virar *hekura* [*hekuraprou*] tem que primeiro construir a casa, como
a construção de uma escola para dar aula, a casa de quem vai aprender.
Quem quer aprender tem que aprontar uma grande casa. No piso, tem
que deixar a terra bem plana, como se fosse o banco do aluno. Assim que
terminar toda a casa, o piso e o telhado, o aluno pode começar a cheirar
paricá [*epena*, substância feita a partir das sementes da *Anadenanthera
peregrina*]. Sopram o paricá e esse é o início da aula. Para soprar o paricá
no aluno tem que fazer bem certo, como um caminho. Tem que soprar
bem certo para o caminho vir direto para o peito do aluno e não espalhar, para não errar o caminho dos espíritos.

Uma boa forma de se aproximar da analogia feita por Cândido
entre (1) construir uma casa, (2) como uma escola, (3) para aprender a ser pajé, é o modo pelo qual o conceito de escola é traduzido
pelos Yanomamɨ por *hiramotima nahi*. *Hira-* é raiz verbal partilhada pelo verbo transitivo *hiraɨ*, que significa "ensinar" ou "dizer

a alguém como fazer algo", e o verbo intransitivo *hiraaɨ*, que quer dizer "juntar-se", "reunir-se", "agrupar-se" e "viver em"[53]. Já o sufixo *-motima*, como vimos em *yãatamotima*, transforma o verbo em nome e, assim, transforma o "ensinar" e o "juntar-se" em um "lugar de ensinar", a escola. *Nahi*, por sua vez, é um classificador nominal que designa certas espécies arbóreas, bem como seus derivados, como objetos ou elementos construtivos de madeira, inclusive as casas e acampamentos temporários na floresta, *hato nahi*[54]. Nesse caso, *nahi* enfatiza o sentido complementar de a "casa da escola", ou seja, a construção na qual ela está estabelecida somada à instituição e ao conjunto de saberes que a constitui enquanto tal. A escola é então pensada não só como a "casa do ensinar" e comparada à casa feita pelo "aluno" para o *taamayõu*, mas também, ao que me parece, como metáfora para a própria casa que será construída em seu peito durante esse processo. Em todos os casos, entretanto, o processo de transmissão de conhecimento se orienta a partir de um lugar situado e específico; além disso, compartilham entre si critérios estéticos e ideias. A casa-escola tem de ser feita "bem certo", tem que ser "grande", "bem plana", seguindo o jeito apropriado de se fazer, de se ensinar e de se aprender.

De modo complementar, a relação com o processo de iniciação dos pajés, o *taamayõu*, pode ser pensada por meio da extensão semântica e epistêmica da noção de *hiraɨ*, "ensinar". O verbo intransitivo *hiramou* é, por exemplo, composto pela raiz *hira-* e pelo morfema intransitivizador *-mo-*, que implica um movimento de repetição ou regularidade e indica a voz passiva analítica da pessoa que se faz "ser ensinada", "ser mostrada como fazer" ou ainda "ser iniciada como pajé"[55]. O "curso de pajé" (*taamayõu*), em particular, é concebido como o modo por excelência de "ser ensinado". Ao longo de vários dias, o pajé "professor" conduz o "aluno" ao aprendizado direto com os espíritos *hekura* pela mediação estabelecida por ele, manejando a rigorosa dieta, as doses sopradas de paricá e o próprio contato e diálogo travado com os *hekura*. Os espíritos *hekura* transmitem, portanto, ao "aluno" seus múltiplos cantos e, no fim desse processo, constroem em seu corpo suas próprias casas. O corpo é onde se reúnem os espíritos auxiliares do pajé; é por meio dele que são transmitidos os conhecimentos e, da perspectiva desses espíritos, o corpo é uma clareira para a construção de suas casas, chamadas de *hekura pë yahipɨ*, "casas de espíritos".

Como sugere José A. Kelly Luciani, os pajés têm a habilidade de assumir outros pontos de vista. A partir da perspectiva dos espíritos, isso permite que eles se engajem, dialoguem, ensinem (no caso do "professor") e aprendam (no caso do "aluno") com eles durante o *taamayõu*. De maneira análoga, a escola e seus respectivos alunos "têm uma faculdade similar, a saber, a capacidade de assumir a posição do *napë* a fim de manejar as relações com eles"[56], traduzindo o mundo dos *napë* para os demais Yanomami, a fim de torná-lo minimamente apreensível e, com isso, controlável. Esse procedimento tradutório, e propriamente xamânico[57], de transformar o desconhecido em algo que ressoe como apreensível, por meio de correspondências e variações de pontos de vista, da perspectiva dos *hekura* à dos *napë*, foi o jeito elaborado por Cândido para começar a me explicar o complexo processo do *taamayõu* ("curso de pajé"). O que ele faz é, assim, uma tradução daquilo que, para si e para os espíritos *hekura*, constitui seus modos de produzir e transmitir conhecimento para aquilo que me era próprio, variando também seu ponto de vista e se associando ao nosso universo conceitual onde a imagem da escola, da escrita e do papel constitui o modo apropriado de transmitir conhecimento. Assim, se o conhecimento dos pajés é fundamental para a manutenção das alianças com os diversos seres que coabitam a terra-floresta, a escola é também fundamental para a mediação das relações com os *napë*. A aproximação de ambos os universos tece conexões entre esses mundos distintos e também sugere formas complementares de se relacionar, de ensinar e de aprender.

Seguindo com a narrativa de Cândido, no início os pajés "fazem a limpeza, como do tamanho desse *xapono*, bem limpo mesmo, para poderem vir os espíritos no corpo da pessoa". Em seguida, com o corpo e o peito do "aluno" limpos como o *xapono*, os pajés e seres *hekura* "vão fazer ainda o caminho, para poderem vir corretamente para a pessoa, para ser pajé mesmo". Esses caminhos são associados ao sopro do *epena* nas narinas do pajé que está sendo iniciado, de modo que "para soprar o paricá [*epena*] no aluno tem que fazer bem certo, como um caminho, encaixar bem certo para o caminho vir direto para o peito do aluno e não espalhar, para não errar o caminho dos espíritos". Além disso, ressalta Cândido, estendendo à analogia com a escola, tais caminhos devem ser bem traçados para que os *hekura* possam "seguir como se fosse uma estrada, para

6. CASA-MONTANHA

não errar, para poder seguir certinho, como se fosse uma fileira de cadeiras em que cada um fica no seu lugar". Dentre os *hekura* que fazem essa limpeza e preparam o corpo-terreno e os primeiros sopro-caminhos, Cândido menciona – dessa vez em outra narrativa traduzida livremente por Mauro, seu neto – os seres-imagem das árvores *wahara hi* (inharé, *Helicostylis tomentosa*) que abrem "a clareira no peito", abrindo espaço à chegada dos outros *hekura*. Segundo ele, estes aparecem inteiramente pretos, como árvores queimadas no processo de abertura das roças e, assim dizia-me, "aparecem igual à escrita, como as letras no papel, igual você está escrevendo ele vai aparecendo, assim que é a casa dos espíritos".

Com a abertura do peito-clareira e com o devido traçado dos sopro-caminhos, estes que serão percorridos pelos diversos outros *hekura* convocados a habitar o peito do pajé, o processo de iniciação segue, conforme Cândido (traduzido por Francisco), da seguinte maneira:

Daí eles [os pajés] vem trazendo as casas deles [dos seres-imagem, "espíritos"] nesse caminho para o peito do rapaz. O pajé [o "professor"] tem que receber paricá também para poder chamar os espíritos que já trazem a sua própria casa, chamando os nomes dos que vão trazer sua casa para morar no peito. Daí ele [o "aluno"] vai caindo e levantando [por conta da fraqueza e das fortes doses de *epena*, combinado à agência e ao impacto dos *hekura* sobre o corpo, como veremos adiante] e ele [o "professor"] fala outro nome do que vai vir de novo. Daí chama outro nome de novo, e vai seguindo, falando o nome de quem vai vir. Para ele [o "aluno"] poder entender quem vai vir. Quando vem, já traz a casa prontinha. O pajé tem que soprar e também cheirar para poder trazer a outra casa. Mesmo que pesada, ele vai trazendo, trazendo, trazendo, mesmo que caía no chão. E vai trazendo, o pajé vai organizando e colocando os espíritos no peito do rapaz. Traz também outros espíritos, os que ficaram para trás. Sopra, levanta, traz mais casas e vai fazendo isso. Quem quer ser pajé mesmo tem que cobrar o pajé que está dando os *hekura* para você. Tem que cobrar para dar mais, pedindo para ser um grande pajé para ficar como ele, trazendo as casas dele próprio e pedindo mais ainda. Para ser pajé tem que enxergar mesmo e pedir para o pajé para enxergar melhor os espíritos. Assim que os pajés fazem.

Por intermédio desse processo, que se alonga até o último dia da iniciação (cuja singularidade veremos na sequência), cada um dos *hekura* que vem junto de seus cantos vai progressivamente povoando o peito-clareira do pajé. Conforme a exegese de Francisco, as casas que os espíritos *hekura* trazem ao peito do "aluno", segundo a narrativa de Cândido, são suas próprias moradias, associadas aos seus locais de origem, por vezes muito distantes: "cada um deles têm a sua casa, só que essa casa não é tirada daqui, é outra, de outros lugares, de vários lugares, como as montanhas". Dessa forma, o pajé que conduz a iniciação convoca os *hekura* desde suas casas-montanhas para que o aprendiz possa, a partir de então, engajar-se com tais seres-imagem e, conforme Francisco, "poder focar todas as montanhas, onde tem espírito mau, onde tem espírito bom, para ser convidado para andar junto".

A imagem mobilizada pelo verbo "focar", na exegese de Francisco, deriva do léxico na língua portuguesa relacionado à caça. Para caçar jacaré, por exemplo, você deve focar o animal à noite com uma lanterna para que, com o animal acuado, possa então atacá-lo com uma lança. No entanto, nesse contexto, o termo se expande para a experiência visionária e epistêmica dos *hekura*. Ampliando a semântica do termo em português pelo uso intensivo do *epena*, os pajés podem constituir e acessar imagens de tais seres, de forma que, ao focalizá-los, podem (segundo a definição do verbo) "formar com nitidez (uma imagem real ou virtual) em qualquer superfície no espaço, mediante um sistema óptico". Nesse caso, entretanto, o sistema óptico, mais do que físico, é sobretudo xamânico e a distinção entre o real e o virtual torna-se equivocada e superável, já que por meio do *hekuramou* o virtual (potencialmente associado ao universo dos *hekura*) torna-se real (pela experiência concreta mediada pelo corpo e pela perspectiva do pajé-tornado-espírito). Com esse acesso à perspectiva dos espíritos, permite-se que o pajé e os seres-imagem dialoguem e estabeleçam relações de aliança xamânica – mobilizando as múltiplas agências de tais seres para proteção, cura ou ataque – e, como disse Francisco, faz com que o pajé convide e seja "convidado para andar junto".

Seguindo outra narrativa de Cândido (traduzida por Mauro), podemos nos aproximar ainda mais desse processo de identificação, aprendizado e transmissão de espíritos auxiliares, cantos e casas que atravessa e que constitui o *taamayõu*:

Os espíritos aparecem, você vai olhar e depois imitar o *hekura*. O pajé vai buscar e vai entregar os *hekura*. Como que eles aparecem? É como essa sua lanterna de cabeça, eles aparecem como raios, eles aparecem

6. CASA-MONTANHA

como raio [...]. Quando o pajé te bater, ele vai dar o espírito para você. Quando ele der o *hekura*, vai doer muito, você vai sentir dor. Você vai sentir como um terçado rasgando o peito e o corpo, como faz para abrir uma queixada. Quando o pajé der o *hekura*, você vai morrer. O *hekura* está te matando, por isso você vai cair morto no chão quando o pajé te der o *hekura*, porque é muito pesado.

No momento em que Cândido narrava sobre essa chegada dolorosa (em seus próprios termos) dos *hekura* adentrando o corpo do "aluno", ele simulava com as mãos o movimento dos raios descendo pelo topo da minha cabeça, passando pela lanterna de cabeça que usava naquela noite em sua casa e adentrando o meu corpo, como se o rasgasse com um corte longitudinal de cima a baixo, "como faz para abrir uma queixada". A experiência de morte a que Cândido se refere é, entretanto, o modo pelo qual os Yanomami costumam descrever os efeitos do alucinógeno *epena* pelo verbo *nomai*, "morrer". De outra maneira, essa experiência pode também ser referida como *poremou*, algo como "tornar-se fantasma" ou "agir como fantasma". Conforme Bruce Albert, tal associação se deve ao fato de que, durante o estado de alteração de consciência provocado pelos alucinógenos (mas, também, pelo sonho, dor ou doença), a imagem essencial da pessoa (*no uhutipi*) é afetada e deslocada; é "morta". Assim, o espectro *pore* ("fantasma") que compõe a pessoa (como vimos, trata-se do componente da pessoa que, após a morte, sobe aos céus rumo ao *xapono* dos mortos) "assume o comando psíquico em detrimento da consciência (*pihi*)", processo esse que poderia ser referido também como "tornar-se outro", "virar outro" ou "assumir valor de outro"[58].

Retomando o relato de Cândido, nota-se também que a aparição, a apresentação e a introdução dos *hekura*, mediadas pelo pajé "professor", além de dolorosa e "fatal", é também intensamente luminosa, como um raio ou uma lanterna:

Assim, quando você responder ao pajé, enquanto ele te ensina, vai aparecer um raio. Você vai olhar e quando o pajé pedir para responder, você responde, para poder encontrar o espírito. Conforme os raios vão caindo, vão aparecendo os espíritos, como o do passarinho *hëïmï* [espécie cujas penas azuis de suas costas são usadas pelos homens e sobretudo pelos pajés como brincos pendentes; cotinga-azul, *Cotinga maynana*]. Vão caindo os raios e vai clareando, vai ter muito raio, você vai ver os *hekura* como um raio. Você ouve o trovão, aí você fala o nome dele, do espírito do trovão, e ele vai aparecer como um raio. Você vai sentir o trovão bater, você vai sentir o trovão bater. O pajé vai te dar e vai trazer o raio, vai chegar aqui pelo topo da sua cabeça, bem claro. Aí o espírito vai olhar bem, vai chegar contigo e você vai ouvir o barulho se aproximando, aí outro barulho vai surgir no céu, é assim que funciona. Como vêm os espíritos? O pajé vai buscar e os espíritos vêm para cá, pelo caminho dos espíritos eles vêm vindo. O pajé pega o espírito, traz e te dá: "*tau*!" Aí você responde, você tem que pedir mais espíritos para ele [para o "professor"], você tem que imitar outros. "Você não pode ser sovina", você diz a ele. Pede mais *hekura*, pede para trazer mais. "Como você é pajé grande, tem que trazer mais, não pode sovinar." Aí ele vai ouvir e vai te trazer muitos *hekura*, vão aparecer muitos.

A chegada dos *hekura* (assim como comentamos no capítulo "Casa--Aldeia" sobre as concepções em torno da luminosidade) se dá por intermédio da "luz como intensidade pura", "em sua maior potência"[59], como um raio (*xīī*). Na leitura de Eduardo Viveiros de Castro, trata-se de uma concepção (partilhada também por outras semiologias xamânicas entre os povos indígenas amazônicos) na qual a luminosidade e o brilho intenso dos espíritos indicam "o caráter supervisível destes seres, que são 'invisíveis' ao olho desarmado pela mesma razão que a luz o é – por ser a condição do visível"[60]. A luminosidade própria dos *hekura*, da perspectiva destes adentra, então, também o corpo-clareira do pajé e, tal qual na construção de um *xapono* no solo da terra-floresta, se complementa ao esforço de limpeza do terreno. Conforme o relato de um pajé yanomam apresentado por Smiljanic, no início do *taamayõu*:

O neófito fraco e entorpecido pela *yakoana* [uma variante não cultivada do *epena*, feito com a casca em vez das sementes, e chamada no Marauiá de *yakoa* ou, em português regional, paricá do mato; *Virola elongata*] jaz no chão inconsciente. Enquanto seu corpo permanece ali, seus componentes incorpóreos são levados pelos espíritos [...]. Tem então início a construção da casa onde deverão morar seus espíritos auxiliares. Estes chegam e limpam o corpo do neófito, fazendo ali uma grande clareira onde deverão ser fincados os esteios da nova casa. O corpo interior do neófito é retalhado pelas facas que os espíritos auxiliares portam, ele sangra e se enche de feridas. Após o processo de purificação, a casa dos espíritos auxiliares é construída. Os espíritos do sol descem e fixam-se no peito do neófito, tornando claro o caminho a ser percorrido pelos espíritos auxiliares. Este caminho é comparado a uma luz, ao arco-íris, a espelhos.[61]

A mesma imagem do *xapono* intensamente iluminado como um "arco-íris", tal como dizia-me Cláudio, pajé do Pukima Cachoeira

6. CASA-MONTANHA

(filho de Cândido e iniciado também por ele), se replica também na dobra interna do corpo do pajé que, desde a perspectiva dos *hekura*, corresponde a uma clareira onde suas casas serão construídas. A limpeza, a claridade e a luminosidade se mostram, portanto, como atributos vitais para a presença dos *hekura*, com ecos diretos, como vimos, no próprio modo yanomami de habitar a terra-floresta.

Retomando o final do relato de Cândido, a chegada dos *hekura* ao corpo do pajé "aluno", além da dimensão intensamente luminosa, é acompanhada "pelo som dele", isto é, o canto (*amoa*) próprio a cada classe de espíritos auxiliares e suas respectivas casas:

A casa deles [dos *hekura*, referindo-se aos seres *no porepɨ*] é boa, elas ficam aqui no céu. O pajé traz para cá o espírito *no porepɨ* [ser-imagem dos espectros dos mortos ancestrais, um exemplo dentre os muitos *hekura* que podem ser convocados pelo "professor", segundo Mauro], ele vai dizer o nome da casa do espírito *no porepɨ* e ele vai avisar a pessoa: "Vai vir a casa do *no porepɨ*." Quando o pajé trouxer a casa do *no porepɨ* você vai ouvir o som dele [segundo Mauro, um barulho metálico, "*tein!*"]. Os espíritos que o pajé trouxer vão chegar dançando, alegres, chegando no seu peito dançando, como crianças os espíritos vêm brincando. É assim que funciona. Daí você pensa, "vou me tornar pajé" e você diz ao pajé [o "professor]: "Assim mesmo, assim mesmo, pode trazer mais espíritos" [...]. Então, quando ele trouxer a casa dos espíritos, as suas imagens vão aparecer igual aos Yanomamɨ, dançando no meio do *xapono*.

Conforme Cândido, então, no processo do *taamayõu,* junto de cada um dos seres-imagem, vêm, simultaneamente, sua casa e seu canto ("o som dele"). Mediados pelo pajé "professor", em diálogo com os seres que convoca, os *hekura* se apresentam ao "aluno" tal como os convidados que chegam a uma grande festa na casa-aldeia: "igual aos Yanomamɨ, dançando no meio do *xapono*". Assim, o corpo--clareira do "aluno", da perspectiva dos *hekura*, se apresenta como uma casa na qual os seus espíritos auxiliares, durante as práticas do *hekuramou* que ele deverá se engajar regularmente, são convidados a visitar, reproduzindo de forma prototípica a dança de apresentação *praɨaɨ* como nas aberturas das festas intercomunitárias *reahu*.

A simultaneidade entre a casa e o canto dos *hekura*, contudo, pode ser talvez melhor aprendida nessa outra narrativa de Cândido (traduzida por Francisco):

Ao mesmo tempo, o pajé vai pegar as outras casas dos espíritos. Ao pegar uma casa, já vem o canto, o *amoa* do espírito, para ele [o "aluno"] poder

210

gravar o canto do espírito. Daí vem outra casa com as músicas, os cantos dos espíritos, e o pajé dá o canto do espírito bem perto da boca dele para ele segurar bem o canto. Ao mesmo tempo, já começou o canto, com um monte de casas vindo para o peito. E o pajé vai dizer a ele: "Meu filho, os espíritos querem ficar no seu peito mesmo, os espíritos estão gostando de você, cheire paricá para eles ficarem felizes!" Aí vem outra casa, outro canto. O pajé vai buscar outras casas, levando seu canto, e assim que o aluno levanta, o pajé fala outro nome da casa do espírito, até derrubar o aluno. Quando o aluno recebe bem os espíritos, quando vem o *hekura* como se fosse um raio forte, ele é partido no meio e cai no chão. O aluno vai ouvindo o barulho – "*tchuun!*" –, um som como se fosse partido no meio, vai doer. Assim que o pajé faz. Assim que o pajé me fez [aqui Cândido refere-se à iniciação que ele próprio passou, conduzida pelo seu finado sogro].

Conforme me esclarecia Francisco após a gravação desse relato, os cantos dos *hekura* são enunciados e, assim, ensinados ao "aluno" de forma simultânea à introdução em seu próprio corpo das casas relacionadas a cada um dos espíritos auxiliares – imagem que aproxima o corpo do pajé não a uma só casa, mas a um *xapono*, um corpo-casa-aldeia. Segundo essa exegese de Francisco, o nome de um *hekura* (ou de uma classe de *hekura* que não se limita a um, mas a uma multiplicidade implícita) corresponde ao nome de seu canto e também de sua casa. Desse modo, quando o pajé transmite um canto ao "aluno", nomeando-o e ensinando-o – "bem perto da boca dele para ele segurar bem o canto" –, simultaneamente, ele lhe transmite também uma casa, a morada de um certo espírito auxiliar.

Se o pajé é aquele capaz de "abrigar um *hekura* no peito" – *përimapou*, verbo transitivo a partir da raiz verbal *përi-* (como vimos no capítulo "Tapiri"), cuja extensão semântica inclui também o sentido de "hospedar alguém" ou de "guardar um objeto perto de si na sua rede"[62] –, da perspectiva dos *hekura*, o corpo do pajé é aquilo que, para si mesmos, eles entendem como as suas próprias casas. Retomando a fala de Cândido: "Os espíritos que o pajé trouxer vão chegar dançando, alegres, chegando no seu peito dançando, como crianças os espíritos vêm brincando. É assim que funciona. [...] Então, quando ele trouxer a casa dos espíritos, as suas imagens vão aparecer igual aos Yanomami, dançando no meio do *xapono*."

"No seu peito dançando", os *hekura* têm para si o corpo do pajé como um *xapono* ("casa-aldeia"), assim como para nós

6. CASA-MONTANHA

são *xapono* esses lugares da terra-floresta que habitamos, também, "dançando no meio do *xapono*". Assim, no processo do *taamayõu*, a "casa de espíritos" (*hekura pë yahipɨ*) é transmitida de forma ubíqua. O que para nós (não pajés) se apresenta como indícios em forma de cantos transmitidos ao pajé que se inicia, para os pajés e espíritos *hekura* tal processo corresponde à versão hiperluminosa da dança de apresentação *praiaɨ*, que adentra a espacialidade "virtual" do corpo do xamã "morto" pelo *epena*. Dessa perspectiva, cada *hekura* com seu respectivo canto adentra o peito-clareira do pajé tal como um *xapono* animado pela festa, pela dança e pela cantoria. No interior do corpo-*xapono*, espaço reversível pela experiência e pela iniciação xamânica à qual o pajé se submete, os *hekura* são, assim, capazes de com ele produzir parentesco, produzir aliança e, enfim, construir suas casas em seu peito-clareira.

A mesma composição ubíqua, reflexo da corporalidade intensiva e recursiva dos pajés, se apresenta, por exemplo, noutro termo em yanomamɨ para "pajé", *xapori*. A palavra corresponde a "pajé", no geral, mas também aos espíritos convocados como aliados e que habitam o corpo do pajé, diferentemente de *hekura* que, em certos contextos, se refere em específico aos seres-imagem livres e selvagens que vivem nos penhascos rochosos. *Xapori* e *xapono*, inclusive, partilham de uma mesma raiz em comum que, como aponta Lizot, "se refere ao seu caráter de domesticidade"[63]. Como vemos no processo do *taamayõu*, trata-se de uma domesticidade recursiva e marcada pela ubiquidade, em que ambas as perspectivas (do pajé em iniciação e dos *hekura* em festa, digamos) decorrem simultaneamente, mas em duas referências distintas: o corpo, da perspectiva humana, e a "casa de espíritos", da perspectiva extra-humana. Embora o processo seja referido como decorrendo internamente ao corpo, com os *hekura* o adentrando e lá construindo suas casas, esse processo talvez seja melhor compreendido como uma construção complexa e recursiva. Nesse sentido, como sugere Pedro Cesarino – falando sobre os pajés *romeya* marubo, cuja pessoa é também marcada pela ubiquidade do corpo-maloca –, o corpo-casa do pajé é "menos um espaço *dentro* do outro (ou, pior ainda, um espaço imaginário interno), mas um espaço *a partir* do outro"[64]. Nesse sentido, ambas as referências (ambos os espaços ou ambos os mundos) existem e decorrem em paralelo, embora visível somente aos pajés e espíritos *hekura*. Como diz Smiljanic sobre os pajés e espíritos yanomam: "Cada um destes mundos [...] são microcosmos que existem simultaneamente e pelos quais os pajés transitam livremente."[65]

A sequência do *taamayõu* é permeada então por essas duas referências paralelas (e transponíveis pelos pajés) que acompanham todo o processo de "construção conceitual"[66] da "casa de espíritos" (*hekura pë yahipi*). O final desse processo de construção e também de iniciação xamânica complexifica, no entanto, ainda mais a construção recursiva própria da ubiquidade do *taamayõu*. Assim, no último dia da iniciação-construção, uma outra morada é trazida para o peito do pajé, morada essa que poderíamos pensar como a "casa de espíritos da casa de espíritos" ou a "casa-montanha do corpo-casa-aldeia". Sobre essa etapa, voltemos ao relato de Cândido (traduzido por Francisco):

Para ser pajé mesmo tem que prestar atenção para ver se ele [o "professor"] está dando mesmo os espíritos [...], [com isso, o "professor"] olha se o peito encheu mesmo [de "casas"] e vai mandar cortar um pau para a casa dos espíritos. Três rapazes vão tirar esse pau [chamado de *pei maki*, assim como as montanhas e picos rochosos], pintar com urucum, pena branca de gavião, papagaio. Essa é a casa dos espíritos. Nesse *pei maki* vai vir irariwë [*ira*, "onça-pintada", *Panthera onca*] e Yaoriwë [*yao*, "onça pequena", segundo os Yanomami, espécie não identificada, talvez "jaguatirica", *Leopardus pardalis*, ou "gato-maracajá", *Leopardus wiedii*]. Eles são os cachorros da casa, para proteger a casa, para não chegar perto da casa dos outros espíritos. Dando isso, o aluno vai perceber como se fosse onça de verdade [isto é, o animal, *ira*] e vai doer como arranhões de onça. Daí vai ser levantado de novo e o pajé vai passar nele uma taboca [*hõrõmato*, "tubo com o qual os *hekura* projetam substâncias mágicas"[67]] e chamar o espírito Hõrõmato, soprando no corpo do aluno. E quando ele estiver deitado, esse espírito organiza o aluno que o irariwë deixou bagunçado. Por dentro, ele ventila os ossos para ele ressuscitar de novo ["como um ar-condicionado ou ventilador", explica-me Francisco]. Terminando isso, depois de irariwë, eles vão pegar a casa do espírito, *pei maki*. Vão pegar machado, terçado, flecha e vão trazer a casa dos espíritos [nesse momento, com o pau fincado no chão do meio do *xapono*, no extremo oposto da casa em que se dá *taamayõu*]. Tem que tirar todas as raízes do *pei maki*, sem quebrar as raízes. Têm que ser bem cortadas para não dar problema com o rapaz que está sendo iniciado. Quem vai trazer o *pei maki* é Morõriwë [*morõ*, "tatu-rabo-de-couro", *Cabassous unicinctus*] e Wakariwë [*waka*, "tatu-canastra", *Pridontes maximus*]. Morõriwë fica embaixo, Wakariwë em cima e os Paxoriwë [*paxo*, "macaco-aranha", *Ateles*] pegam no meio

6. CASA-MONTANHA   213

para não cair a montanha, fazendo como se fosse um gancho ou uma forquilha com as mãos. Daí dois rapazes seguram o jovem e o *pei makɨ* é colocado no meio da cabeça dele para poder entrar toda a raiz. Mesmo os dois rapazes segurando ele, ele vai ser prensado, por causa do peso da pedra. Fazendo isso, vai vir outro espírito que se chama Porehimi ["espírito que fica no olho e supervisiona se está dando certo, para ver se está retinho", segundo Francisco]. É assim. Assim que eu aprendi, assim que eu estou falando. [No dia seguinte, no último dia] tira de novo a casa do espírito e vem o Warëriwë [*warë*, "queixada", *Tayassu pecari*]. De manhã, vai ser jogada a água sobre o fogo, fica lama, e o rapaz é jogado na lama com cinzas, como queixada, com cheiro de queixada mesmo, e no mesmo tempo pode dar comida, banana, taioba, pupunha [e com isso, gradualmente, o "aluno" pode voltar a se alimentar normalmente]. E daí vai vir também o Xokoriwë [*xoko*, "tamanduá-mirim", *Tamandua tetradactyla*], Ihamariwë [*ihama*, "bicho-preguiça", *Bradypus tridactylus*], Paxoriwë.

Pei makɨ, como notado antes, indica os penhascos rochosos – as casas-montanha onde habitam os seres *hekura* – e, simultaneamente, o pau adornado utilizado durante os últimos dias do *taamayõu* – ele próprio concebido como "montanha" e "casa de espíritos" dos *hekura*. Dessa maneira, a mesma ubiquidade que marca o processo do *taamayõu* com a transmissão de conhecimentos xamânicos por meio das casas-cantos aqui se faz presente pelo pau-casa-montanha. Segundo Francisco, se utiliza em geral a madeira da árvore *mõrã mahi* (*Dacryodes sp.*) para fazer a estaca que, com a ponta mais fina voltada para baixo, constitui a base que será posteriormente adornada. No entanto, variam não só as madeiras utilizadas como também o modo de adornar o *pei makɨ*. Certa vez, por exemplo, acompanhei o *taamayõu* de um pajé já experiente do *xapono* Manakapɨwëi que havia ido ao Pukima Cachoeira para ser "iniciado" com Cândido e outro reconhecido finado pajé desse *xapono* – "intercâmbios" esses que são valorizados pelos *hekura* a fim de multiplicar seus cantos-casas a partir de outros conhecedores aliados. Naquele contexto, em vez de uma estaca de madeira, o *pei makɨ* era apenas uma flecha com a ponta voltada para baixo para ser fincada na terra. Como explicaram-me, como o "aluno" e pajé visitante "já sabe cheirar paricá" – algo que mencionavam como se estivesse fazendo uma especialização ou uma pós-graduação, "para virar doutor" –, ele não precisava de um *pei makɨ* "de verdade". A flecha, por sua vez, era adornada tal como uma estaca de madeira, embora de forma mais discreta. Normalmente, os adornos do *pei*

FIG. 42: *Três* pei makɨ *com os adornos envelhecidos, encostados sobre um grande ipê* (tomoro) *em uma roça. Cada um deles corresponde a uma iniciação xamânica* (taamayõu) *de um pajé do* xapono *Pukima Beira, 2019. Foto do autor.*

makɨ consistem em uma pintura com urucum, dando-lhe uma base vermelha e, por cima, linhas sinuosas e pontos intercalados desenhados com uma variante mais escura dessa tintura. Sobre a pintura, o *pei makɨ* é emplumado com penas brancas de gavião ou, por vezes, com algodão, e no topo é adornado com penas de papagaio e penas do rabo da arara-vermelha, tal como as braçadeiras comumente utilizadas pelos pajés.

6. CASA-MONTANHA

FIG. 43: *Adornos com penas de papagaio e arara pendurada à frente de uma casa no Pukima Cachoeira, 2020. Foto do autor.*

Esse artefato ou, melhor, essa casa-montanha, poderia assim ser pensada como um "modelo reduzido", no sentido de um objeto (de uso ritual, digamos) que permite um modo de agir sobre o mundo por meio de um elemento que condensa e que transpõe a montanha (da perspectiva dos *hekura*, a casa de espíritos) da terra-floresta para o peito do pajé durante o *taamayõu*. O *pei maki*, seguindo a lógica do "modelo reduzido" proposto por Claude

Lévi-Strauss[68], compartilha de certas propriedades estéticas e sensíveis das montanhas e dos picos rochosos, mas em escala reduzida. Dentre estas, a verticalidade, como um mastro fincado na terra ou ponteado na cabeça ou entre as pernas do "aluno"; a beleza e o brilho, decorrentes dos adornos e dos grafismos; e o peso e a dureza que, se não estão necessariamente presentes na constituição da madeira utilizada, são notáveis nos relatos e também nos gestos corporais dos pajés que o carregam e o manipulam durante a iniciação xamânica. No entanto, a redução de escala, no sentido das dimensões físicas do objeto (da montanha ao pau, nesse caso), não é exclusivamente o que constitui um modelo reduzido. Para Lévi-Strauss, a redução deve ser entendida para além da escala e, de um ponto de vista complementar, sugiro que a noção de escala seja também compreendida para além de um sentido mais imediato de ordem dimensional, a partir da ideia de que "a transposição gráfica ou plástica implica sempre uma renúncia a certas dimensões do objeto"[69]. A "renúncia a certas dimensões" de que fala Lévi-Strauss vai além da grandeza física e abre campo para pensarmos, então, na noção de escala em um sentido ampliado, estendendo-a para outras propriedades do objeto e transfigurando a operação de redução em outras noções que, nesse caso, me parecem mais pertinentes e produtivas, como a replicação e a variação posicional e escalar.

A variação posicional e escalar do *pei maki* que, a depender da perspectiva, pode ser visto como montanha, casa, corpo, pau ou pedra, talvez se faça mais explícita na explicação que ouvi de Maurício Iximawëteri (em português) sobre os sentidos do *pei maki*:

Você vê as montanhas altas, é a mesma coisa, as montanhas e as casas dos espíritos. Os espíritos moram dentro das montanhas. Eles fazem como nós fazemos. Eles vivem como nós: usam fogo, caçam, têm roça. [...] A casa no peito é a montanha quando está terminando de ensinar o *hekura*. Eles tiram a casa deles e fazem o *pei maki*. O *pei maki* é a casa. O pau tira no mato e é como se fosse a montanha que está lá. Dizem que o pau parece a serra mesmo. Quando coloca o *pei maki* na cabeça, é como colocar a montanha no peito da pessoa, o pau é a raiz da montanha e vara o corpo. Depois os *hekura* distribuem a raiz da montanha para a montanha não cair. A raiz da montanha entra dentro da pessoa e a serra fica dentro da pessoa. Depois os espíritos ganham o espaço para morarem nessa montanha, a casa deles. [...] A casa é uma montanha. Dizem que parece uma montanha. Mas só a vê quem ensina e quem é

6. CASA-MONTANHA

ensinado. [...] A montanha fica sempre no corpo. É de pedra, igual à serra do mato. Pedra, pedra mesmo.

Além disso, por meio de tal ubiquidade – em suma, entre pau e pedra – se ressalta também a dimensão imperecível (ao menos durante o tempo de vida do pajé, como vimos acima) de tais casas de espíritos construídas no – ou a partir do – corpo do pajé. "De pedra, igual à serra", como diz Maurício, mas também como relatou-me outro pajé do Pukima Cachoeira, que dizia que, ao dormir, sente "o peito pesado, como se estivesse cheio de areia", referindo-se à sua própria casa-corpo. Segundo ele (traduzido pelo seu filho Ricardo), sua casa de espíritos é "como o *xapono* aqui, grande, mas de pedra; não estraga nunca, muito duro, como as montanhas". A mesma comparação com o *xapono* "daqui" foi feita também por Emerson do Pukima Beira, assinalando de forma complementar à escala grandiosa, também a limpeza exemplar, ambas de dimensões intensivas e extra-humanas. Dizia ele que a casa de espíritos e os *xapono* dos pajés (*hekura*) são "do mesmo formato", mas "muito mais limpo e mais organizado" e, além disso, "muito mais alto, como um hotel" – e, com isso, provavelmente se referia a um dos hotéis da cidade de Santa Isabel do Rio Negro, um dos poucos edifícios com mais de dois pavimentos da cidade. O próprio Maurício, no mesmo contexto da fala acima citada, também relacionava as casas de espíritos com os edifícios urbanos, dizendo que estas são "como na cidade", feitas "de metal", "como prédios, de tão grande". Claudio, pajé do Pukima Cachoeira, ressalta a mesma coisa e diz que as casas de espíritos são "altas" e, ao abordar especificamente a casa-corpo de Cândido, diz que esta então é "muito alta!".

A dureza, a altura e o peso da casa-montanha (*pei makɨ*) são também aspectos ressaltados na fala de Cândido apresentada acima sobre o *taamayõu*, assim como na exegese que Francisco realizou na sequência, a fim de me esclarecer alguns pontos da narrativa. Segundo ele, são sempre os seres-imagem Morõriwë (Tatu-rabo--de-couro) e Wakariwë (Tatu-canastra), junto do auxílio dos seres Paxoriwë (Macaco-aranha), que são os responsáveis por carregar o *pei makɨ*: "mesmo que pesado, eles que trazem, e os outros [Paxoriwë] vão segurando em cima, para não cair, para não entornar, para ser bem reto, para não cair as montanhas". E conforme

Ricardo, do Pukima Cachoeira, são estes os "que constroem o *pei maki* no peito do pajé, eles que carregam os paus, um na frente e outro atrás, mas não é um pau como esses, é muito duro mesmo, é pedra, igual as serras". Como se nota ainda na narrativa de Cândido, é com a introdução do *pei maki*, nos últimos dias do *taamayõu*, que o aluno se torna apto a receber outros *hekura* que não aqueles primeiros (como os seres-imagens das plantas) que, preliminarmente, preparam e limpam seu corpo-clareira, fazendo também suas primeiras casas. A partir desse momento, ele passa a receber, mediado pelo pajé "professor", os *hekura* considerados como mais fortes e mais potentes. Tal é o caso do próprio Waka-riwë – o "carregador" da casa, como me disse Maurício –, *hekura* reconhecido pela sua força extrema, já que com seus braços e gar-ras pode destroçar os seres maléficos relacionados às doenças que ameaçam as pessoas. Ainda segundo Francisco, é com a chegada do *pei maki* "que vão ficar todos, assim, morando nessa casa; vai ser como se cada um tivesse um quarto, cada um na sua rede, em umas fileiras". Reunidos assim no interior de tal casa-montanha, "os espíritos vão conversar e ver se o pajé vai ser bom mesmo, se é bem cuidado mesmo, se ele quer ser pajé mesmo, aí eles vão ficar". Com o tempo, outros *hekura* podem, no entanto, adentrar e povoar ainda mais tal morada e assim vai "enchendo, enchendo, abrindo mais espaço"; vai "aumentando, aumentando, aumen-tando, até acabar a vida, aí o espírito vai embora [...] e depois tem que refazer de novo, ensinar outro de novo".

É nessa grande casa-montanha – um "malocão", disse-me Francisco – onde habitam os *hekura* mais poderosos que prote-gem o corpo-casa do pajé, notadamente ɨrariwë (Onça) e Yaoriwë ("Oncinha"), tal como, de outra perspectiva, é o pajé que protege o *xapono* em que habita (lembrando da fala de Adriano men-cionada no capítulo "Casa-aldeia"). Como ressalta Cândido pela metáfora dos cachorros que, no próprio *xapono* têm, por exem-plo, a função essencial de afastar possíveis invasores humanos ou extra-humanos, tais *hekura* "são os cachorros da casa, para proteger a casa, para não chegar perto da casa dos outros espí-ritos". Francisco, nesse contexto, me explica que são ɨrariwë e Yaoriwë que "protegem a casa do dono", isto é, seu corpo ou corpo-casa: "Os espíritos são donos. Assim como esse cachorro, quem são donos são minha mãe e meu pai. Essa Onça [ɨrariwë]

6. CASA-MONTANHA

é para não chegar alguém nessa casa. Ela protege. A Onça protege a casa. Assim como nas montanhas é onde tem a maior onça [ira]". E nesse mesmo sentido, Maurício dizia-me que ɨrariwë é o *hekura* que "ajuda o pajé doente" e "defende do mal", pois é capaz de "segurar a vida dessa pessoa" e, portanto, capaz de proteger o corpo do pajé que, da sua perspectiva, passa a ser sua morada.

Com o fim do processo de iniciação, o *pei makɨ* é enfim encostado no tronco de uma grande árvore da floresta ou das roças ao redor do *xapono*. Certa vez, por exemplo, caminhando em uma roça do Pukima Beira, notei três paus com as penas e plumas de gavião já muito deterioradas pelo tempo, encostado numa grande árvore, intocada no meio da mata queimada. Como me disse Eric, que caminhava junto, os paus correspondiam às três etapas da iniciação xamânica pela qual o pajé Arlindo havia recém-passado naquele mesmo *xapono*. Após esse procedimento, os paus deveriam justamente ser devolvidos à floresta e encostados numa árvore como essa, *tomoro* (ipê, *Tabebuia guayacan*), de madeira "dura como rocha" e também ela considerada como "casa de *hekura*".

Ao fim, o imperecível das rochas ou mesmo das grandes árvores não é totalmente impassível à perturbação alheia. E se por um lado são os pajés que, tornados eles próprios casas-montanha, são capazes de se aliar aos seres-imagem potencialmente perigosos como ɨrariwë, por outro lado, são esses mesmos *hekura* (pajés e espíritos) que, frente à sanha destrutiva dos *napë* (os "brancos"), ficam furiosos com isso. Retomando o que disse Adriano (apresentado no capítulo "Terra-floresta"):

As montanhas são casas de pajés [espíritos *hekura*] perigosos. Se [vocês, os *napë*] continuarem destruindo tudo [...] os pajés vão ficar muito bravos e vão cortar o céu. Eles sabem onde estão os buracos, eles sabem cortar o céu, e se isso acontecer, esse céu vai cair, assim como esse aqui [apontando para o chão, para a terra] que já caiu antigamente [...] e quando aquele céu cair todos vão morrer [...] Os *napë* não sabem disso, eles não veem, eles só veem dinheiro.

EPÍLOGO

Assim É

"O que tanto você anota nesse papel?", perguntavam meus amigos yanomami em diferentes momentos em que estivemos juntos. Difícil pergunta para a qual talvez somente agora eu tenha a resposta. Ao fim, esse texto é uma tentativa de pensar com (o que eu chamei de) "o jeito de pendurar redes". Inclusive, sempre achei curioso que, de certa forma, pendurado em minha rede, eu habitava o interior do corpo do meu objeto de pesquisa. Pensando agora, talvez parte desse tal objeto também habite dentro de mim. E com a tentativa de tornar isso compreensível, escrevo. Isso é parte dos termos de nossa relação de aliança. Faço isso a partir de descrições etnográficas estimuladas pelas arquiteturas do morar construídas, de diferentes maneiras, pelos Yanomami, povo com quem tive a alegria de conviver e de aprender junto. Alegria, como evoca Isabelle Stengers, cuja potência é capaz de modificar as "relações entre as dimensões já habitadas"; "alegria de pensar e de imaginar juntos, com os outros, graças aos outros"[1].

Da Lua ao Brasil, da construção à queima, da agregação à desagregação, do perecível ao imperecível, o que ressalto ao longo dessas linhas é o caráter mítico das arquiteturas yanomami que, como diria Claude Lévi-Strauss, "não terão afinal feito, como um vasto sistema mitológico, nada além de exibir os recursos de sua

combinatória, antes de involuírem e se aniquilarem na evidência de sua decadência"[2]. A evidência da decadência, entretanto,
talvez tenha sido dos aprendizados de maior valor ao longo desses anos de convivência com o "povo da terra-floresta" ou, como
diria Ailton Krenak, esse povo "como a folha que cai"[3]. Durante
uma longa viagem de barco descendo o rio Marauiá em fevereiro
de 2020, pouco antes de tomar conhecimento da pandemia que
se aproximava e, por outro lado, completamente tomado pela
intensidade do sol sobre a minha cabeça, enfim entendi que é
justo esse modo transitório e inconstante das formas de "pendurar redes" que fazem do perecível, imperecível. Quero dizer, é
"pisando leve" sobre a terra-floresta, como ensina Ailton Krenak,
que a continuidade desse modo de viver e de habitar se estende,
com toda vivacidade e resistência, desde os tempos do sangue da
Lua. Contra a "religião da civilização" e aqueles que "mudam de
repertório, mas repetem a dança" do "pisar duro sobre a Terra",
aprendi com o povo da terra-floresta, ao contrário, sobre o "pisar
leve, bem leve, sobre a Terra"[4], como "um voo de um pássaro no
céu" no qual em "um instante depois que ele passou, não tem
rastro nenhum"[5].

A leveza implicada nessa outra forma de habitar e construir
não deve, contudo, ser pensada na chave tecnocêntrica da inferioridade técnica, mas, pelo contrário, a partir do interior de seus
próprios critérios e concepções – objetivo último deste livro, portanto. Dentre essas concepções situa-se, por exemplo, o uso de
materiais da floresta – um tapiri (*yãno*), uma casa (*yahi*) ou um
xapono, afinal, não é mais do que a continuação da floresta por
outros meios, tornada habitável – deliberadamente feitos para
desmanchar, isto é, para não deixar rastros, como uma rede, que
flutua sobre o solo e não deixa pegadas, caminha de um lugar
para outro e é queimada junto de seu corpo no momento de
sua morte. Assim, diferente de "nosso mundo e seu insano projeto cartesiano cujas consequências ecológicas mal começamos
a medir"[6], "o jeito de pendurar redes", com as variadas técnicas do "viver junto", é marcadamente contra qualquer "excesso
inútil", contra o acúmulo privado de bens ou o desejo de posse
e, portanto, contra o "desejo de poder"[7]. Não a manutenção da
matéria, mas a manutenção do bem viver, permeada pelos conflitos da convivência, da consanguinidade e da aliança que, ao

fim, gera o equilíbrio parcial e necessário entre o viver junto e seu revés, ao mesmo tempo que, das duas formas, se renovam os ciclos que fazem do "jeito de pendurar redes" se não algo *parimi* ("eterno"), algo vivo e contínuo.

O esforço desta etnografia, então, foi o de procurar uma maneira de formular não uma "teoria da arquitetura yanomami" (ou "indígena") – algo que, de fato, os próprios não precisam e, se quiserem, o farão à sua maneira –, mas aquilo que um arquiteto e antropólogo *napë* ("branco") pode precisar formular, em um contexto originalmente acadêmico, para descrever tais modos de construir e habitar. Inspirado pelas linhas conclusivas de Marilyn Strathern em *Learning to See in Melanesia*, eu poderia dizer que o que estou atribuindo ao "jeito yanomami de pendurar redes" é apenas "parte de um esforço para fazer com que eu – nós mesmos – 'enxerguemos' de maneira diferente"[8]. Assim, o mundo construído nessa pele de papel não é o mundo que os yanomami veem – tais práticas de "pendurar redes", afinal, como diria Strathern, "não se preocupam em descrever 'um mundo'"[9]. Ao contrário, "sem tal construção 'nosso' mundo (com o qual nos preocupamos) será tudo o que 'nós' vemos"[10]. Contra o mundo-de-um-mundo-só e contra os olhos que só enxergam dinheiro, como bem disse Adriano Pukimapɨwëteri, escrevo. Os papéis, como as casas e os corpos, bem sabemos, queimam como a madeira. Mas, afinal, que possamos aprender ao menos com uma centelha de brilho breve – o que este livro talvez seja, uma brasa ao léu –, como um vislumbre, um transe ou um sonho. E, assim, como disse Donna Haraway[11], que possamos seguir nos aliando com mundos que importam e que façam sentido. Este é o meu pensamento.

FIG. 44: *Pukima Beira, 2019. Foto do autor.*

Posfácio
Forma-Floresta

O Jeito Yanomami de Pendurar Redes é, antes de ser um livro, uma experiência de confluência concreta e muito animadora entre a megadiversa e abundante terra-floresta yanomami, povoada de seres e carregada de fertilidade vital, e a cidade (que talvez seja melhor nem adjetivar por enquanto para mantermos o entusiasmo). Mas também um experimento de confluência entre a arquitetura e a antropologia, modos de saber e fazer que habitam o mesmo mundo sintético e descendem da mesma lógica colonial, mas que pouco têm se encontrado até aqui, infelizmente. Porém, não é só isso (e isso, por si só, já é muito). *O Jeito Yanomami de Pendurar Redes* é também uma das formas possíveis, das muitas que precisam deixar de ser potências para virarem efetivamente possibilidades, de "aliança afetiva", como gosta de dizer Ailton Krenak[1]. Uma efetiva aliança afetiva, portanto, entre os yanomami e um *napë* arquiteto-antropólogo. E no momento crítico.

No limiar da catástrofe climática, aqueles e aquelas que não coadunam com os "rastros ruins" deixados pelos seus semelhantes sobre a t(T)erra e tampouco aceitam passivamente a pavimentação extensiva da vida, enfim começaram a perceber que há outros mundos para além do "mundo-de-um-mundo-só". E afetados pela experiência de "identificação ontológica com o outro como metamorfose descolonizadora", como diz o antropólogo Renzo Taddei sobre "o dia em que virou índio"[2], passamos a inquirir nosso próprio mundo, a partir do contato com os outros mundos, para transformá-lo e, quem sabe, para evitar o seu fim.

No entanto, já deveria ser um tanto óbvio que isso não será possível a partir do ferramental moderno do colonialismo-Capital disponível no nosso mundo-de-um-mundo-só antropocêntrico e antropocênico, pois este é fundamentalmente destrutivo e estruturalmente perverso. Daí a importância de prestarmos atenção às lógicas da biointeração que vêm sendo praticadas há muito tempo em outros arredores.

A biointeração – como a confluência, a contracolonização e o pensamento fronteiriço entre os mundos sintético e orgânicos –, é um legado fundamental do saudoso pensador quilombola Antônio Bispo dos Santos (conhecido como Nego Bispo, 1959-2023), e pressupõe que tudo o que os "povos da terra" fazem é fruto da energia orgânica. E é exatamente por isso que em vez "reduzir, reutilizar e reciclar" como no mundo sintético, esses povos têm como princípio vital a tríade "extrair, utilizar e reeditar"[3]. E este livro que você tem em mãos está coalhado de biointerações, sem que a palavra tenha sido usada uma única vez ao longo de suas páginas.

A "floresta por outros meios", essa linda e precisa definição que *O Jeito Yanomami de Pendurar Redes* nos apresenta do que poderia ser a arquitetura yanomami, nos leva, pois, direto ao encontro com a biointeração e as formas de relação e interação "começo-meio-começo" que esta pressupõe.

De modo que, fazendo confluir os pensamentos do quilombola e do *napë*-arquiteto-antropólogo autor deste livro, podemos pensar a sugestiva equação "floresta-meio-floresta", que também pode ser lida como "floresta-arquitetura-floresta" em um processo de reedição dos elementos vitais a partir da lógica biointerativa, na qual a floresta vira tapiri, vira casa, vira aldeia e depois volta a ser floresta. Quer dizer, a floresta *vira* arquitetura e depois essa mesma arquitetura *desvira* para voltar a ser floresta. A arquitetura, nessa lógica metabólica, é uma transformação da floresta em outra coisa, que é a floresta mesma só que de outra forma, temporariamente. Floresta e arquitetura se conformam, formam-se juntas, dando e tomando forma, de modo que podemos pensar a arquitetura yanomami

POSFÁCIO: FORMA-FLORESTA 231

como uma espécie de *forma-floresta,* engendrada a partir dos critérios próprios da cosmopolítica dos habitantes da terra-floresta.

E assim chegamos à segunda constatação acerca d'*O Jeito Yanomami de Pendurar Redes*: este livro é um livro sobre arquitetura, mas *não só*. Afinal, como nos ensina Marisol de La Cadena, as posições podem ser complexas e abrir possibilidades em vez de fechá-las[4]. É por isso que este livro é um livro, mas *não só* um livro, pois é também uma experiência de confluência e aliança, como já dito. Enquanto livro, no entanto, está cheio de exemplos e descrições preciosas sobre os modos de habitar a floresta e coexistir com a floresta, e de construir interações orgânicas entre os humanos e os não humanos, de modos de manutenção da diversidade e de produção de abundância. Ou seja, modos de ser e fazer que são tipicamente arquitetônicos, ou deveriam ser, ou melhor, são, mas *não ainda*.

Talvez o mais cauteloso seja dizer, por enquanto, que este é um livro não de arquitetura, mas um livro *para* arquiteturas, arquiteturas *não ainda* pensadas enquanto arquitetura. Desnecessário dizer que, ao nos apresentar um tanto de habilidades importantíssimas e fundamentais que precisamos aprender para habitar, coexistir, construir e cuidar no Antropoceno, habilidades que deveriam fazer parte do repertório conceitual e operativo dos arquitetos e arquitetas, o problema do "não ainda" não é do livro em si, mas da arquitetura. Um problema típico dessas práticas humanistas caducas que têm dificuldade com a abertura que as possibilidades "não só" apresentam. O importante, porém, é que as habilidades que este livro generosamente nos oferta, pulando a cerca-elétrica disciplinar e afrontando o impasse em que estamos metidos, requerem, pelo menos, que sejamos capazes de compreendê-las. E para isso será preciso *desinventar* profundamente a arquitetura como a concebemos e conhecemos.

O bívio enunciado por Lina Bo Bardi, há muitas décadas, que demarca a escolha crucial, enquanto "civilização", entre a "finesse" do Ocidente industrial (que hoje podemos chamar de "ostentação")[5] e as potências indígenas-africanas-orientais, nunca foi tão ululante quanto agora, do mesmo modo que nunca foi tão óbvio que assim como os indígenas têm muito a nos ensinar, nós temos tudo a desaprender, pois o que viemos fazendo até aqui é ocupar, colonizar, extrair, destruir, produzir, substituir, avançar.

232

E como Nego Bispo sempre nos alertava, é preciso ter em mente que somente quando o mundo sintético monopolista parar de ocupar, colonizar, extrair, destruir, produzir, substituir, avançar e começar a "refluir"[6] é que será possível uma confluência entre os "povos da terra" e os inquilinos das cidades.

Davi Kopenawa disse certa feita que os yanomami gostam "de explicar as coisas para os homens brancos, para eles poderem aprender"[7], e neste livro muitas coisas nos são explicadas pelos yanomami, por meio do seu autor e junto com ele, para podermos aprender. E com este livro muitas daquelas "condições mais harmoniosas de compartilhamento"[8] para confluências entre os mundos sintético e orgânico são criadas. O que faremos com elas e como usaremos nossa influência para refluir, o futuro, se houver, dirá.

Por ora, e irreversivelmente afetados pela experiência do contato que *O Jeito Yanomami de Pendurar Redes* nos possibilita, nos cabe ensaiar alguns (des)aprendizados, dentre tantos outros possíveis, que este livro nos oferece.

I

Como sabemos, *O Jeito Yanomami de Pendurar Redes* é parte de uma aliança mais ampla que se propõe a inventar condições de compartilhamento para muito além da ideia de "pesquisa", se propondo a fazer arquiteturas junto com os yanomami. Ao mesmo tempo, nos apresenta uma versão de arquitetura expandida que desafia o arcabouço (ou seria calabouço?) colonial da arquitetura vigente. Um primeiro (des)aprendizado que este livro nos possibilita diz respeito ao contraste entre a arquitetura de matriz moderna e ocidental, e portanto colonial, que é ensinada, praticada e divulgada enquanto *a* cultura arquitetônica, e a arquitetura yanomami.

Mesmo que este contraste não seja de forma alguma o objetivo deste livro, e mesmo que ele quase não apareça nestas páginas, o próprio movimento de pôr em contato o nosso mundo, com todas as suas sólidas certezas, e a forma-floresta yanomami, com todas as suas diferenças, em si já configura um processo de descolonização. Não só porque o nosso "mundo-de-um-mundo-só" é expandido, mas também porque o simples ato de adjetivação da arquitetura como "yanomami" já faz com que "A" arquitetura

POSFÁCIO: FORMA-FLORESTA 233

supostamente tão singular e universal dos modernos seja agora mais uma arquitetura em um pluriverso de arquiteturas situadas.

Diante desse pluriverso então, e conhecendo os critérios próprios, seu modos de fazer e as cosmopráticas da arquitetura yanomami, a (triste, porém tardia) constatação que nos afronta, impelidos a refletir sobre os nossos próprios critérios, modos de fazer e todas a implicações do monopólio da arquitetura ocidental sobre todos os mundos "extramodernos"[9], é que o que viemos concebendo até aqui como arquitetura é, de fato, *a forma tectônica da violência colonial*. Violência que é constituinte e estruturante da modernidade, esse espaço-tempo fascinante e terrível que nos foi legado maquinalmente.

Como se o encontro com a forma-floresta da arquitetura yanomami enfim nos desse clareza e lucidez para definirmos a nossa própria arquitetura da perspectiva do outro, e que pode ser mais ou menos enunciada assim:

todos esses edifícios que vocês celebram, todas essas cidades que vocês constroem, tudo isso foi, e segue sendo, feito sobre os nossos territórios ancestrais às custas das nossas vidas e dos nossos mundos, das vidas dos parentes, dos animais, das plantas, das montanhas, dos rios, dos espíritos, da t(T)erra; tudo isso que vocês chamam de arquitetura e de cidade é *floresta arruinada como projeto*, violência colonial materializada e espacializada para ser mercadoria.

Não que o lastro colonial da arquitetura e das cidades estivesse dissimulado ou ocultado na sua própria história oficial e precisasse ser revelado (e tampouco o seu fetiche de ser mercadoria). Pelo contrário, o mais chocante e grave é que a genealogia colonial da arquitetura moderna no geral, e brasileira em particular, é despudoradamente explícita, e sua colonialidade congênita segue produzindo toda sorte de violências tectônicas, além de ainda ser motivo de orgulho e um parâmetro crítico para auferir sua suposta originalidade localmente. A grande contribuição de *O Jeito Yanomami de Pendurar Redes* para o descortinamento do caráter colonial da arquitetura se dá, portanto, não por recontar a mesma história de forma diferente, que não é mesmo o caso deste livro, mas por contar *outras histórias de uma perspectiva diferente*. Outras histórias que, no entanto, revelam a nossa história e o ponto de vista vantajoso de onde estas foram, e são ainda, contadas.

A identificação com a colônia, com os colonizadores e com a lógica colonial desde sempre estruturou a narrativa oficial da arquitetura e da urbanização do Brasil. Contudo, durante o século XX, quando o caráter autocolonial da modernização do país viria a ser forjado por meio de uma série de políticas como a "marcha para o Oeste" e a construção de Brasília, o projeto da arquitetura moderna brasileira, formulado primordialmente a partir da herança colonial, entraria em perfeita sintonia com esse processo de autocolonização modernizante.

Lucio Costa, figura central dessa narrativa, ao encontrar em Diamantina o "passado em seu sentido mais despojado, mais puro", e a "beleza sem esforço"[10], ensaiaria os primeiros riscos para um programa de conciliação entre a modernidade e a história colonial pela via da arquitetura no Brasil. Nesse programa, os exemplares coloniais e barrocos desvelariam "o fio da meada" que permitiria, nos seu termos, "uma arquitetura logicamente nossa recorrendo ao passado, ao Brasil Colônia"[11]. Afinal, que a arquitetura brasileira sofresse de um certo "barroquismo", este seria motivo de orgulho por sua "legítima e pura filiação nativa". Filiação, cabe ressaltar, não com os nativos *de fato* desta terra, os povos indígenas, mas com o "gênio colonizador". Afinal, como diria o autor de *Razões da Nova Arquitetura*, a genealogia da arquitetura brasileira deveria ser traçada a partir do empreendimento colonial, pois "descendemos de fabricantes de igrejas barrocas"[12].

Enquanto as novas formas dessa velha arquitetura eram delineadas e amplamente vinculadas aos produtos espaciais da colonização portuguesa – cidades, edifícios religiosos, missões jesuíticas, fazendas, *plantations* etc. –, a própria arquitetura moderna, e a sua história, seria gestada como uma operação mais ampla de autocolonização modernizadora sempre contada da perspectiva da conquista da América. Assim, o bandeirantismo e o processo de colonização operariam em um duplo registro, reafirmando a verdadeira história do país como aquela do empreendimento colonial, e ao mesmo tempo que engendrava as bases culturais para que essa mesma conquista, agora operada pelos próprios brasileiros, aparecesse como produto de uma modernização inovadora, porque modernista, e autêntica, porque historicamente lastreada. No fundo, a manutenção da "boa tradição".

POSFÁCIO: FORMA-FLORESTA

O "ato deliberado de posse, de um gesto de sentido ainda desbravador, nos moldes da tradição colonial"[13] reivindicado como gesto primevo de Brasília, seria a consagração definitiva do projeto autocolonial moderno no Brasil. Mas a construção da nova capital não seria propriamente o seu ápice, e sim, um recomeço (agora com outra potência e em todas as direções, como sabem bem todos aqueles povos originários que sentem na pele, nesse exato momento que você lê essas palavras, as consequências da "irradiação do desenvolvimento" projetada há quase seis décadas).

O caráter autocolonial da arquitetura brasileira – engenhosa tecnicamente, inventiva formalmente, politicamente oportunista e brutalmente arcaica em termos sociais – não é portanto, um déficit antropológico, ou um sintoma de falta de alternativas, mas um projeto. Um projeto do qual é parte fundamental o apagamento deliberado de outras arquiteturas, das histórias alternativas e das histórias das alteridades nativas.

Contudo, logo no início deste livro, Thiago Benucci faz jus a um de seus exíguos parentes, o livro *Habitações Indígenas*, organizado por Sylvia Caiuby Novaes em um longínquo 1983, que reflete sobre as concepções e as formas de produção do espaço habitado em distintos povos indígenas no Brasil. É forçoso dizer, no entanto, que apesar de obras e esforços pontuais, a arquitetura indígena segue amplamente ignorada e desconsiderada pela prática e pelo ensino da arquitetura no Brasil. E reafirmar *O Jeito Yanomami de Pendurar Redes* como um livro para a arquitetura é portanto uma oportunidade, mesmo que muito singela, de tentar incidir sobre o projeto político e pedagógico da arquitetura atual, já que fazer isso sobre a economia-política que sustenta a arquitetura na prática parece imensamente mais difícil.

O crucial é que a emergência de livros como esse coloca em xeque a reiteração orgulhosa de um passado colonial que oblitera toda e qualquer história pré-colonial e a destruição de mundos implicada nesse processo, que reinam nas estantes ainda hoje. E é hoje, mais que nunca, que é preciso desafiar o *status quo* da arquitetura, e apresentar outras arquiteturas que existem, como a yanomami, e que finalmente, depois de 524 anos, não são construídas contra a floresta, mas *na* e *com* a floresta.

A partir de agora, diante de qualquer edifício erguido, de qualquer loteamento aberto na mata e de toda a urbanização em obras, ainda que vendidos como arquiteturas sustentáveis, empreendimentos ecológicos, cidades verdes, "blá-blá-blá" – todos esses projetos que seguem contribuindo decisivamente com a ocupação e com a destruição dos mundos orgânicos –, não devemos hesitar em indagar: afinal, sobre a terra de qual povo originário estamos construindo? De qual terra indígena vem todo esse cimento, toda essa areia, toda essa água, toda essa madeira, todos esses minérios e toda essa energia?

A descolonização efetiva da arquitetura demanda muito mais do que boas intenções, teses bonitas e textos-manifestos (como este, aliás), requer que aprendamos com as formas-floresta e com os modos de ser das tantas outras arquiteturas ao nosso redor. Requer que desaprendamos com as outras histórias contadas de outras perspectivas para desinventar a máquina extrativista-destrutiva que estamos costumados a alimentar e para desligar seus motores em perpétua combustão. Mas isso requer que reconheçamos todas as destruições causadas pela arquitetura e atuemos pelo imperativo da reparação.

A descolonização efetiva da arquitetura no Brasil demanda ainda a confluência entre as nossas práticas e modos de pensar sintéticos com os mundos orgânicos por meio de alianças pragmáticas com aqueles arquitetos realmente originais (e originários) detentores dos saberes ancestrais e seus modos de existência "contracoloniais"[14]. Sem isso, a descolonização continuará sendo uma promessa vazia, um discurso perverso ou uma das muitas formas despistadas de recolonização.

II

Nem toda arquitetura é ecológica, mas toda arquitetura tem sua própria ecologia. Ainda que grande parte da arquitetura produzida nos últimos séculos tenha se esforçado imensamente para dissimular, ocultar ou apagar essas redes de relações com as outras espécies, com as montanhas, com os rios e com a t(T)erra em seus produtos finais. Isso, no entanto, é exatamente o contrário do que *O Jeito Yanomami de Pendurar Redes* nos diz sobre as redes de relações entre a arquitetura yanomami e a terra-floresta. Relações, aliás, que não partem do pressuposto de que há

POSFÁCIO: FORMA-FLORESTA 237

uma natureza externa ao humanos e que os outros seres estão
à disposição para a apropriação enquanto recursos. Afinal, nos
mundos indígenas, tudo aquilo que chamamos de "matéria-prima"
de alguma forma é parente, é matéria-viva.

Este é o segundo (des)aprendizado que *O Jeito Yanomami
de Pendurar Redes* nos convida a pensar, pois ao longo de suas
páginas podemos aprender como "outros pensamentos" viabili-
zam "outras arquiteturas" *na* e *com a* floresta. E ainda produzem
o que viemos chamando, simetrizando a floresta com as nossas
cidades, de *urbanidades de outra natureza*[15]. Porém, e isso é o
mais importante, aqui onde tudo é importante, é que essas outras
arquiteturas são viabilizadas, quer dizer, concebidas e construídas
(e desfeitas) fora do circuito fechado do naturalismo ocidental –
que no seu desencantamento instrumental inventa a Natureza
para poder exercer sobre ela um direito auto-outorgado, por uma
espécie supostamente superior, de domínio e controle.

Contrariamente a essa teleologia moderna a que somos condi-
cionados, e que nos é bastante útil, a arquitetura da forma-floresta
yanomami está assentada em bases animistas, ou multinaturalistas, para pensarmos nos termos de Eduardo Viveiros de Castro[16].
Isso pressupõe que a capacidade de agência e produção de subjetividades não está restrita aos humanos e que a humanidade é
uma condição coextensiva a todos os seres vivos e aos elementos que concebemos chamar de naturais.

Porém, a "astúcia suprema do naturalismo" consiste em fazer
com que tudo aquilo que não foi produzido pelas mãos humanas possa ser tomado como "natural". A totalidade do mundo,
suas entidades, elementos e criaturas, como "evidências espon-
tâneas"[17] podem ser transformados pela livre iniciativa humana,
podem ser apropriados, extraídos, manipulados, consumidos e
descartados. E a partir desses pressupostos, a arquitetura pode
então exercitar seu *poder-fazer* sobre o mundo como um atributo singular que diferencia a espécie humana dos outros seres.

Mais do que se referir às qualidades funcionais ou estéticas dos objetos feitos pelos humanos, a ideia de projeto como
pensada e praticada diuturnamente cumpre então a função crucial de "dispositivo ontológico", como precisamente enunciou
Paulo Tavares. Um dispositivo que delineia o reino do exclusivamente humano, uma vez que humanos e somente humanos – pelo

projeto – podem impor o controle instrumental e simbólico sobre a natureza "por serem dotados com qualidades especiais tais como cognição, intenção e vontade subjetiva"[18].

Não é difícil perceber portanto, que as relações entre o projeto e os humanos estão fortemente vinculadas a um paradigma no qual o *man the modern*, como diria Donna Haraway[19], é um tipo específico de humano – indivíduo (antes que coletivo), genérico (antes que situado), abstrato (antes que concreto), citadino (antes que florestal) –, que pode manejar o mundo ao seu bel prazer, como *homo designer* que é.[20]

No entanto, para mais além do mononaturalismo moderno, na terra-floresta yanomami, no quilombo do Saco do Curtume, em todos os mundos orgânicos, verdadeiros pluriversos cosmotécnicos de possibilidades biointerativas marcados pela indiscernibilidade entre natureza e cultura, ou ainda, pela inexistência dessas noções, humanos e não humanos inventam e constroem mundos com astúcia, mas sem projeto. ("Mas os brancos precisam de desenho para fazerem as casas deles? Eu não!" […] "Concordamos, no entanto, que o desenho é um tipo de documento e os 'brancos' realmente precisavam disso, afinal, 'eles gostam de papel'".)

A astúcia da forma-floresta yanomami é exatamente não pretender enganar ou dominar a natureza por meio da técnica, não transformar o supostamente natural em inequivocamente artificial – até porque tudo isso não passa de um gigantesco "mal entendido interétnico"[21]. Nessas sociedades de abundância, estruturadas em sua maioria como verdadeiras "máquinas antiprodução", que "produzem para viver, não vivem para produzir"[22], são as relações entre sujeitos humanos e não humanos que condicionam a produção dos meios de existência, e não a produção das coisas que condiciona as relações entre sujeitos[23].

Ao experimentar o diálogo com o pensamento yanomami e com os modos de habitar a terra-floresta "por meio do encontro de dois regimes intelectuais, poéticos e arquitetônicos", *O Jeito Yanomami de Pendurar Redes* rompe com as concepções em torno dos espaços construídos e habitados de matriz naturalista, ampliando drasticamente o vocabulário e as relações sociais implicadas na feitura da arquitetura, uma vez que tudo aquilo que para nós é simplesmente madeira, terra, pedra etc., para os indígenas é potencialmente agente e não paciente do mundo.

POSFÁCIO: FORMA-FLORESTA

Conceber, portanto, a arquitetura desde os "espaços de acampamentos temporários na floresta, as casas-aldeia nas clareiras domésticas, as casas-montanha habitadas pelos espíritos e também as casas de espíritos construídas no peito dos pajés durante as iniciações xamânicas", é certamente uma expansão sem precedentes para o materialismo vulgar com o qual a arquitetura está familiarizada em seu antropocentrismo fundacional, e no qual o trabalho humano – "hilemórfico", de que nos fala Tim Ingold[24] –, consiste em impor uma forma, a partir de um projeto, a uma matéria inerte.

Já sabemos, no entanto, que a arquitetura yanomami não se dá por meio da imposição de uma forma a uma matéria inerte, porque para os indígenas nada na floresta é matéria e tampouco desprovido de vida. Mas também porque a forma, em vez de imposta, é composta. E conformada *com* a floresta. E é nesse sentido que podemos dizer que com a publicação d'*O Jeito Yanomami de Pendurar Redes* temos disponíveis as bases inaugurais para pensarmos as implicações e possibilidades – na terra-floresta yanomami e para além desta, mas ainda com os indígenas –, de uma arquitetura multinaturalista.

Que a arquitetura possa fazer parte, ou melhor, ser parte, de uma rede de relações sociais com a multiplicidade de não humanos até então relegados à função de entorno ou sujeitados nos canteiros de obras a serem materiais ou entulho, é uma possibilidade realmente revolucionária. Tão revolucionária que ameaça inviabilizar por completo a arquitetura enquanto prática e profissão. Para que isso não aconteça (não que seria de todo mal se acontecesse), o próximo passo, agora que o animismo foi reativado, é reanimar os "atuantes no campo do desenho"[25] a levarem adiante as confluências e alianças com os praticantes orgânicos e holocênicos para a desinvenção partilhada da arquitetura das cidades dos *napë*, a partir daquela outra economia política da natureza formulada pela ciência xamânica, e para a qual o princípio mesmo da economia é a comida. Quer dizer, desinventar a arquitetura das cidades para que estas possam ser ecologias biointerativas dedicadas à produção de abundância e de manejo da diversidade, metamorfoseando a arquitetura e o urbanismo de práticas simplificadoras, exclusivistas, excludentes e monoculturais em outra coisa. E se um dos objetivos anunciados deste livro é "forçar a nossa imaginação, e seus termos,

240

a emitir significações completamente outras e inauditas", desaprender o naturalismo a partir desses "outros pensamentos" nos leva
inevitavelmente a imaginar que "outras arquiteturas", potencialmente multinaturalistas, são possíveis.

III

Logo no início somos advertidos que este livro "é um estudo etnográfico sobre a arquitetura yanomami", e um pouco mais adiante,
acabamos por saber que por meio do contato com a arquitetura
yanomami, ele "procura, no limite, tensionar as nossas próprias
noções de arquitetura".

Mais do que tensionar nossa próprias noções de arquitetura,
o movimento produzido por essa "retradução" etnográfica entre
mundos é a emergência de arquiteturas outras (como as já espe-
culadas logo acima) para um mundo outro, à espreita. E que não
é mais o nosso mundo e tampouco é o dos yanomami, mas um
mundo potencial no qual não cabem os limites disciplinares ou
ontológicos, e que está sendo construído nesse encontro. Essa é
mais uma contribuição de *O Jeito Yanomami de Pendurar Redes*
para o nosso processo de (des)prendizado frente ao "monarquismo
ontológico"[26] e à mesquinhez epistemológica dos especialistas.

Infelizmente, os desafios à nossa antropologia, quer dizer,
à nossa condição enquanto humanidade exclusivamente de humanos (por mais problemática que ela seja), trazidos pela irrupção
da era geológica que carrega o nome de alguns humanos, não
foram capazes ainda de produzir transformações estruturais na
arquitetura. Este livro, contudo, nos mostra que a *arkhé* não é
mais o que um dia pretendeu ser e o *tékhton* não pode ser mais
o que é. No Antropoceno, a arquitetura precisa ser outra coisa,
a ser realizada por outros meios, com – e não para – outras pessoas. Vitrúvio, aquele profeta da arquitetura estável, útil e bela, que
atravessou mais séculos do que deveria, intocado com sua tríade
há muito esclerosada, pode finalmente ser declarado defunto.

O fato de este ser um livro de arquitetura, mas *não só*, escrito
por um arquiteto, mas *não só*, não deve despistar, porém, o fato de
que a arquitetura continua bastante insensível à qualquer antropologia que não a sua própria, sem dar a menor atenção àquela

declaração enunciada há muitas décadas por Lina Bo Bardi, e que reivindica uma conotação totalmente antropológica à arquitetura: "a função do arquiteto é, antes de tudo, conhecer a maneira de viver do povo"[27]. Ou como ela diria ainda, "é cavoucar profundamente numa civilização"[28].

Claro que "povo" e "civilização" são noções bastantes problemáticas, porque, dentre outras coisas, são imposições universalizantes, homogeneizantes e violentadoras. Ou seja, coloniais. Bem como é problemático hoje o ato de "cavoucar", essa ação tão displicente e destrutiva que inaugura a construção de toda arquitetura moderna, violando logo no princípio o terreno, mas que aqui tem muito mais a ver com o ato comunal de revolver a terra com as mãos para cultivar a terra-floresta e para conformar os pátios da forma-floresta, do que com o garimpo que assola a terra-floresta yanomami ou com os serviços de tratoramento da Terra para aprofundar os alicerces do mundo-de-um mundo-só a que estamos acostumados.

Apesar disso, o enunciado de Lina Bo Bardi segue sendo bastante importante, ainda mais se pensarmos que ao invés de "conhecer a maneira do povo", povo em geral, a função da arquitetura – para retiramos também qualquer conotação normativa – possa ser "conhecer a maneira de viver *de um* povo". E quando pensamos ainda na particular definição que a arquiteta nos dá para civilização nos damos conta que a concepção de arquitetura que ela nos propõe se confunde impressionantemente com a ideia mesma da antropologia (ainda que a antropologia esteja hoje, muito além do dualismo natureza-cultura que baliza a definição de civilização da arquiteta naquele momento): "A civilização é o aspecto prático da cultura, é a vida dos homens em todos os seus instantes" e "pensada em todos os seus detalhes, estudada tecnicamente, [...], desde a iluminação às colheres de cozinha, às colchas, às roupas, bule, brinquedos, móveis, armas"[29].

Como diriam Janet Carsten e Stephen Hugh-Jones, citados neste livro, se a arquitetura tem deixado de lado a organização social dos que ali habitam, e da mesma forma, o potencial da arquitetura tem sido negligenciado na análise antropológica, essas duas falhas deveriam ser exploradas no campo possível da *antropologia da arquitetura*[30].

Estamos diante de um campo novo a ser inventado na confusão deliberada entre a arquitetura e a antropologia? O que é possível saber agora, e que nos interessa aqui, é que nessa concepção em que a arquitetura e a antropologia são "saberes coexistentes", o projeto e a etnografia, os dois principais fundamentos desses campos, passam a ser modos de saber-fazer intercambiáveis. Como parece acontecer neste livro, inclusive. E é por isso que viemos especulando, por entre as páginas e nas entrelinhas deste livro – e também um pouco antes, é verdade[31] – sobre as possibilidades de uma *antropologia projetiva*.

O potencial radical da antropologia sempre foi afirmar que outros mundos são possíveis, escreveria Anna Tsing[32]. E *O Jeito Yanomami de Pendurar Redes* nos mostra claramente que outros mundos não são somente possíveis, mas existem enquanto mundos outros, e logo ali. Mas mais do que isso, como aprendemos nestas páginas, esses mundos são mundos em constante transformação e conformação *com* suas arquiteturas. Uma antropologia projetiva é nada mais que isso, a afirmação que outros mundos possíveis existem – como a terra-floresta yanomami –, e não são uma daquelas utopias modernas irrealizáveis. Existem e para que sigam existindo enquanto outros mundos são projetados e construídos de outras maneiras, gerando outras formas – como a forma-floresta da arquitetura yanomami.

Pensando nas interseções de uma possível antropologia projetiva com a proposição de Tim Ingold, de que "a prática antropológica deve ser *transformacional* e necessita olhar para o *futuro*"[33], é como se "o jeito yanomami de pendurar redes", essa tradução esquivamente controlada da arquitetura yanomami, só pudesse mesmo ter sido formulada por um arquiteto-antropólogo (e vice-versa). Atento que é ao futuro e às transformações, por sua formação como projetista, mas também sensível às relações sociais entre humanos e não humanos que permitem a conformação da floresta em arquitetura, no espaço-tempo do presente etnográfico. Projeto e etnografia co-operando no ato de cavocar profundamente uma civilização.

IV

"O Ocidente continua tomando em consideração somente as manifestações culturais dos grupos de poder central: e não sai desse

POSFÁCIO: FORMA-FLORESTA 243

impasse"[34]. O diagnóstico de Lina Bo Bardi (ela de novo!) segue atualíssimo. Pena que seria Bruno Latour a reafirmar o impasse enquanto pensava sobre os modos de existência dos Modernos, ao dizer que "nenhum desses povos chamados tradicionais", incluídos aí os indígenas, claro, "cuja sabedoria frequentemente admiramos" parecem preparados para um *scale up* dos seus modos de vida até "as dimensões das gigantescas metrópoles técnicas em que a raça humana está cada vez mais encurralada". Tais povos, em sua "pobreza tecnológica", não podem ser tomados como uma alternativa crucial para um futuro antropocênico[35].

Ao comentar essa fala, Eduardo Viveiros de Castro, com sua perspicácia habitual, sugeriria, propondo uma espécie de escalabilidade reversa, e que é também uma proposta de refluência, que "talvez sejamos nós, os povos industrializados, fóssil-combustilizados, internetizados, transgenizados, estabilizados farmacologicamente", que teremos "que *scale down*, e não os índios que terão que *scale up*"[36].

Arquitetos e planejadores, que estão há muito em busca de uma hipotética "escala humana" para seus projetos cada vez mais desumanos e planetários, durante a leitura deste livro, inevitavelmente se deram conta que também terão que lidar com as escalas temporais e espaciais outras que não as exclusivamente humanas. E agora, mais esta: será preciso refluir, *scale down*, desligar os motores, fechar as indústrias, cortar a internet, deixar de comer Pringles, desmarcar o botox e abandonar o Rivotril?

A escalabilidade é a "capacidade de expandir sem repensar os pressupostos básicos, sem distorcer o modelo", nos ensina Anna Tsing, para quem essa capacidade escalar seria "um triunfo do design de precisão, não apenas na fábrica ou nos computadores, mas nos negócios, no desenvolvimento, na conquista da natureza". E ainda, de forma mais genérica, na "criação de mundos". Devido a sua lógica, "a escalabilidade nos permite ver apenas blocos uniformes, prontos para expansão futura", e apesar de ser "uma forma de design que tem uma longa história de dividir vencedores e perdedores", a escalabilidade funciona disfarçando tais divisões e "bloqueando nossa capacidade de perceber a heterogeneidade do mundo"[37].

Contudo, "se o mundo ainda é diverso e dinâmico", como *O Jeito Yanomami de Pendurar Redes* reafirma em cada uma de suas páginas, é porque "a escalabilidade nunca cumpre suas próprias promessas". Felizmente! Portanto, é preciso aproveitar essas promessas não cumpridas da modernidade colonial, não só para pensar e agir em outras escalas e nas frestas, nos espaços diferenciais, mas também para admitir, como clama a antropóloga, que "é hora de uma teoria da não escalabilidade que atente para a diversidade selvagem da vida na Terra"[38].

Em algum lugar deste livro podemos ler que "o esforço dessa etnografia, [...], foi o de procurar uma maneira de formular não uma 'teoria da arquitetura yanomami' (ou 'indígena') – algo que, de fato, os próprios não precisam e, se quiserem, o farão a sua maneira". E ainda que se trata de um esforço para enxergarmos de maneira diferente.

Bem, parece que já estamos enxergando de maneira diferente, não estamos? A questão agora é como lidar com a teoria, não a teoria da arquitetura yanomami ("ou indígena"), que de fato não cabe a nós *napë*. Mas a teoria da não escalabilidade atenta à diversidade selvagem proposta por Anna Tsing, e que emerge por entre as folhas da palha e de cada tronco de árvore, cada vez que elas são reconformadas em novas formas-floresta, para virar tapiri, casa, aldeia, terra-floresta, tapiri, casa, aldeia...

Como pensar as escalas e a (não) escalabilidade no Antropoceno é uma questão crucial. Da mesma forma, é crucial pensar tudo isso fora do *grid* normativo dos modernos. Caso contrário, voltaremos ao impasse enunciado por Lina Bo Bardi (e diante do qual, Bruno Latour empacou, revelando os limites etnocêntricos do pensamento moderno).

A arquitetura yanomami e a urbanidade florestal que esta enseja no território são extremamente oportunas para pensarmos as escalas e a (não) escalabilidade. Ademais, não é a arquitetura yanomami, de fato, uma arquitetura não escalável, em escala humana e não humana, com profundas implicações planetárias?

Antes, porém, será preciso admitirmos que a arquitetura yanomami, muito invisibilizada e desconhecida, singela, leve e perecível, tem sim implicações planetárias. Não somente porque tudo que diz respeito à Amazônia tem implicações planetárias, mas principalmente porque os yanomami, que habitam esse território que chamamos de Amazônia, produzem e mantêm a floresta desde muito antes da invenção do Brasil. E produzem

POSFÁCIO: FORMA-FLORESTA

e mantêm a floresta inclusive com a sua arquitetura e não apesar da sua arquitetura (como pensaríamos nós acostumados à uma arquitetura sempre contra a floresta e nunca como uma forma de cuidado).

A forma-floresta da arquitetura yanomami e as cosmopolíticas da terra-floresta estão profundamente imbrincadas, de modo que a arquitetura yanomami existe na floresta e a floresta existe com a arquitetura. Esse imbricamento colapsa as escalas da arquitetura e do território, pois não é possível saber exatamente e materialmente, com a precisão necessária para a escalabilidade, onde termina a arquitetura e onde começa a floresta. E se território e arquitetura são a mesma coisa – floresta –, não há escalabilidade possível. Nesse sentido, a floresta, essa entidade não escalável, é também uma zona essencial de resistência holocênica à escalabilidade moderna. E é por essa razão que ela vem sendo atacada por todos os lados para ser substituída pela agrilogística do monocultivo industrial e pelas ramificações extensivas da urbanização, e que juntos compõem a matriz espacial escalável do Antropoceno.

Para pensar a (não) escalabilidade da arquitetura yanomami mais detidamente é preciso convocar mais um (des)aprendizado importante de *O Jeito Yanomami de Pendurar Redes*: "mais do que pensar em termos de uma suposta evolução linear que caminharia do simples (o acampamento) ao complexo (a aldeia ou, de outro ponto de vista, a cidade)", este livro nos incita a pensar a arquitetura yanomami "em termos de uma certa evolução multidirecional", ou "de uma evolução técnica e morfológica que procede por transformações não lineares orientadas pelos seus próprios critérios e não, ao contrário, rumo a uma forma previsível como o último degrau de uma escada [ou de uma escala] que, no limite, levaria exclusivamente à civilização ocidental".

O que podemos apreender das linhas acima é que a arquitetura yanomami acontece em escalas diversas e "multidirecionais" mas é, por princípio, não escalável. Sendo esse princípio, "seus próprios critérios", na verdade um conjunto de *contracritérios* que possibilitam variadas "técnicas de viver junto", e que são: "contra qualquer excesso inútil", "contra o acúmulo privado de bens ou o desejo de posse", "contra a manutenção da matéria", configurando, assim uma arquitetura que "não é mais que a continuação da floresta por outros meios".

Aceitando que forma-floresta yanomami, etnografada em *O Jeito Yanomami de Pendurar Redes* , é também, por princípio, uma forma "contracolonial" – já que ser "contra" é um modo de ser, antes mesmo do contato com os colonizadores –, podemos conjecturar ainda que a arquitetura yanomami é contra também a verticalidade da produção (e contra a própria produção, pois as "sociedades contra-Estado, são "máquinas antiprodução", já nos tinha dito Pierre Clastres[39]). E ainda, contra a hierarquização entre quem constrói e quem é construído, a separação entre humanos e não humanos, entre matéria e agência. Ou, como podemos aprender ainda neste livro, "a leveza implicada nessa outra forma de habitar e construir não deve ser pensada na chave tecnocêntrica da inferioridade técnica, mas, pelo contrário". Dito de outro modo, a forma-floresta yanomami, só é contra tudo isso, porque é, "por princípio", arquitetada no seio de uma sociedade contra o Estado.

"Mas, pelo contrário", quer dizer então, em termos "clastreanos", que a arquitetura yanomami é contra a sua própria escalabilidade, não por incompetência ou falta das ambições típicas dos *napë*, e sim porque é uma relação circular "floresta-arquitetura-floresta", e enquanto tal, deve se manter fundamentalmente contra a vir a ser outra coisa que não floresta. E principalmente contra a vir a ser cidade, a sede por excelência dos Estados modernos.

Um bom modo de pensarmos sobre esse caráter contra-Estado, que é também contracidade, é constatarmos que em toda extensão do território yanomami, e somente aquele demarcado e em solo brasileiro, caberiam pelo menos 1.157 municípios, (sim, é isso mesmo, 1.157 municípios!), se tomados como parâmetro a soma total das cidades de três grandes estados europeus – Bélgica (589), Holanda (358), Eslovênia (210) – que caberiam nos 96.649,75 km2 da Terra Indígena Yanomami (que é maior em área do que 32 dos 50 Estados europeus).

Caberiam, mas para os yanomami essa possibilidade é totalmente descabida. Então, quando vemos do alto, pelos olhos dos satélites, a Terra Yanomami, de um lado, e os estados europeus, do outro, percebemos que estamos diante de duas formas diferentes de civilização, uma civilização terrana-florestal, que se recusa a vir-a-ser-cidade, e a outra, urbana-industrial, que projeta a cidade como o único estado possível. Enquanto em uma seus habitantes constroem e habitam formas-floresta, do outro lado do Atlântico, o "povo da mercadoria" constrói e habita as formas da modernidade fóssil.

Em vez de continuarmos a pensar a floresta em termos da escalabilidade moderna, como uma possibilidade não realizada – municípios em estado lastimável ou pastos deprimentes –, é preciso compreender a floresta como um outro mundo possível dentro do impositivo mundo-de-um-mundo-só. Um mundo certamente mais povoado e adensado do que os países do Velho Mundo (se houvessem censos para não humanos isso seria muito fácil de comprovar). Essa "cosmopoliteia", que é "uma sociedade de sociedades"[40], além de mais fértil e autônoma em energia, comida e água do que as milhares de cidades que caberiam em sua área, ainda registra emissões negativas de carbono e literalmente produz a atmosfera que respiramos, essa que os países desenvolvidos trabalham sistematicamente para destruir.

V

"A casa seria destruída, a palha por ventura reaproveitada para alguma cobertura ou queimada e a madeira simplesmente viraria lenha." Como seria bom e oportuno nesse momento em que precisamos desfazer toda a enormidade de malfeitorias arquitetônicas que já fizemos e seguimos fazendo, se toda arquitetura fosse combustível como a arquitetura yanomami. Infelizmente, a realidade é outra, as nossas arquiteturas e cidades não são fontes de energia, nem mesmo quando queimam, e ao contrário, dependem miseravelmente de toda a sorte de combustíveis fósseis para seguirem existindo.

Chegando ao final desse exercício de (des)prendizagem com *O Jeito Yanomami de Pendurar Redes*, é difícil não concluirmos, cientes dos riscos da simplificação, que a diferença fundamental entre a arquitetura yanomami e a nossa é que a primeira é um modo cosmotécnico de coabitação e a nossa é uma tecnologia modelar para a produção. E uma vez que o modo de produção capital que rege o funcionamento do nosso mundo é completamente dependente de formas de energia fósseis, o *princípio diferencial* entre as duas pode ser resumido assim: enquanto a arquitetura yanomami é uma forma-floresta, a nossa arquitetura é uma "forma-carbono"[41].

Para entender essa diferença, atentemos para o exercício de antropologia reversa que nos oferece Davi Kopenawa ao comparar o estádio de futebol Mineirão, em Belo Horizonte, ao seu *xapono*, sua casa-aldeia circular em Watorikɨ, na *urihi*. Ele diz:

A nossa moradia é diferente. Nós moramos em uma aldeia, do tamanho do Mineirão. Vocês imitaram, parece (risos). Nossa maloca é redonda. Nós, yanomami, moramos em maloca. Somos diferentes. Não tem luz, não precisamos de luz. Já tem a luz do sol, que clareia tudo e ninguém paga, é de graça. Essa aqui não [luz a partir de energia elétrica], vocês pagam. Pega o dinheiro de vocês. O seu chefe pega o dinheiro e não vai deixar morar na frente, porque não é seu. Então, lá na terra yanomami não tem isso. Não tem luz, não tem água gelada, não tem *freezer* para proteger carne, para não deixar apodrecer. Caça a gente mata e come hoje. Comida nova, gostosa. Banana não estraga. Macaxeira a terra é que cuida, um verdadeiro *freezer*. É muito diferente[42].

Em um exercício similar, ainda que com as limitações da perspectiva de uma *napë*, a arquiteta Elisa Iturbe, que nos apresentaria a ideia de pensar as arquiteturas e cidades da modernidade como "formas-carbono", viria a especular sobre a diferença entre duas pirâmides, ou seja duas forma arquitetônicas iguais, construídas em contextos distintos e a partir de modos de produção totalmente diferentes: a pirâmide de Gizé, no Egito, construída em pedra há 4.500 anos, e a pirâmide do hotel-cassino Luxor Las Vegas, nos EUA, em 1993. As duas são pirâmides, mas somente a segunda teve a sua construção e o seu funcionamento viabilizados pela maquinaria moderna de combustão fóssil. As duas têm a mesma forma, mas somente o hotel-cassino estruturado em aço e concreto, revestido de vidro, iluminado e acondicionado artificialmente, é uma forma-carbono[43].

A forma-carbono designa todas as formas arquitetônicas e urbanas que nos rodeiam e que dependem da extração, produção, distribuição e queima de petróleo ou derivados para existirem, liberando quantidades colossais de gases de efeito estufa na atmosfera. (36,8 bilhões de toneladas somente de dióxido de carbono, segundo os últimos dados. Novo recorde![44]) Enfim, todos esses edifícios e cidades que projetamos, construímos e que conhecemos suficientemente bem para saber que produzem quantidades colossais de destruição e entulho, consumindo montanhas, rios, florestas e ainda baforando essa fumaça toda enquanto são erguidos, mais

POSFÁCIO: FORMA-FLORESTA

um tanto durante sua vida útil, e também quando precisam ser demolidos.

Essa leitura da modernidade arquitetônica e urbana por um viés energético revela muitas camadas e nuances não exploradas até então e complexifica ainda mais a problemática relação da arquitetura e do urbanismo com o processo de modernização e com o colapso climático atual. Pois a premissa não pode ser mais a de continuar a construir o mesmo mundo com menos carbono incorporado em sua materialidade e tampouco construir as mesmas arquiteturas e cidades desde que que emitam menos carbono, mas sim reconfigurar o mundo-de-um-mundo-só e multiplicar o repertório de mundos, de modo que as formas-carbono se tornem obsoletas e a modernidade carbonífera, definitivamente anacrônica.

Pode parecer um projeto ambicioso, e realmente é. Pode parecer uma meta inatingível, e talvez seja. E quando pensamos tudo isso da perspectiva do Brasil, as respostas possíveis à superação da modernidade carbonífera oscilam entre o desânimo total – quando olhamos para as políticas de Estado –, e as potências reais das animadoras cosmopolíticas afro-indígenas.

A modernização brasileira, que ainda sonha em se completar – algum dia, se der tempo... – desde os seus primeiros movimentos se aferra majoritariamente na aposta de um desenvolvimento econômico estruturalmente fóssil. A construção de Brasília, nossa mais original contribuição para a Grande Aceleração (50 anos em 5!) e mitologia recursiva do redescobrimento não seria somente "o veículo, o instrumento, o fator que iria desencadear novo ciclo bandeirante"[45], mas também parte de um programa maior, baseado no binômio "Energia e Transportes", que visava desenvolver a indústria automotiva no país e rasgar o território brasileiro por meio de asfalto e caminhões. Não por acaso, no Plano Piloto, "os princípios francos da técnica rodoviária"[46] seriam transformados em urbanismo e Juscelino Kubitschek viria sempre a se referir com fervor aos caminhoneiros como "esses denodados bandeirantes do século xx, cujo patriotismo ainda não foi suficientemente exaltado"[47].

O projeto autocolonial do nacional-desenvolvimentismo brasileiro – desde seus primórdios, e nas suas mais variadas formas: o Estado Novo, Plano de Metas, o Milagre Brasileiro, os "Programas de Aceleração da Catástrofe" – daria seguimento à despossessão e à expropriação histórica dos territórios indígenas e tradicionais e à destruição sistemática e indiscriminada de todos os biomas. Produzindo até agora toda sorte de edifícios, cidades e infraestruturas altamente dependentes de petróleo. Mas a pior parte ainda está por vir, pois as formas-carbono que herdamos e habitamos, e que têm sua gênese nessa modernidade altamente carbonífera, em vez de darem sinais de desaceleração, ao contrário, vem sendo proliferadas ainda mais rápida e intensamente nos últimos anos, seja pelo desgoverno fascismo-fóssil-financeiro-miliciano-pentecostal recente, seja pelo neoextrativismo, pelo agronegócio e pela indústria imobiliária, que independente do governo, seguem seu rumo confortavelmente e em alta velocidade.

Afortunadamente, a modernidade não cumpre todas as suas promessas e por isso os indígenas, quilombolas e tantos outros povos da terra seguem resistindo ao Brasil. E é graças a isso, e a esses mundos orgânicos, que podemos aprender com *O Jeito Yanomami de Pendurar Redes* que nem toda arquitetura produzida atualmente em território brasileiro é inexoravelmente uma forma-carbono. Existem outras arquiteturas que são, por princípio, arquiteturas não carboníferas. O que por si só já faz do Brasil, apesar do Brasil, um lugar necessário.

Contudo, não nos deixemos enganar pelo glossário da sustentabilidade, pois as arquiteturas indígenas não são arquiteturas "descarbonizadas", e sim arquiteturas que não requerem a combustão fóssil para sua realização, mas que, como vimos a saber graças a esta obra, "por meio da variação de materiais, formas e técnicas" mantêm os seus sentidos mais fundamentais, ainda que "estrategicamente aperfeiçoados" para cada situação diferente: "agilidade, efemeridade e ligeireza".

Pensando então "nesses sentidos mais fundamentais" é que se faz importante afirmar a arquitetura yanomami, esta arquitetura que antes de ser uma "protogeometria" é uma "contrageometria", como uma forma-floresta. Não somente porque todas as suas relações com o meio e todos os processos para a sua viabilização prescindem de combustíveis fósseis, mas principalmente porque a floresta, em vez de emitir carbono como as cidades, retém, ou "sequestra" carbono (no jargão dos serviços ambientais). Ou seja, a arquitetura yanomami não é uma forma que ainda não se carbonizou, que ainda não se fez dependente da combustão fóssil, pois ainda que ela possa incorporar em seus processos algum combustível – para o barco, para a motosserra, para o gerador, para o avião – a economia que viabiliza a arquitetura e a urbanidade yanomami é aquela circular e biointerativa da floresta-arquitetura-floresta.

Realmente, como disse Davi Kopenawa comparando o estádio ao seu *xapono*, "é muito diferente!". E a diferença entre as duas arquiteturas não está somente no que diz respeito ao carbono incorporado em sua construção e ao carbono operacional requerido para a sua manutenção, nulos no caso do *xapono* e colossais no caso do estádio. A diferença, podemos dizer, é a própria diferença entre os mundos e como eles são construídos e mantidos – as cidades consumindo dois terços de toda energia produzida globalmente e contribuindo com 70% das emissões globais de gases do efeito estufa, e a floresta, um superorganismo energético, animado pelas relações cósmicas, fabricando a atmosfera que nos permite existir. "É muito diferente!"

Conquanto as florestas são luz solar fotossintetizada, as cidades "são geologia reconstituída"[48] que existem somente graças às florestas e seus habitantes não humanos que viveram entre 100 e 400 milhões de anos atrás e que nessa imensidão de tempo foram metabolizadas em petróleo. A forma-floresta é uma ecologia viva. As formas-carbono derivam de ecologias florestais mortas. Nossas arquiteturas de matriz colonial-industrial são, literal e também metaforicamente, fósseis.

Enfrentar a fossilização extensiva da t(T)erra para superar a forma-carbono não é mesmo uma tarefa simples, principalmente porque todas as supostas alternativas e todas as linhas de fuga que vêm sendo vislumbradas baseiam-se na mesma ontologia naturalista, na mesma episteme colonial, na mesma mitologia industrial e, agora, no mesmo pressuposto geológico, que geraram e que seguem sustentando a modernidade em combustão que vivemos. Mas também porque a premissa da ubiquidade da modernidade carbonífera, e consequentemente da onipresença das formas carbono, por toda parte, pressupõem as cidades como o lugar privilegiado do futuro e a urbanização planetária como um fato consumado. No entanto, nenhum dos dois é verdade. As formas carbono não estão em toda parte (ainda) e o planeta não está completamente urbanizado (mesmo que seja cada vez mais urbano, nos termos de Henri Lefebvre[49]). Partes consideráveis e importantes do mundo, a maioria territórios indígenas ou tradicionais, seguem vivendo às margens da modernidade e pretendem continuar assim.

Enquanto no Norte global a grande questão continua a ser se a arquitetura pode dar forma a uma outra coisa que não a essa sociedade industrial-colonial, como vimos em *O Jeito Yanomami de Pendurar Redes,* outras arquiteturas seguem ancestralmente dando forma a outros modos de existir que em nada se parecem com a catástrofe industrializada do mundo-de-um-mundo-só. De fora do monólito da modernidade, são muitas as pistas para pensarmos a arquitetura e a lógica urbana para além da indústria. Todavia, encastelados como estamos em nossas bolhas acondicionadas e afluentes (ainda que profundamente desiguais), seguimos vivendo como se nos faltassem alteridades para confluir e alianças por arquitetar, simplesmente para despistar a nossa constrangedora falta de vontade de coexistir e de coragem para refluir.

Ainda que especulemos e fabulemos e projetemos e prototipemos outros mundos, invariavelmente mundos-de-um-mundo só, que é o que sabemos, se não (des)aprendermos profundamente com os outros *jeitos* estaremos rendidos ao enclausuramento tacanho de uma modernidade cuja senilidade foi drasticamente exacerbada pelo Antropoceno. As sendas para esse "grande desafio resolutivo" estão por aqui, nestas páginas, e por aí, para muito além delas, nas florestas, nos quilombos, nas quebradas. Sem adentrá-las, de nada adiantará enfim, diante do fim, continuarmos repetindo "e se...?". Os yanomami já deram a letra: "Assim é".

Wellington Cançado
Arquiteto, pesquisador e professor da Escola de Arquitetura e Design da UFMG e um dos editores de *Piseagrama*.

Referências

AGAMBEN, Giorgio. Habitar e Construir. *Cadernos de Leitura*, Belo Horizonte, n. 96, nov. 2019.

ALBERT, Bruce. Sepultamento de Yanomami Vítima da Covid-19. *Amazônia Real*, Manaus, 15 abr. 2020. Disponível em: <https://amazoniareal.com.br/sepultamento-de-ya-nomami-vitima-da-covid-19/>. Acesso em: jul. 2023.

____. La Fôret polyglotte. *Le Grand orchestre des animaux*. Paris: Fondation Cartier Pour l'Art Contémporain, 2016.

____. Native Land: Perspectives from Other Places. In: VIRILIO, Paul; DEPARDON, Raymond (eds.). *Native Land: Stop Eject*. Paris: Fondation Cartier pour l'art contemporain, 2009.

____. Cosmologias do Contato do Norte-Amazônico. In: ALBERT, Bruce; RAMOS, Alcida Rita (org.). *Pacificando o Branco: Cosmologias do Contato do Norte-Amazô-nico*. São Paulo: Editora Unesp/Imprensa Oficial do Estado, 2002.

____. O Ouro Canibal e a Queda Do Céu: Uma Crítica Xamânica da Economia Política da Natureza (Yanomami). *Série Antropologia*, Brasília, n. 174, 1995.

____. Urihi: Terra, Economia e Saúde Yanomami. *Série Antropologia*, Brasília, n. 119, 1992.

____. *Temps du sang, temps des cendres: Représentatrion de la maladie, systeme rituel et espace politique chez les Yanomami du sud-est (Amazonie Brési-lienne)*. Tese (Doutorado em Antropologia), Université de Paris X, Nanterre, 1985.

ALBERT, Bruce; LE TOURNEAU, François-Michel. Ethnogeography and Resource Use Among the Yanomami: Toward a Model of "Reticular Space". *Current Anthropo-logy*, Chicago, v. 48, n. 4, 2007.

ALBERT, Bruce; MILLIKEN, William. The Construction of a New Yanomami Round-House. *Journal of Ethnobiology*, Boston, n. 17, v. 2, 1997.

ALBERT, Bruce; MILLIKEN, William; GOMEZ, Gale Goodwin [1999]. *Urihi a: A Terra--Floresta Yanomami*. São Paulo: ISA/IRD, 2009.

ALÈS, Catherine. Función Simbólica y Organización Social. Discursos Rituales y Política entre Los Yanomami. In: ALÈS, Catherine; CHIAPPINO, Jean (org.). *Caminos Cru-zados: Ensayos en Antropología Social, Etnoecología y Etnoeducación*. Mérida: IRD Editions/ULA-GRIAL, 2003.

____. Anger as a Marker of Love. The Ethic of Conviviality Among the Yanomami. In: OVERING, Joanna; PASSES, Alan. *The Anthropology of Love and Anger: The Aes-thetics of Conviviality in Native Amazonia*. London/New York: Routledge, 2000.

ANDRELLO, Geraldo. Transformações da Cultura no Alto Rio Negro. In: CUNHA, Manuela Carneiro da; CESARINO, Pedro de Niemeyer (org.). *Políticas Culturais e Povos Indígenas*. São Paulo: Editora Unesp, 2014.

ÅRHEM, Kaj. From Longhouse to Village: Structure and Change in the Colombian Amazon. In: RIVAL, Laura; WHITEHEAD, Neil (ed.). *Beyond the Visible and the Material: The Amerindianization of Society in the Work of Peter Rivière*. Oxford: Oxford University Press, 2001.

BÉKSTA, Kazys J. *A Maloca Tukano-Dessana e seu Simbolismo*. Manaus: Secretaria de Estado da Educação e Cultura, 1988.

BIOCCA, Ettore [1965]. *Yanoáma: The Story of Helena Valero, a Girl Kidnapped by Amazonian Indians*. New York: Kodansha, 1996.

CARSTEN, Janet; HUGH-JONES, Stephen (ed.). *About the House: Lévi-Strauss and Beyond*. Cambridge: Cambridge University Press, 1995.

CESARINO, Pedro de Niemeyer. Poética e Política nas Terras Baixas da América do Sul: A Fala do Chefe. *Etnográfica*, Lisboa, v. 24, 2020.

_____. Imagens Dobráveis: Posição e Ubiquidade nos Xamanismos Ameríndios. *Boletim do Museu Paraense Emílio Goeldi*, v. 14, n. 2, 2019.

_____. Montagem e Formação do Mundo nas Artes Verbais Marubo. *Species*, n. 1, 2015.

_____. *Quando a Terra Deixou de Falar: Cantos da Mitologia Marubo*. São Paulo: Editora 34, 2013.

_____. *Oniska: Poética do Xamanismo na Amazônia*. São Paulo: Perspectiva/Fapesp, 2011.

_____. Donos e Duplos: Relações de Conhecimento, Propriedade e Autoria Entre Marubo. *Revista de Antropologia*, São Paulo, n. 1, v. 53, 2010.

CHAUMEIL, Jean-Pierre. Bones, Flutes, and the Dead: Memory and Funerary Treatments in Amazonia. In: FAUSTO, Carlos; HECKENBERGER, Michael. *Time and Memory in Indigenous Amazonia: Anthropological Perspectives*. Florida: University Press of Florida, 2007.

CLASTRES, Hélène [2011]. De Que Falam os Índios. *Cadernos de Campo*, São Paulo, n. 25, 2016.

CLASTRES, Pierre [1980]. *Arqueologia da Violência: Pesquisas de Antropologia Política*. São Paulo: Cosac Naify, 2004.

_____ [1974]. *A Sociedade Contra o Estado: Pesquisas de Antropologia Política*. São Paulo: Cosac Naify, 2003.

CLEMENT, Charles R. Domestication of the Pejibaye Palm (Bactris gasipaes): Past and Present. In: BALICK, Michal J. (ed.). *The Palm: Tree of Life. Biology, Utilization and Conservation*. New York: Advances in Economic Botany, 1988, v. 6.

COCCO, Luis. *Iyëwei-teri: Quince Años Entre los Yanomamos*. Caracas: Escuela Técnica Popular Don Bosco, 1972.

COSTA, Luiz Antonio. *As Faces do Jaguar: Parentesco, História e Mitologia Entre os Kanamari da Amazônia Ocidental*. Tese (Doutorado em Antropologia), Museu Nacional, Universidade Federal do Rio de Janeiro, Rio de Janeiro, 2007.

CUNHA, Manuela Carneiro da. Pontos de Vista Sobre a Floresta Amazônica: Xamanismo e Tradução. *Mana*, Rio de Janeiro, n. 4, v. 1, 1998.

DE LA CADENA, Marisol. *Earth Beings: Ecologies of Practice across Andean Worlds*. Durham: Duke University Press, 2015.

DELEUZE, Gilles; GUATTARI, Félix [1980]. *Mil Platôs: Capitalismo e Esquizofrenia, v. 1*. São Paulo: Editora 34, 1995.

_____ [1980]. *Mil Platôs: Capitalismo e Esquizofrenia, v. 4*. São Paulo: Editora 34, 2012, v. 4.

_____ [1980]. *Mil Platôs: Capitalismo e Esquizofrenia, v. 3*. São Paulo: Editora 34, 2015.

DESCOLA, Phillipe. [1993]. *As Lanças do Crepúsculo*. São Paulo: Cosac Naify, 2006.

FAUSTO, Carlos. Donos Demais: Maestria e Domínio na Amazônia. *Mana*, Rio de Janeiro, v. 2, n. 14, 2008.

FERRARI, Florencia et al. O Apache Era o Meu Reverso – Entrevista Com Roy Wagner. *Revista de Antropologia*, São Paulo, v. 54, n.2, 2012.

GASPARINI, Graziano; MARGOLIES, Luise. La Vivienda Colectiva de los Yanomami. *Tipití*, v. 2, n. 2, 2004.

GOOD, Kenneth. *Yanomami Hunting Patterns: Trekking and Garden Relocation as an Adaptation to Game Availability in Amazonia, Venezuela*. Tese (Doutorado em Antropologia), University of Florida, Gainesville, 1989.

GOW, Peter. "Me Deixa em Paz!" – Um Relato Etnográfico Preliminar Sobre o Isolamento Voluntário dos Mashco". *Revista de Antropologia*, São Paulo, v. 54, n. 1, 2011.

_____. *An Amazonian Myth and its History*. New York: Oxford University Press, 2001.

GUIMARÃES, Silvia. *Cosmologia Sanumá: O Xamã e a Constituição do Ser*. Tese (Doutorado em Antropologia), Universidade de Brasília, Brasília, 2005.

GUSS, David. *To Weave and Sing – Art, Symbol and Narrative in the South American Rain Forest*. Berkeley: University of California Press, 1990.

HAMDAN, Ana Amélia. Para Escapar do Coronavírus, Yanomami se Refugiam no Interior da Floresta. *Amazônia Real*, Manaus, 28 abr. 2020. Disponível em: <https://amazoniareal.com.br/para-escapar-do-coronavirus-yanomami-se-refugiam-no--interior-da-floresta/>. Acesso em: jul. 2023.

HARAWAY, Donna; TORRES, Helen. Ficar Com o Problema de Donna Haraway – Entrevista. *Pandemia Crítica*, São Paulo, n-1 edições, n. 137, 2020.

HUGH-JONES, Christine. *From the Milk River: Spatial and Temporal Processes in Northwest Amazonia*. Cambridge: Cambridge University Press, 1979.

HUGH-JONES, Stephen. The Maloca: A World in a House. In: CARMICHAEL, Elizabeth (ed.). *The Hidden Peoples of the Amazon*. London: British Museum Publications, 1985.

INGOLD, Tim. Towards a Politics of Dwelling. *Conservation and Society*, Srirampura, v. 3, n. 2, 2005.

_____. *The Perception of the Environment: Essays on Livelihood, Dwelling and Skill*. London: Routledge, 2000.

FERREIRA, Helder Perri; SENRA, Estêvão Benfica; MACHADO, Ana Maria Antunes (org.). *As Línguas Yanomami no Brasil: Diversidade e Vitalidade*. São Paulo: Instituto Socioambiental, 2019.

FUNAI (Fundação Nacional do Índio). Indígenas Isolados do Povo Yanomami Foram Registrados em Operação da Funai. Funai, Brasília, 9 dez. 2016. Disponível em: <https://www.gov.br/funai/pt-br/assuntos/noticias/2016/isolados>. Acesso em: 6 jun. 2023.

JABRA, Daniel Stiphan. *"Os Brancos Estão Chegando, Trazendo Escola, Missão e Saúde": Relações Yanomami Através da Escola*. Dissertação (Mestrado em Antropologia), Universidade Federal de São Carlos, São Carlos, 2022.

KOPENAWA, Dario; SENRA, Estevão. Precisamos Falar Sobre a Beleza dos Yanomamis. *Folha de S.Paulo*, São Paulo, 8 fev. 2023. Disponível em: <https://www1.folha.uol.com.br/colunas/desigualdades/2023/02/precisamos-falar-sobre-a-beleza-dos-yanomamis.shtml>. Acesso em: jul. 2023.

KOPENAWA, Davi; ALBERT, Bruce [2010]. *A Queda do Céu: Palavras de um Pajé Yanomami*. São Paulo: Companhia das Letras, 2015.

_____. Xawara: O Ouro Canibal e a Queda do Céu – Depoimento de Davi Kopenawa. In: ANDUJAR, Claudia; RICARDO, Carlos Alberto (org.). *Yanomami: A Todos os Povos da Terra*. São Paulo: Ação Pela Cidadania, 1990.

KOPENAWA, Davi; GOMES, Ana Maria R. O Cosmo Segundo os Yanomami: Hutukara e Urihi. *Revista da UFMG*, Belo Horizonte, v. 22, n. 1-2, 2015.

KOPENAWA, Davi; TURNER, Terence. "I Fight Because I Am Alive": An Interview with Davi Kopenawa Yanomami. *Cultural Survival Quartely*, Cambridge, n. 91, 1991.

KRENAK, Ailton; SANTANA, Fernanda. "Vida Sustentável é Vaidade Pessoal" – Entrevista Com Ailton Krenak. *Correio 24 horas*, Salvador, 25 jan. 2020. Disponível em: <https://www.correio24horas.com.br/entre/vida-sustentavel-e-vaidade-pessoal-diz-ailton-krenak--0120>. Acesso em: jul. 2023.

KRENAK, Ailton; MASSUELA, Amanda; WEIS, Bruno. O Tradutor do Pensamento Mágico – Entrevista Com Ailton Krenak. *Revista Cult*, São Paulo, n. 251, 2019.

KRENAK, Ailton; CESARINO, Pedro de Niemeyer. As Alianças Afetivas – Entrevista Com Ailton Krenak por Pedro Cesarino. In: VOLZ, Jochen et al (org.). *Incerteza Viva: Dias de Estudo: 32a Bienal de São Paulo*. São Paulo: Fundação Bienal de São Paulo, 2016.

KRENAK, Ailton. Antes, o Mundo Não Existia. In: NOVAES, Adauto (org.) *Tempo e História*. São Paulo: Companhia das Letras, 1994.

LAUDATO, Luís; LAUDATO, Francisco; RE, Giorgio; RE, Fabrizio. *Um Mergulho na Pré--História: Os Últimos Yanomami?* Turim: Point Couleur, 1984.

LAUDATO, Luís. *Yanomami Pey Këyo: O Caminho Yanomami*. Brasília: Editora Universa/Universidade Católica de Brasília, 1998.

LÉVÊQUE, Pierre; VIDAL-NAQUET, Pierre [1964]. *Cleisthenes the Athenian: An Essay on the Representation of Space and Time in Greek Political Thought from the End of the Sixth Century to the Death of Plato*. New Jersey: Humanities Press, 1997.

LÉVI-STRAUSS, Claude [1972]. A Gesta de Asdiwal. *Antropologia Estrutural Dois*. São Paulo: Cosac Naify, 2013.

_____ [1962]. O *Pensamento Selvagem*. Campinas: Papirus, 2012.

_____ [1971]. *O Homem Nu*. São Paulo: Cosac Naify, 2011.

_____ [1958] A Estrutura dos Mitos. *Antropologia Estrutural*. São Paulo: Cosac Naify, 2008.

_____ [1968]. *A Origem dos Modos à Mesa*. São Paulo: Cosac Naify, 2006.

_____ [1964]. *O Cru e o Cozido*. São Paulo: Cosac Naify, 2004.

_____ Hourglass Configurations. In: MARANDA, Pierra (ed.). *The Double Twist: From Ethnography to Morphodynamics*. Toronto: University of Toronto Press, 2001.

_____ [1955]. *Tristes Trópicos*. São Paulo: Companhia das Letras, 1996.

_____. El Mundo Intelectual de los Yanomami: Cosmovisión, Enfermedad y Muerte con una Teoría sobre el Canibalismo. In: FREIRE, Germán (org.). *Perspectivas en Salud Indígena: Cosmovisión, Enfermedad y Políticas Públicas*. Quito: Ediciones Abya-Yala, 2011.

_____. *Diccionario Enciclopédico de la Lengua Yãnomãmi*. Puerto Ayacucho: Vicariato Apostólico de Puerto Ayacucho, 2004.

_____. Words in the Night: The Cerimonial Dialogue – One Expression of Peaceful Relationships Among the Yanomami. In: SPONSEL, Leslie E.; GREGOR, Thomas (ed.). *The Anthropology of Peace and Nonviolence*. Colorado: Lynne Rienner Publishers, 1994.

_____ [1976]. *O Círculo dos Fogos: Feitos e Ditos dos Índios Yanomami*. São Paulo: Martins Fontes, 1988.

LIZOT, Jacques. *Les Yanomami centraux*. Paris: Editions de l'École Pratique de Hautes Études, 1984.

LIZOT, Jacques; COCCO, Luís; FINKERS, Juan. *Los Pueblos Indios en sus Mitos 4: Yanomami*. Quito: Abya-Yala, 1993.

LUCIANI, José Antonio Kelly. On Yanomami Ceremonial Dialogues: A Political Aesthetic of Metaphorical Agency. *Journal de la Société des Américanistes*, Paris, v. 1, n. 103, 2017.

REFERÊNCIAS

_____. Aprendendo Sobre os Diálogos Cerimoniais Yanomami. *Species*, v. 1, n.1, 2015.

_____. *State Healthcare and Yanomami Transformations: A Symmetrical Ethnography*. Tucson: The University of Arizona Press, 2011.

_____. Notas Para uma Teoria do "Virar Branco". *Mana*, Rio de Janeiro, v. 1, n. 11, 2005.

MENEZES, Gustavo Hamilton. *Yanomami na Encruzilhada da Conquista: Contato e Transformação na Fronteira Amazônica*. Tese (Doutorado em Antropologia), Universidade de Brasília, Brasília, 2010.

MIGLIAZZA, Ernest Cesar. *Yanomama Grammar and Intelligibility*. Tese (Doutorado em Antropologia), Indiana University, Bloomington, 1972.

MIRANDA, Tamara Aparecida. *Os Yanomami do Rio Marauiá: Trajetória e Contato*. Dissertação (Mestrado em Antropologia), Pontifícia Universidade Católica de São Paulo, São Paulo, 2020.

NILSSON, Maurice Seiji Tomioka; FEARNSIDE, Philip Martin. Yanomami Mobility and Its Effects on the Forest Landscape. *Human Ecology*, v. 39, n. 3, 2011.

NOVAES, Sylvia Caiuby (org.). *Habitações Indígenas*. São Paulo: Edusp/Nobel, 1983.

_____. As Casas na Organização Social do Espaço Bororo. *Habitações Indígenas*. São Paulo: Edusp/Nobel, 1983.

PAJÉS PARAHITERI (rio Demini e afluentes). *O Surgimento dos Pássaros: Ou o Livro das Transformações Contadas pelos Yanomami do Grupo Parahiteri*. São Paulo: Hedra, 2017.

_____. *O Surgimento da Noite: Ou o Livro das Transformações Contadas pelos Yanomami do Grupo Parahiteri*. São Paulo: Hedra, 2017.

PERRONE-MOISÉS, Beatriz. *Festa e Guerra*. Tese (Livre-Docência em Antropologia), Universidade de São Paulo, São Paulo, 2015.

PIERRI, Daniel Calazans. *O Perecível e o Imperecível: Lógica do Sensível e Corporalidade no Pensamento Guarani-Mbya*. Dissertação (Mestrado em Antropologia), Universidade de São Paulo, São Paulo, 2013.

POLYKRATES, Gottfried. *Wawanautéri und Pukimapuei. Zwei Yanomami: stämme nordwest-brasilien*. Copenhagen: Publications of the National Museum of Denmark, Ethnographical series, vol. XIII, 1969.

RAMALHO, Moisés. *Os Yanomami e a Morte*. Tese (Doutorado em Antropologia), Universidade de São Paulo, São Paulo, 2008.

RAMIREZ, Henri. *Hapa të pë rë kuonowei: Mitologia Yanomami*. Manaus: Inspetoria Salesiana da Amazônia, 1993.

_____. *Le Parler yanomami des Xamatauteri*. Tese (Doutorado em Antropologia), Université de Provence, Marselha, 1994.

_____. *Iniciação à Língua Yanomami*. [S.I.: s.n., s.d.].

RAMOS, Alcida Rita. O Paraíso Ameaçado. Sabedoria Yanomami versus Insensatez Predatória. *Antípoda: Revista de Antropología y Arqueología*, Bogotá, n. 7, 2008.

_____. *Memórias Sanumá: Espaço e Tempo em uma Sociedade Yanomami*. São Paulo: Marco Zero, 1990.

REICHEL-DOLMATOFF, Gerardo. *Amazonian Cosmos: The Sexual and Religious Symbolism of the Tukano Indians*. Chicago: University of Chicago Press, 1971.

REIG, Alejandro. "When The Forest World is not Wide Enough We Open Up Many Clearings". *The Making of Landscape, Place and People among the Shitari Yanomami of the Upper Ocamo Basin, Venezuela*. Tese (Doutorado em Antropologia), University of Oxford, Oxford, 2013.

RIVIÈRE, Peter. Houses, Places and People: Community And Continuity In Guiana. In: CARSTEN, Janet; HUGH-JONES, Stephen (ed.). *About the House: Lévi-Strauss and Beyond*. Cambridge: Cambridge University Press, 1995.

_____. *Individual and Society in Guiana – A Comparative Study of Amerindian Social Organization*. Cambridge: Cambridge University Press, 1984.

ROSA, Guimarães [1946]. *Sagarana*. Rio de Janeiro: Nova Fronteira, 2013.

RUBIO, Javier Carrera. *Fertile Words: Aspects of Language and Sociality among Yanomami People of Venezuela*. Tese (Doutorado em Antropologia), University of St. Andrews, St. Andrews, 2004.

SMILJANIC, Maria Inês. Os Enviados de Dom Bosco Entre os Masiripiwëiteri: O Impacto Missionário Sobre o Sistema Social e Cultural dos Yanomami Ocidentais (Amazonas, Brasil). *Journal de la société des américanistes*, Paris, n. 88, 2002.

_____. *O Corpo Cósmico: O Xamanismo entre os Yanomae do Alto Toototobi*. Tese (Doutorado em Antropologia), Universidade de Brasília, Brasília, 1999.

STENGERS, Isabelle [2009]. *No Tempo das Catástrofes: Resistir à Barbárie Que se Aproxima*. São Paulo: Cosac Naify, 2015.

_____. *Cosmopolitics II*. Minneapolis: University of Minnesota Press, 2011.

STRATHERN, Marilyn. *Learning to See in Melanesia: Lectures Given in the Department of Social Anthropology, Cambridge University, 1993–2008*. Cambridge: HAU Masterclass Series, v. 2, 2013.

_____ [1988]. *O Gênero da Dádiva: Problemas Com as Mulheres e Problemas Com a Sociedade na Melanésia*. Campinas: Editora Unicamp, 2013.

_____. Prologue. In: MOSKO, Mark S.; DAMON, Frederick H. (ed.). *On the Order of Chaos: Social Anthropology & the Science of Chaos*. New York/Oxford: Berghan Books, 2005.

TAYLOR, Kenneth I. A Geografia dos Espíritos: O Xamanismo Entre os Yanomami Setentrionais. In: LANGDON, Jean M. (org.). *Xamanismo no Brasil: Novas Perspectivas*. Florianópolis: UFSC, 1996.

URBAN, Greg. Ceremonial Dialogues in South America. *American Anthropologist*, v. 88, n. 2, 1986.

VALERO, Helena. *Yo Soy Napëyoma: Relato de una Mujer Raptada por los Indígenas Yanomami*. Caracas: Fundación La Salle de Ciencias Naturales, 1984.

VERNANT, Jean-Pierri [1988]. *Mito e Pensamento Entre os Gregos*. Rio de Janeiro: Paz e Terra, 1990.

VIVEIROS DE CASTRO, Eduardo. Nenhum Povo É uma Ilha. In: RICARDO, Fany; GONGORA, Majoí. *Cercos e Resistências: Povos Indígenas Isolados na Amazônia Brasileira*. São Paulo: ISA, 2019.

_____. *A Inconstância da Alma Selvagem e Outros Ensaios de Antropologia*. São Paulo: Ubu, 2017.

_____. *Metafísicas Canibais: Elementos Para uma Antropologia Pós-Estrutural*. São Paulo: Cosac Naify, 2015.

_____. A Floresta de Cristal: Notas Sobre a Ontologia dos Espíritos Amazônicos. *Cadernos de Campo*, São Paulo, n. 14/15, 2006.

_____. Perspectival Anthropology and the Method of Controlled Equivocation. *Tipití*, v. 2, n. 1, 2004.

WAGNER, Roy. Existem Grupos Sociais nas Terras Altas da Nova Guiné?, *Cadernos de Campo*, São Paulo, n. 19, 2010.

WILBERT, Johannes; SIMONEAU, Karin (ed.). *Folk Literature of the Yanomami Indians*. Los Angeles: University of California, 1990.

Notas

PREFÁCIO

1. Ver infra, capítulo 2, p. 65.

INTRODUÇÃO

1. Ver B. Albert; W. Milliken, The Construction of a New Yanomami Round-House, *The Journal of Ethnobiology*, n. 17, v. 2.
2. Ver G. Gasparini; L. Margolies, La Vivienda Colectiva de los Yanomami, *Tipití*, v. 2, n. 2.
3. Ver A. Reig, *"When the Forest World is not Wide Enough We Open Up Many Clearings": The Making of Landscape, Place and People among the Shitari Yanomami of the Upper Ocamo Basin, Venezuela'.*
4. Ver S. C. Novaes, *Habitações Indígenas.*
5. Ver J. Carsten; S. Hugh-Jones, *About the House.*
6. Ibidem, p. 1.
7. G. Agamben, Habitar e Construir, *Cadernos de Leitura*, n. 96, p. 7.
8. Ver T. Ingold, *The Perception of the Environment.*
9. Ver Idem, Towards a Politics of Dwelling, *Conservation and Society*, v. 3, n. 2.
10. Ver D. Jabra, *"Os Brancos Estão Chegando, Trazendo Escola, Missão E Saúde": Relações Yanomami Através da Escola.*
11. J. Lizot, *Diccionario Enciclopédico de la Lengua Yãnomãmi*, p. 485.
12. Ibidem, p. 232-233.
13. E. Viveiros de Castro, *Metafísicas Canibais*, p. 87.
14. Lizot, op. cit., p. 334.
15. E. Viveiros de Castro, *A Inconstância da Alma Selvagem e Outros Ensaios de Antropologia*, **p. 15.**
16. M. Strathern, Prologue, p. 12-13.
17. C. Lévi-Strauss, A Gesta de Asdiwal, *Antropologia Estrutural Dois*, p. 199.
18. Idem, Hourglass Configurations, em P. Maranda (ed.), *The Double Twist*, p. 15.
19. A. Krenak, Antes, o Mundo Não Existia, em A. Novaes (org.), *Tempo e História*, p. 202.
20. Ibidem.
21. Ibidem.
22. Ver H. Ferreira et. al., *As Línguas Yanomami no Brasil.*
23. Ver B. Perrone-Moisés, *Festa e Guerra.*
24. D. Haraway, H. Torres, Ficar Com o Problema de Donna Haraway – Entrevista, *Pandemia Crítica*, n. 137, p. 09-10.
25. D. Kopenawa; E. Senra, Precisamos Falar Sobre a Beleza dos Yanomamis, *Folha de S.Paulo*, 8 fev. 2023.

PARTE I
1. SANGUE DA LUA

1. F. Ferrari et al, "O Apache Era o Meu Reverso" – Entrevista com Roy Wagner, *Revista de Antropologia*, v. 54, n. 2, p. 968.
2. L. Cocco, *Iyëwei-teri*, p. 427.
3. Ibidem, p. 403.
4. J. Lizot, *Diccionario Enciclopédico de la Lengua Yãnomãmi*, p. 233.
5. P. Cesarino, *Oniska*, p. 36, n. 4; Idem, *Quando a Terra Deixou de Falar*.
6. H. Ramirez, *Hapa të pë rë kuonowe*, p. 139.
7. B. Albert, Cosmologias do Contato no Norte-Amazônico, em B. Albert; A. R. Ramos (org.), *Pacificando o Branco*, p. 18.
8. H. Ramirez, op. cit., p. 139.
9. P. Gow, *An Amazonian Myth and its History*, p. 93.
10. B. Albert, *Temps du sang, temps des cendres*, p. 193.
11. C. Lévi-Strauss, *A Origem dos Modos à Mesa*, p. 98.
12. Ver J. C. Rubio, *Fertile Words*, p. 149-161.
13. Pajés Parahiteri, *O Surgimento dos Pássaros*, p. 100-101.
14. P. Cesarino, *Quando a Terra Deixou de Falar*, p. 257-282.
15. Ibidem, p. 276.
16. Ibidem, p. 258.
17. J. Wilbert; K. Simoneau (org.), *Folk Literature of the Yanomami Indians*, p. 48.
18. H. Valero, *Yo soy napëyoma*, p. 542.
19. L. Cocco, op. cit., p. 26.
20. Ver E. Migliazza, *Yanomama Grammar and Intelligibility*.
21. B. Albert, *Temps du sang, temps des cendres*, p. 38.
22. L. Cocco, op. cit., p. 26.
23. L. Laudato et al., *Um Mergulho na Pré-História*, p. 34.
24. T. Miranda, *Os Yanomami do Rio Marauiá*, p. 40.
25. L. Cocco, op. cit., p. 26.
26. T. Miranda, op. cit., p. 52.
27. Ibidem.
28. Ibidem, p. 50.
29. J. Lizot et al., *Los Pueblos Indios en sus Mitos (v. 4)*, p. 84-85.
30. Ibidem.
31. H. Valero, op. cit., p. 541.
32. T. Miranda, op. cit., p. 54.
33. Ibidem.
34. H. Valero, op. cit., p. 55.
35. Ibidem.
36. Ibidem.
37. E. Biocca, *Yanoáma*, p. 45.
38. H. Valero, op. cit., p. 60-61.
39. T. Miranda, op. cit., p. 53.
40. L. Cocco, op. cit., p. 96.
41. L. Laudato et al., op. cit., p. 34.
42. Ibidem, p. 35.
43. L. Cocco, op. cit., p. 96.
44. L. Laudato, *Yanomami pey këyo*, p. 58.
45. Ibidem, p. 58.
46. Ver D. Kopenawa, B. Albert, *A Queda do Céu*, capítulo 19, "Paixão Pela Mercadoria".
47. J. A. K. Luciani, *State Healthcare and Yanomami Transformations*, p. 74.
48. Ibidem.
49. J. Lizot, *Diccionario Enciclopédico de la Lengua Yãnomãmi*, p. 80.
50. Ibidem, p. 174.
51. J. A. K. Luciani, op. cit., p. 92.
52. G. Rosa, *Sagarana*, p. 152.
53. Para uma descrição mais completa, ver T. Miranda, op. cit.
54. B. Albert, *Temps du sang, temps des cendres*, p. 211.
55. Ver J. Lizot, *Les Yanomami centraux*.
56. B. Albert, Urihi: Terra, Economia e Saúde Yanomami, *Série Antropologia*, n. 199, p. 3.
57. M. T. Nilsson; P. M. Fearnside, Yanomami Mobility and Its Effects on the Forest Landscape, *Human Ecology*, v. 39, n. 3.
58. Pajés Parahiteri, *O Surgimento dos Pássaros*, p. 33.
59. J. Lizot, *Diccionario Enciclopédico de la Lengua Yãnomãmi*, p. 437.

2. TERRA-FLORESTA

1. B. Albert, O Ouro Canibal e A Queda do Céu, *Série Antropologia*, n. 174, p. 5.
2. Ver B. Albert; F. Le Tourneau, Ethnogeography and Resource Use Among the Yanomami: Toward a Model of 'Reticular Space', *Current Anthropology*, v. 48, n. 4.
3. B. Albert, Native Land: Perspectives from Other Places, em B. Albert; A. R. Ramos (org.), *Pacificando o Branco*, p. 147.
4. Ibidem, p. 155.
5. A. R. Ramos, O Paraíso Ameaçado, *Revista de Antropología y Arqueología*, n. 7, p. 105.
6. B. Albert, Native Land: Perspectives from Other Places, em B. Albert; A. R. Ramos (org.), *Pacificando o Branco*, p. 156.
7. Ibidem, p. 146.

NOTAS

8. Ibidem, p. 155-156.
9. D. Kopenawa; B. Albert, *A Queda do Céu*, p. 396.
10. Ibidem, p. 400.
11. Ibidem, p. 402.
12. Ibidem.
13. Ibidem, p. 396
14. Ver M. de la Cadena, *Earth Beings*.
15. Ver E. Viveiros de Castro, Perspectival Anthropology and The Method of Controlled Equivocation, *Tipití*, v. 2, n. 1.
16. M. de la Cadena, op. cit., p. 275.
17. D. Kopenawa, B. Albert, op. cit., p. 472.
18. D. Kopenawa; A M. Gomes, O Cosmo Segundo os Yanomami, *Revista da UFMG*, v. 22, n. 1-2, p. 150.
19. Ibidem.
20. Ver B. Albert, Native Land: Perspectives from Other Places, em B. Albert; A. R. Ramos (org.), *Pacificando o Branco*.
21. D. Kopenawa; A. M. Gomes, op. cit., p. 150.
22. D. Kopenawa; B. Albert, op. cit., p. 471.
23. Ibidem, p. 475.
24. Ibidem.
25. E. Viveiros de Castro, A Floresta de Cristal: Notas Sobre a Ontologia dos Espíritos Amazônicos, *Cadernos de Campo*, n. 14/15, p. 325.
26. Ibidem.
27. D. Kopenawa; B. Albert, op. cit., p. 610, n. 03.
28. Ibidem, p. 111.
29. E. Viveiros de Castro, A Floresta de Cristal: Notas Sobre a Ontologia dos Espíritos Amazônicos, *Cadernos de Campo*, n. 14/15, p. 325.
30. G. Deleuze; F. Guattari, *Mil Platôs (v. 1)*, p. 49.
31. Ibidem, p. 43.
32. D. Rodgers apud. E. Viveiros de Castro, A Floresta de Cristal: Notas Sobre a Ontologia dos Espíritos Amazônicos, *Cadernos de Campo*, n. 14/15, p. 322.
33. Ibidem, p. 321.
34. D. Kopenawa; B. Albert, op. cit., p. 475.
35. Ibidem, p. 476.
36. Ibidem, p. 469.
37. Ver B. Albert, O Ouro Canibal e A Queda do Céu, *Série Antropologia*, n. 174.
38. R. Wagner, Existem Grupos Sociais nas Terras Altas da Nova Guiné?, *Cadernos de Campo*, n. 19, p. 238.
39. D. Kopenawa; B. Albert, op. cit., p. 484.
40. Ibidem, p. 480.
41. B. Albert, O Ouro Canibal e A Queda do Céu, *Série Antropologia*, n. 174, p. 10.
42. I. Stengers, *Cosmopolitics II*, p. 307.
43. I. Stengers, *No Tempo das Catástrofes*, p. 40, n. 02.
44. Ibidem, p. 39.

45. P. Cesarino, *Quando a Terra Deixou de Falar*, p. 163-164.
46. J. Lizot, op. cit., p. 368.

PARTE II
3. TAPIRI

1. Pajés Parahiteri, *O Surgimento da Noite*, p. 25.
2. Ibidem, p. 26.
3. Ibidem, p. 26-27.
4. Ver K. Good, *Yanomami Hunting Patterns*.
5. D. Kopenawa; B. Albert, *A Queda do Céu*, p. 366.
6. Ibidem.
7. D. Kopenawa; B. Albert, Xawara: O Ouro Canibal e a Queda do Céu – Depoimento de Davi Kopenawa, em C. Andujar; C. A. Ricardo, *Yanomami*, p. 14.
8. D. Kopenawa; B. Albert, *A Queda do Céu*, p. 366.
9. Ibidem, p. 368.
10. Ibidem.
11. Ibidem, p. 306.
12. B. Albert, Sepultamento de Yanomami Vítima da Covid-19, *Amazônia Real*, 15 abr. 2020.
13. Ver A. A. Hamdan, Para Escapar do Coronavírus, Yanomami se Refugiam no Interior da Floresta, *Amazônia Real*, 28 abr. 2020.
14. M. T. Nilsson; P. M. Fearnside, Yanomami Mobility and Its Effects on the Forest Landscape, *Human Ecology*, v. 39, n. 3.
15. Ver A. A. Hamdan, op. cit.
16. Ver P. Gow, "Me Deixa em Paz!": Um Relato Etnográfico Preliminar Sobre o Isolamento Voluntário dos Mashco, *Revista de Antropologia*, v. 54, n. 1.
17. Ver E. Viveiros de Castro, Nenhum Povo é uma Ilha, em F. Ricardo; M. Gongora (org.), *Cercos e Resistências*.
18. D. Kopenawa; B. Albert, *A Queda do Céu*, p. 306.
19. J. A. K. Luciani, *State Healthcare and Yanomami Transformations*, p. 176.
20. Ibidem, p. 176-177.
21. Ibidem, p. 177.
22. Ibidem, p. 176.
23. E. Viveiros de Castro, op. cit., p. 14.
24. A. Reig, *"When the Forest World is not Wide Enough We Open Up Many Clearings"*, p. 145.
25. E. Migliazza, *Yanomama Grammar and Intelligibility*, p. 412.
26. C. Lévi-Strauss, Hourglass Configurations, em P. Maranda (ed.), *The Double Twist*, p. 29.
27. J. Lizot, *Diccionario Enciclopédico de la Lengua Yãnomãmi*, p. 390 e 341.

28. Ibidem, p. 353-354.
29. Ibidem, p. 493.
30. Ibidem, p. 281.
31. Ibidem, p. 495.
32. Ibidem, p. 211.
33. Ibidem, p. 307.
34. Ibidem, p. 307.
35. Ibidem.
36. Ver J. A. K. Luciani, op. cit.
37. J. Lizot, op. cit., p. 485.
38. Ibidem, p. 390.
39. J. Carsten; S. Hugh-Jones, *About the House*, p. 42.
40. A. Reig, op. cit., p. 171, n. 96.
41. Ibidem.
42. J. Lizot, op. cit., p. 428.
43. Ibidem, p. 124.
44. L. Cocco, *Iyëwei-teri*, p. 152.
45. J. Lizot, *Les Yanomami centraux*, p. 59.
46. A. Reig, op. cit., p. 184-187.
47. L. Cocco, op. cit., p. 150, n. 20.
48. C. Lévi-Strauss, Hourglass Configurations, em P. Maranda (ed.), *The Double Twist*, p. 29.
49. Idem, A Estrutura dos Mitos, *Antropologia Estrutural*, p. 227.

4. CASA-ALDEIA

1. Pajés Parahiteri, *O Surgimento dos Pássaros*, p. 51.
2. Idem, *O Surgimento da Noite*, p. 74.
3. D. Kopenawa; B. Albert, *A Queda do Céu*, p. 93, 616, n. 08.
4. D. Kopenawa; B. Albert, op. cit., p. 473, 679, n. 14.
5. L. Cocco, *Iyëwei-Teri*, p. 142-146.
6. A. Reig, *"When The Forest World is not Wide Enough We Open Up Many Clearings"*, p. 155.
7. G. Gasparini; L. Margolies, La Vivienda Colectiva de los Yanomami, *Tipití*, v. 2, n. 2, p. 103-104.
8. Ibidem, p. 104.
9. B. Albert; W. Milliken, The Construction of a New Yanomami Round-House, *Journal of Ethnobiology*, n. 17, v. 2, p. 227.
10. Ibidem.
11. Ibidem.
12. Ibidem, p. 228.
13. G. Gasparini; L. Margolies, op. cit., p. 104.
14. G. Polykrates, *Wawanautéri und Pukimapuei*, p. 36.
15. Ibidem, p. 38.
16. Ibidem, cap. V-VII.
17. Ibidem, p. 36-38.
18. S. Hugh-Jones, The Maloca: A World in a House, em E. Carmichael (ed.), *The Hidden Peoples of the Amazon*.

19. Ver D. Guss, *To Weave and Sing*.
20. T. Miranda, *Os Yanomami do Rio Marauiá*, p. 52.
21. L. Cocco, op. cit., p. 142.
22. Ibidem, p. 144.
23. Ibidem.
24. Funai, Indígenas Isolados do Povo Yanomami Foram Registrados em Operação da Funai, disponível em: <https://www.gov.br/funai/pt-br/assuntos/noticias/2016/isolados>.
25. P. Rivière, Houses, Places and People: Community And Continuity In Guiana, em J. Carsten; S. Hugh-Jones (eds.), *About the House*, p. 190, 193.
26. A. Reig, op. cit., p. 243.
27. M. Strathern, *O Gênero da Dádiva*.
28. L. Cocco, op. cit., p. 145.
29. J. Lizot, *Diccionario Enciclopédico de la Lengua Yãnomãmi*, p. 88, 436.
30. Idem, *Les Yanomami centraux*, p. 113.
31. Ibidem.
32. C. Hugh-Jones, *From the Milk River*, p. 48.
33. J. Lizot, *Diccionario Enciclopédico de la Lengua Yãnomãmi*, p. 503.
34. L. Cocco, op. cit., p. 144.
35. Ibidem, p. 149.
36. Ibidem, p. 148.
37. J. Lizot, *O Círculo dos Fogos*, p. 103.
38. B. Perrone-Moisés, *Festa e Guerra*, p. 6.
39. Ver A. Reig, op. cit., p. 177.
40. Ver G. H. Menezes, *Yanomami na Encruzilhada da Conquista*.
41. C. Lévi-Strauss, *Tristes Trópicos*, p. 206-207.
42. K. J. Béksta, *A Maloca Tukano-Dessana e seu Simbolismo*.
43. Como também nota A. Reig, op. cit., p. 160.
44. Para uma discussão distinta, mas sobre o mesmo problema da visibilidade, ver A. Reig, op. cit., p. 160.
45. K. Århem, From Longhouse to Village, em L. Rival; N. Whitehead (ed.), *Beyond the Visible and The Material*, p. 146.
46. Ibidem, p. 150.
47. Ibidem, p. 146.
48. A. Reig, op. cit., p. 246.
49. Ibidem.
50. Ibidem.
51. J. Lizot, *Diccionario Enciclopédico de la Lengua Yãnomãmi*, p. 392.
52. Ibidem, p. 431.
53. A. Reig, op. cit., p. 194.
54. S. C. Novaes, As Casas na Organização Social do Espaço Bororo, *Habitações Indígenas*, p. 61.
55. A. R. Ramos, *Memórias Sanumá*, p. 41.
56. S. Guimarães, *Cosmologia Sanumá*, p. 228, n. 51.

NOTAS

57. K. Taylor, A Geografia dos Espíritos, em J. M. Langdon (org.), *Xamanismo no Brasil*, p. 145.
58. A. R. Ramos, op. cit., p. 62.
59. K. Taylor apud. M. Ramalho, *Os Yanomami e A Morte*, p. 148.
60. M. Ramalho, op. cit., p. 148.
61. S. Guimarães, op. cit., p. 115.
62. D. Kopenawa; B. Albert, op. cit., p. 670.
63. A. R. Ramos, op. cit., p. 43.
64. J. Vernant, *Mito e Pensamento Entre os Gregos*, p. 252.
65. G. Deleuze, F. Guattari, *Mil Platôs (v. 3)*, p. 97.
66. P. Cesarino, Imagens Dobráveis: Posição e Ubiquidade nos Xamanismos Ameríndios, *Boletim do Museu Paraense Emílio Goeldi*, v. 14, n. 2, p. 505.
67. Ibidem.
68. Ibidem, p. 506.
69. E. Viveiros de Castro, A Floresta de Cristal: Notas sobre a Ontologia dos Espíritos Amazônicos, *Cadernos de Campo*, n. 14/15, p. 331.
70. Pajés Parahiteri, *O Surgimento dos Pássaros*, p. 109-110.
71. Ibidem, p. 112.
72. E. Viveiros de Castro, op. cit., p. 332.
73. Ibidem.

PARTE III
5. VIVER-JUNTO

1. Pajés Parahiteri, *O Surgimento dos Pássaros*, p. 17.
2. Ibidem, p. 17.
3. D. Kopenawa; B. Albert, *A Queda do Céu*, p. 382.
4. Ibidem.
5. Ibidem, p. 383.
6. Pajés Parahiteri, *O Surgimento da Noite*, p. 20.
7. Ibidem.
8. P. Cesarino, Donos e Duplos: Relações de Conhecimento, Propriedade e Autoria entre Marubo, *Revista de Antropologia*, n. 1, v. 53, p. 162.
9. C. Fausto, Donos Demais: Maestria e Domínio na Amazônia, *Mana*, v. 2, n. 14, p. 330.
10. Pajés Parahiteri, *O Surgimento da Noite*, p. 17-20.
11. J. Lizot et al., *Los Pueblos Indios en sus Mitos (v. 4)*, p. 82.
12. J. C. Rubio, *Fertile Words*, p. 49, 67.
13. Ibidem, p. 68.
14. D. Kopenawa; B. Albert, op. cit., p. 381.
15. Ibidem.
16. P. Cesarino, Poética e Política e as Terras Baixas da América do Sul: A Fala do Chefe, *Etnográfica*, v. 24, p. 7.
17. G. Deleuze, F. Guattari, *Mil Platôs (v. 4)*.

18. M. C. Cunha, Pontos de Vista sobre a Floresta Amazônica: Xamanismo e Tradução, *Mana*, n. 4, v. 1, p. 15.
19. H. Ramirez, *Iniciação à Língua Yanomami*, p. 52.
20. P. Cesarino, Poética e Política nas Terras Baixas da América do Sul: A Fala do Chefe, *Etnográfica*, v. 24, p. 6.
21. B. Albert, La Fôret polyglotte, *Le Grand orchestre des animaux*, p. 96.
22. Ibidem.
23. J. A. K. Luciani, On Yanomami Ceremonial Dialogues: A Political Aesthetic of Metaphorical Agency, *Journal de la Société des Américanistes*, v. 1, n. 103, p. 210.
24. D. Kopenawa; B. Albert, op. cit., p. 381.
25. J. C. Rubio, op. cit., p. 121.
26. Ibidem, p. 123.
27. A. Reig, *"When the Forest World is not Wide Enough We Open Up Many Clearing"*, p. 213.
28. J. C. Rubio, op. cit.
29. D. Kopenawa; B. Albert, op. cit., p. 378.
30. J. A. K. Luciani, Aprendendo Sobre os Diálogos Cerimoniais Yanomami, *Species*, v. 1, n. 1, p. 47.
31. J. Lizot, Words in the Night: The Cerimonial Dialogue – One Expression of Peaceful Relationships Among the Yanomami, em L. Sponsel; G. Thomas (ed.), *The Anthropology of Peace and Nonviolence*.
32. C. Alès, Anger as a Marker of Love: The Ethic of Conviviality Among the Yanomami, em J. Overing; A. Passes (ed.), *The Anthropology of Love and Anger*, p. 138.
33. J. Lizot, *Diccionario Enciclopédico de la Lengua Yãnomãmi*, p. 490.
34. Ibidem.
35. P. Descola, *As Lanças do Crepúsculo*, p. 433.
36. P. Cesarino, Poética e Política nas Terras Baixas da América do Sul: A Fala do Chefe, *Etnográfica*, v. 24, p. 14.
37. L. Costa, *As Faces do Jaguar*, p. 210.
38. P. Rivière, Houses, Places and People: Community and Continuity in Guiana, em J. Carsten; S. Hugh-Jones (ed.), *About the House*, p. 199.
39. Idem, *Individual and Society in Guiana*, p. 72.
40. J. Lizot, Words in the Night, The Cerimonial Dialogue – One Expression of Peaceful Relationships Among the Yanomami, em L. Sponsel; G. Thomas (ed.), *The Anthropology of Peace and Nonviolence*, p. 216.
41. J. A. K. Luciani, *State Healthcare and Yanomami Transformations*, p. 119.
42. H. Clastres, De Que Falam os Índios, *Cadernos de Campo*, n. 25, p. 367.

43. P. Cesarino, Poética e Política nas Terras Baixas da América do Sul: A Fala do Chefe, *Etnográfica*, v. 24, p. 20.
44. Ibidem.
45. Ibidem, p. 20, n. 10.
46. Ibidem, p. 20.
47. J. C. Rubio, op. cit., p. 57.
48. H. Clastres, op. cit., p. 368.
49. Ver J. Wilbert; K. Simoneau (ed.), *Folk Literature of the Yanomami Indians*.
50. Pajés Parahiteri, *O Surgimento da Noite*, p. 62-63.
51. J. Wilbert; K. Simoneau (ed.), op. cit., p. 155.
52. Ibidem, p. 152.
53. J. C. Rubio, op. cit., p. 110, n. 43.
54. J. A. K. Luciani, *State Healthcare and Yanomami Transformations*, p. 119.
55. Pajés Parahiteri, *O Surgimento da Noite*, p. 63.
56. Ver J. Lizot, Words in the Night, The Cerimonial Dialogue – One Expression of Peaceful Relationships Among the Yanomami, em L. Sponsel; G. Thomas (ed.), *The Anthropology of Peace and Nonviolence*.
57. Idem, *Diccionario Enciclopédico de la Lengua Yãnomãmi*, p. 8.
58. Ibidem.
59. J. C. Rubio, op. cit., p. 317.
60. J. Wilbert; K. Simoneau (ed.), op. cit., p. 162.
61. J. C. Rubio, op. cit., p. 120.
62. E. Biocca, *Yanoáma*, p. 75.
63. J. Lizot, *Diccionario Enciclopédico de la Lengua Yãnomãmi*, p. 320.
64. J. C. Rubio, op. cit., p. 120.
65. Ibidem, p. 122.
66. G. Menezes, *Yanomami na Encruzilhada da Conquista*, p. 92.
67. B. Albert, *Temps du sang, temps des cendres*, p. 639.
68. Ibidem, p. 394.
69. M. I. Smiljanic, Os Enviados de Dom Bosco entre os Masiripiwëiteri: O Impacto Missionário Sobre o Sistema Social e Cultural dos Yanomami Ocidentais (Amazonas, Brasil), *Journal de la Société des Américanistes*, n. 88, p. 152.
70. J. Wilbert; K. Simoneau (ed.), op. cit., p. 86-88.
71. Ibidem, p. 327, n. 187.
72. Ibidem, p. 84-86.
73. Ibidem, p. 88.
74. Ibidem.
75. B. Albert, *Temps du sang, temps des cendres*, p. 639.
76. P. Rivière, Houses, Places and People: Community and Continuity in Guiana, em J. Carsten; S. Hugh-Jones (ed.), *About the House*, p. 200-201.

77. C. Alès, Función Simbólica y Organización Social: Discursos Rituales y Política Entre los Yanomami, em C. Alès; J. Chiappino (org.), *Caminos Cruzados*, p. 201.
78. Ibidem, p. 203.
79. Ibidem.
80. P. Clastres, *A Sociedade Contra o Estado*, p. 219.
81. Ibidem, p. 251.
82. Ibidem, p. 255.
83. C. Alès, Anger as a Marker of Love: The Ethic of Conviviality Among the Yanomami, em J. Overing; A. Passes (ed.), *The Anthropology of Love and Anger*, p. 139.

6. CASA-MONTANHA

1. A. Reig, *"When The Forest World is not Wide Enough We Open Up Many Clearings"*, p. 172.
2. Ver C. Clement, Domestication of the Pejibaye Palm (Bactris Gasipaes): Past and Present, em M. J. Balick (ed.). *The Palm*, v. 6.
3. J-P. Chaumeil. Bones, Flutes, and the Dead: Memory and Funerary Treatments in Amazonia, em C. Fausto; M. Heckenberger (ed.), *Time and Memory in Indigenous Amazonia*, p. 101.
4. J. Lizot et al., *Los Pueblos Indios en sus Mitos (v. 4)*, p. 36.
5. Ibidem, p. 206.
6. Pajés Parahiteri, *O Surgimento dos Pássaros*, p. 66.
7. Ibidem, p. 66-67.
8. J. Lizot et al., op. cit., p. 208.
9. Ibidem.
10. J. Lizot, *Diccionario Enciclopédico de la Lengua Yãnomãmi*, p. 296.
11. C. Lévi-Strauss, A Estrutura dos Mitos, *Antropologia Estrutural*, p. 238.
12. J. Lizot, Words in the Night: The Cerimonial Dialogue – One Expression of Peaceful Relationships Among the Yanomami, em L. Sponsel; G. Thomas (ed.), *The Anthropology of Peace and Nonviolence*, p. 222.
13. C. Lévi-Strauss, *O Cru e o Cozido*, p. 183.
14. Ver J. Lizot, *Diccionario Enciclopédico de la Lengua Yãnomãmi*, p. 188; H. Ramirez, *Le parler yanomami des Xamatauteri*, p. 125.
15. J. Lizot, *Diccionario Enciclopédico de la Lengua Yãnomãmi*, p. 85.
16. Ibidem, p. 244.
17. Pajés Parahiteri, op. cit., p. 19.
18. Ibidem.
19. Ibidem, p. 20.
20. Ibidem, p. 25-30.

NOTAS

21. J. Wilbert; K. Simoneau (ed.), *Folk Literature of the Yanomami Indians*, p. 247-262.
22. Ibidem, p. 268.
23. Ibidem, p. 235-240.
24. Pajés Parahiteri, op. cit., p. 30.
25. J. Wilbert; K. Simoneau (ed.), op. cit., p. 238.
26. Pajés Parahiteri, op. cit., p. 30.
27. Ibidem.
28. Ibidem, p. 31-32.
29. Ibidem, p. 32.
30. J. Wilbert; K. Simoneau (ed.), op. cit., p. 256.
31. B. Albert, *Temps du sang, temps des cendres*, p. 348-349.
32. J. Lizot et al., op. cit., p. 150.
33. J. Wilbert; K. Simoneau (ed.), op. cit., p. 417.
34. Ibidem, p. 405-407.
35. Ibidem, p. 415-416.
36. Ibidem, p. 417-418.
37. D. Kopenawa, B. Albert, *A Queda do Céu*, p. 91.
38. A. Reig, op. cit., p. 231.
39. G. Reichel-Dolmatoff, *Amazonian Cosmos*, p. 99.
40. P. Rivière, Houses, Places And People, p. 196.
41. J. Carsten; S. Hugh-Jones (ed.), *About the House*, p. 35.
42. D. Guss, *To Weave and Sing*, p. 21.
43. P. Rivière, op. cit, p. 201.
44. D. Guss, op. cit., p. 21.
45. P. Rivière, op. cit., p. 202.
46. Ibidem.
47. D. Pierri, *O Perecível e o Imperecível*, p. 160.
48. Ibidem, p. 113.
49. Ibidem, p. 163.
50. D. Kopenawa; B. Albert, op. cit., p. 489.
51. Para outra descrição desse processo, ver D. Kopenawa; B. Albert, op. cit., parte 1, "Devir Outro".
52. M. I. Smiljanic, *O Corpo Cósmico*, p. 67.
53. J. Lizot, *Diccionario Enciclopédico de la Lengua Yãnomãmi*, p. 209.
54. Ibidem, p. 244.
55. Ibidem, p. 232.
56. J. A. K. Luciani, *State Healthcare and Yanomami Transformations*, p. 80.
57. Ver M. C. Cunha, Pontos de Vista Sobre a Floresta Amazônica: Xamanismo e Tradução.
58. D. Kopenawa; B. Albert, op. cit., p. 615, n. 19.
59. E. Viveiros de Castro, A Floresta de Cristal, p. 322.
60. Ibidem.
61. M. I. Smiljanic, op. cit., p. 111.
62. J. Lizot, *Diccionario Enciclopédico de la Lengua Yãnomãmi*, p. 307.
63. J. Lizot, El Mundo Intelectual de los Yanomami: Cosmovisión, Enfermedad y Muerte com um Teoría sobre El Canibalismo, em G. Freire (org.), *Perspectivas en Salud Indígena*, p. 151.
64. P. Cesarino, *Oniska*, p. 138.
65. M. I. Smiljanic, op. cit., p. 51.
66. C. Hugh-Jones, *From the Milk River*, p. 235.
67. J. Lizot, *Diccionario Enciclopédico de la Lengua Yãnomãmi*, p. 109.
68. C. Lévi-Strauss, *O Pensamento Selvagem*.
69. Ibidem, p. 40.

EPÍLOGO
ASSIM É

1. I. Stengers, *No Tempo das Catástrofes*, p. 152.
2. C. Lévi-Strauss, *O Homem Nu*, p. 669.
3. A. Krenak, "Antes, O Mundo Não Existia", em A. Novaes (org.), *Tempo e História*, p. 203.
4. A. Krenak et al., O Tradutor do Pensamento Mágico: Entrevista Com Ailton Krenak, *Revista Cult*, n. 251.
5. A. Krenak; F. Santana, "Vida Sustentável é Vaidade Pessoal": Entrevista Com Ailton Krenak, *Correio 24 horas*, 25 jan. 2020.
6. P. Clastres, *A Sociedade Contra o Estado*, p. 203.
7. Ibidem, p. 208, 217.
8. M. Strathern, *Learning to See in Melanesia*, p. 145.
9. Ibidem.
10. Ibidem.
11. D. Haraway; H. Torres, Ficar Com o Problema de Donna Haraway – Entrevista, *Pandemia Crítica*, n. 137.

POSFÁCIO
FORMA-FLORESTA

1. Ver Ailton Krenak, *Ideias Para Adiar o Fim do Mundo*, São Paulo: Companhia das Letras, 2019.
2. Ver Renzo Taddei, O Dia em Que Virei Índio: A Identificação Ontológica Com o Outro Como Metamorfose Descolonizadora, *Revista do Instituto de Estudos Brasileiros*, São Paulo, n. 69, jan-abr. 2018, p.289-306.
3. Ver Antônio Bispo dos Santos, *Colonização, Quilombos: Modos e Significações*. Brasília: INCT/UNB/CNPQ/MCTI, 2015, p. 75.
4. Ver Marisol de la Cadena, Natureza Incomum: Histórias do Antropo-Cego, *Revista do Instituto de Estudos Brasileiros*, n. 69, São Paulo, jan-abr. 2018, p. 95-117, especialmente p. 110.
5. Ver Marcelo Ferraz, *Lina Bo Bardi*, São Paulo: Instituto Lina Bo e P.M. Bardi, 1993, p. 210.
6. Entrevista com Antônio Bispo dos Santos, COLETIVA, Dossiê 27, Emergência climática, jan.-abr.

2020; disponível em: https://www.coletiva.org/dossie-emergencia-climatica-n27-entrevista-com-antonio-bispo. Acesso em 30 jan. 2025.

7. Conversa do autor com Davi Kopenawa Yanomami, Faculdade de Ciências Econômicas da UFMG, 19 de setembro de 2018.

8. Antônio Bispo dos Santos, op. cit., p. 75.

9. Ver Eduardo Viveiros de Castro, *Sobre os Modos de Existência dos Coletivos Extramodernos: Bruno Latour e as Cosmopolíticas Ameríndias* (Projeto de Pesquisa), 2014, p. 2.

10. Lucio Costa, *Registro de uma Vivência*, São Paulo: Empresa das artes, 1995, p. 27.

11. Lucio Costa, A Alma de Nossos Lares, *A Noite*, Rio de Janeiro, 19 mar. 1924, n.p.

12. Idem, Oportunidade Perdida, em Alberto Xavier, *Lucio Costa: Sobre arquitetura*, Porto Alegre: Centro de Estudantes Universitário de Arquitetura, 1962, p. 258, 255.

13. Idem, em Carlos Madson Reis; Claudia Marina Vasquez; Sandra Bernardes Ribeiro (orgs.), *Relatório do Plano Piloto de Brasília*, 4. ed. Brasília: Instituto do Patrimônio Histórico e Artístico Nacional – Iphan/ Secretaria de Estado de Cultura do Distrito Federal, 2018, p. 29.

14. Ver Antônio Bispo dos Santos, *A Terra Dá, a Terra Quer*, Belo Horizonte/São Paulo: PISEAGRAMA/Ubu Editora, 2023.

15. Ver Wellington Cançado, Urbanidades de Outras Naturezas, em Geraldo Costa; Heloisa Soares de Moura-Costa; Roberto Monte-Mór; Rita Velloso, *Teorias e Práticas Urbanas, v. 1: Caminhos*, Belo Horizonte: Cosmópolis, 2024, p. 96-119.

16. Ver Perspectivismo e Multinaturalismo na América indígena, em *A Inconstância da Alma Selvagem – E Outros Ensaios de Antropologia*, São Paulo: Cosac Naify, 2002.

17. Ver Philippe Descola, *Más Allá de Naturaleza y Cultura*, Madrid: Amorrortu, 2012, p. 298.

18. Paulo Tavares, In the Forest Ruins, *e-flux Architecture*, 2017; disponível em: www.e-flux.com/architecture/superhumanity/68688/in-the-forest-ruins. Acesso em: 31 jna. 2025..

19. Donna Haraway, *Modest_Witness@Second_Millenium.FemaleMan_Meets_OncoMouse*, New York: Routledge, 1997, p. 78.

20. Ver Paulo Tavares, The Political Nature of the Forest: A Botanical Archaeology of Genocide, em SPRINGER, Anna-Sophie Springer; Etienne Turpin (Ed.), *The Word For World Is Still Forest*. Berlin: K, 2017, p. 125-157.

21. Bruce Albert, O Ouro Canibal e a Queda do Céu: Uma Crítica Xamânica da Economia Política da Natureza (Yanomami), em Bruce Albert; Alcida Rita Ramos (org.), *Pacificando o Branco: Cosmologias do Contato no Norte-Amazônico*, São Paulo: UNESP, 2002, p. 239-276 (especialmente p. 256).

22. Ver Pierre Clastres, *Arqueologia da Violência: Pesquisas de Antropologia Política*, São Paulo: Cosac Naify, 2014, p. 165-183.

23. Ver Philippe Descola, op. cit., p. 483, 466.

24. Ver *Making: Anthropology, Archaeology, Art and Architecture*, London: Routledge, 2013.

25. Ver Lina Bo Bardi, *Tempos de Grossura: O Design no Impasse*, São Paulo: Instituto Lina Bo e P.M. Bardi, 1994.

26. Ver Fabiano Atena Azola, *O Crescimento do Conservadorismo Como "Guerra Ontológica": Um Caminho Para Pensar a Política Atual Através da Antropologia*, 20 de março 2019. Disponível em: https://medium.com/@fabianoatenasazola/o-crescimento-do-conservadorismo-como-guerra-ontol%C3%B3gica-um-caminho-para-pensar-a-pol%C3%ADtica-atual-3ff213c31b0.

27. Marcelo Ferraz, op. cit, p. 203.

28. Lina Bo Bardi, op. cit., p. 20.

29. Ibidem, p. 35.

30. Ver Janet Carsten; Stephen Hugh-Jones (eds.); *About the House: Lévi-Strauss and Beyond*. Cambridge: Cambridge University Press, 1995, p. 2.

31. Ver Wellington Cançado, *Sob o Pavimento, a Floresta: Cidade e Cosmopolítica*, Tese (Doutorado em Arquitetura e Urbanismo), UFMG, Belo Horizonte, 2019.

32. Ver *Viver nas Ruínas: Paisagens Multiespécies no Antropoceno*, Brasília: IEB MilFolhas, 2019, p. 68.

33. Ver Tim Ingold, Anthropology beyond Humanity, *Suomen Anthropologi – Journal of the Finnish Anthropological Society*, v. 38, n. 3, 2013, p. 5-23.

34. Lina Bo Bardi, op. cit., p. 77.

35. Bruno Latour, Facing Gaia: *Six Lectures on the Political Theology of Nature, Being the Gifford Lectures on Natural Religion. Edinburgh, 18th-28th of February 2013*, Edinburgh, University of Edinburgh, 2013, p. 128. Disponível em: <https://www.earthboundpeople.com/wp-content/uploads/2015/02/Bruno-Latour-Gifford-Lectures-Facing-Gaia-in-the-Anthropocene-2013.pdf>. Acesso em: 31 jan. 2025.

36. Ver Eduardo Viveiros de Castro, Últimas Notícias Sobre a Destruição do Mundo, em Beto Ricardo; Fany Ricardo (Orgs.). *Povos Indígenas do Brasil*, São Paulo: Instituto Socioambiental, 2017, p. 144-148.

NOTAS

37. Anna Tsing, op. cit., p. 175.
38. Ibidem, p. 176.
39. Ver Pierre Clastres, op. cit., p.165-183.
40. Deborah Danowski; Eduardo Viveiros de Castro, *Há Mundo Por Vir: Ensaios Sobre os Medos e os Fins*, Curitiba: Cultura e Barbárie, 2014, p. 94
41. Ver Elisa Iturbe, Architecture And the Death of Carbon Modernit, *Log*, Ney York, n. 47, Fall 2019, p. 11-24. (Overcoming Carbon Form)
42. Conversa com Davi Kopenawa Yanomami, Faculdade de Ciências Econômicas da UFMG, 19 set 2018.
43. Elisa Iturbe, Architectures of Transition. CAP *Lecture Series*, University of Colorado, Denver, 2023. Disponível em: < https://vimeo.com/767092475>. Acesso em: 31jan. 2025.
44. Emissões Globais de CO2 Devem Bater Novo Recorde em 2023, Deutsche Welle; disponível em: <https://www.dw.com/>. Acesso em 31 jan. 2025.
45. Juscelino Kubtischek, *Por Que Construí Brasília*. Disponível em: <https://disparada.com.br/juscelino-kubitschek-por-que-construi-brasilia/>. Acesso em: 31 jan. 2025.
46. Lucio Costa, em em C. Madson Reis; C. Marina Vasquez; S. Bernardes Ribeiro (Orgs), op. cit.
47. J. Kubitschek, op. cit., p. 236.
48. Jan Zalasiewicz, Deep Metabolism, em Anna Ptak (Ed.), *Amplifying Nature: The Planet Imagination of Architecture in the Anthropocene*. Minneapolis: Minnesota University Press, 2009, p. 65.
49. Ver Henri Lefebvre, *A Revolução Urbana*, Belo Horizonte: Editora UFMG, 1999.

AGRADECIMENTOS

Aos Yanomami do Marauiá e, em especial aos Pukimapiwëteri, agradeço pelo acolhimento sempre afetuoso e pelos tantos aprendizados ao redor do fogo, no meio do *xapono*, embrenhado no mato, trabalhando na roça, balançando e sonhando na rede, andando para lá e para cá na cidade, sentado na sala de aula e navegando rio acima e rio abaixo. As palavras grafadas nessa "pele de papel" (*papel siki*) são apenas um pedacinho de todo um mundo partilhado com o qual tive a alegria de viver junto.

Em particular, agradeço a Adriano Pukimapiwëteri e seus familiares, do Pukima Cachoeira, por receber-me como aliado e como parte da família e também por todos os ensinamentos fundamentais para a escrita deste livro. Ao Hipólito Pukimapiwëteri e toda a comunidade do Pukima Beira, agradeço pela confiança em me receberem em seu *xapono*, não sem um saudável estranhamento, na primeira viagem ao rio Marauiá, na Terra Indígena Yanomami, em 2016. À Associação Kurikama e seus representantes, agradeço pela confiança. Agradeço também ao Sérgio Pukimapiwëteri e Maurício Iximawëteri, que tive a honra de receber na minha própria casa em São Paulo – a "terra-cidade dos brancos" (*napë pë urihi pi*), lugar esse que causou imenso estranhamento e, ao mesmo tempo, uma profunda amizade e parceria.

Ao Daniel Jabra, parceiro de todo esse caminho trilhado junto aos Yanomami, agradeço profundamente pela partilha, pela paciência, pela amizade, pelo carinho e pelo cuidado. Um agradecimento especial também a Anne Ballester pela referência de engajamento, pela parceria, pelas aulas da língua yanomami e pela confiança ao mediar nossos primeiros contatos com as lideranças do alto rio Marauiá. Agradeço também às amigas Tamara Miranda e Thamirez Lutaif pelo trabalho compartilhado no Marauiá; a Karolin Obert e Helder Perri Ferreira, pelo apoio linguístico; e aos muitos colaboradores e colaboradoras, de distintas gerações e experiências, da Rede Pró-Yanomami e Ye'kwana, pelos aprendizados sobre os sentidos e potências do engajamento político e indigenista em tempos difíceis. Como diz Adriano, "nossa luta é muito forte, nossa luta não vai acabar nunca" e, no que nos for possível, seguiremos "lutando junto".

Ao Pedro de Niemeyer Cesarino, agradeço pela orientação estimulante, atenta e cuidadosa da pesquisa de mestrado que originou este livro – graças também à sua indicação. Pelas trocas e diálogos nesse período de pesquisa na Universidade de São Paulo, agradeço também a Renato Sztutman, José Antonio Kelly Luciani, Beatriz Perrone-Moisés e Guilherme Wisnik, que acompanharam esse trajeto, bem como a todos os estimados professores, funcionários e colegas que cruzaram meu caminho sempre com muito a me ensinar. Agradeço à Capes pelo apoio à pesquisa. E agradeço a todos os amigos e amigas que, cada um à sua maneira, colaboraram com a pesquisa e me acompanham nessa trajetória. Ao fim, agradeço à minha família pelo imenso cuidado, estímulo, respeito, paciência e amor.

Este livro foi impresso na cidade de São Bernardo do Campo,
nas oficinas da Paym Gráfica e Editora,
em março de 2025, para a Editora Perspectiva